AF325796

COLLECTION MICHEL LÉVY
— 1 franc le volume —
1 franc 25 centimes à l'étranger

AMÉDÉE PICHOT

LES

POËTES AMOUREUX

ÉPISODES DE LA VIE LITTÉRAIRE

PARIS

MICHEL LÉVY FRÈRES, LIBRAIRES-ÉDITEURS
RUE VIVIENNE, 2 BIS

1858

LES
POËTES AMOUREUX

PARIS. — TYPOGRAPHIE MORRIS ET COMPAGNIE

Rue Amelot, 64.

LES
POËTES AMOUREUX

ÉPISODES DE LA VIE LITTÉRAIRE

PAR

AMÉDÉE PICHOT

Auteur de l'*Histoire de Charles-Édouard*, de la *Chronique de Charles-Quint*, du *Dernier Roi d'Arles*, etc.

MILTON — POPE — COWPER — CHATTERTON — CANOVA

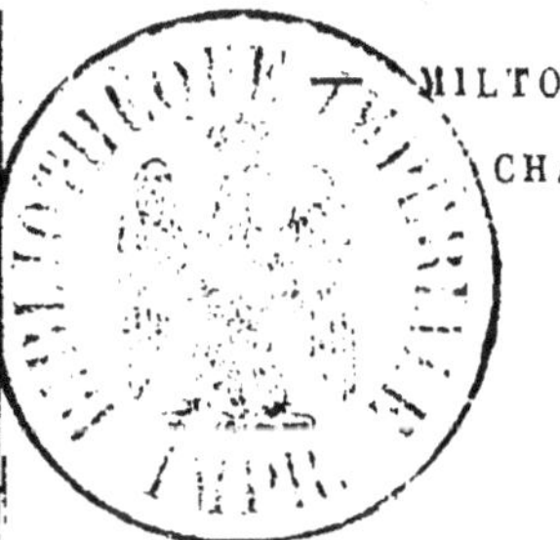

PARIS

MICHEL LÉVY FRÈRES, LIBRAIRES-ÉDITEURS

RUE VIVIENNE, 2 BIS

1858

AVANT-PROPOS

—

Le titre de ce volume appartient à mon éditeur. Je l'ai adopté faute d'un meilleur, en doutant qu'un volume fût suffisant pour remplir le cadre qu'il indique. Sans même sortir d'Angleterre, il y a eu d'autres poëtes amoureux que Milton, Pope, Cowper et Chatterton, les amours de ce dernier étant même un problème résolu négativement. Notre titre sera cependant parfait s'il fait désirer aux lecteurs une suite. Le fait est que ces biographies romanesques, fondées sur un épisode de la vie de chaque poëte qui y figure, ont été composées à diverses dates et ont fait partie d'un ouvrage que je renonce à réimprimer sous son titre primitif, quoiqu'il soit épuisé depuis longtemps. Si je donnais cette suite, qu'il me serait fort doux de savoir désirée, ce serait sous une autre forme, en réunissant quelques notices littéraires sans mélange de roman, telles qu'elles ont paru dans les Revues auxquelles j'ai coopéré à diverses époques. Les *Poëtes amoureux* sont à la biographie ce qu'est le roman historique à l'histoire. Je ne me suis pas cru tenu à la vérité littérale ; mais j'ai cherché à rester fidèle au caractère des personnages. Je sais des notices et des biographies beaucoup moins vraies que mes petits romans.

Amédée Pichot.

Sèvres, villa Boson, juillet 1858.

LES
POËTES AMOUREUX

MILTON

—

PREMIÈRE PARTIE

§ Ier. — Un Pèlerinage à Cambridge.

A MON FRÈRE ALEXIS LE GO

—

Dans les premiers jours de juin 1833, après avoir revu Oxford, je voulus revoir Cambridge, que j'avais visité une première fois dix années auparavant : je ne faisais pas un pèlerinage scientifique aux deux anciennes universités anglaises. Je n'avais d'autre but que de retremper en quelque sorte mes souvenirs dans une course rapide à travers les provinces les plus voisines de Londres. J'étais, d'ailleurs, le cicérone de Z....e, et plus jaloux de recueillir ses naïves impressions que de faire provision de nouvelles notes historiques ou littéraires. Je lui avais promis un contraste plein d'intérêt entre l'aspect italien ou grec d'Oxford et l'aspect gothique de Cambridge; l'effet de cette transition me frappa moi-même qui y étais préparé. A Oxford, tout est vie, tout est mouvement, tout est pompe bruyante autour des palais qu'habite l'étude; la science a un air mondain, un air de représentation jusque dans ses plus vieux temples, qui sont tous richement restaurés. Cambridge, dès la première vue, inspire plus de recueillement; dans ses édifices, dans ceux même qui égalent par la magnificence de l'architecture les colléges de l'université rivale, on éprouve une admiration plus religieuse; il leur est resté quelque chose du génie claustral qui présida à la fondation primitive du plus grand nombre. Enfin, les promenades de Cambridge sont plus solitaires, plus favorables à la méditation, et par suite aux idées poétiques.

On a peine à croire que tous les professeurs, tous les étudiants égarés sous ces ombrages qu'arrose le Cam, soient encore plus occupés de chercher la solution de quelque problème d'Euclide qu'à rêver tout bas avec la Muse. Cambridge cite, parmi ses illustrations académiques, des poëtes tels que Ben.-Jonson, Waller, Milton, Dryden, Otway, Gray, Byron; mais il est un nom que ses professeurs mettent bien au-dessus de tous ces noms, celui de Newton; il est une étude qui passe avant toutes les autres : celle des mathématiques.

Nous venions de parcourir avec le plus complaisant et le plus aimable de tous les *Fellows* de Cambridge, à qui nous avait adressés sir Henry Bulwer, les rues presque désertes de la ville, et ses principaux édifices; nous venions de visiter cette succession pittoresque de colléges dont les façades occidentales bornent les fraîches prairies où le Cam déroule son eau paresseuse, comme un grave professeur de théologie, fatigué du bruit de la classe, étendrait son manteau de soie sur l'herbe pour dormir et rêver de la mitre épiscopale, dernière récompense de son zèle; un peu fatigués nous-mêmes d'admiration et de promenade, nous étonnâmes le baron R....: lorsque, au lieu de le remercier de nous avoir montré tout ce qu'il y a de curieux à Cambridge de manière à pouvoir repartir sans regret, le lendemain matin, saisis tout à coup d'un tardif souvenir, comme d'un remords de conscience, nous nous écriâmes que notre voyage était manqué; le baron R..... avait justement oublié de nous conduire à *Christ-College*, au Collége où étudia Milton.

Depuis trois ans et plus, que le baron R..... habitait Cambridge, et jouissait de son *canonicat* universitaire, de sa *fellowship* de Trinity-College, il n'avait jamais pensé à aller saluer le mûrier planté par le poëte du *Paradis perdu* : remarquez qu'à part sa spécialité, le baron aime les arts et la poésie, qu'il fait, je crois, des vers lui-même, qu'il parle avec goût de notre littérature et de celle de l'Italie comme de la sienne; mais encore une fois il nous avait tenus au moins une demi-heure de trop autour de la statue du grand sir Isaac, vrai chefd'œuvre d'un ciseau français, pendant que le bedeau semblait nous défier de démentir l'inscription fameuse :

QUI GENUS HUMANUM INGENIO SUPERAVIT [1]
« Celui qui, par son génie, surpassa tous les hommes. »

[1] Elle est de Roubillac, originaire de Lyon; c'est *un Vandyck en*

Or pendant cette demi-heure la nuit était tombée : le portier de Christ-College refusa de nous ouvrir, malgré une admirable lune qui éclairait le jardin, malgré mes invocations à cet astre cher au poëte, que je pris à témoin de cette inexorable barbarie, en répétant les vers du *Paradis perdu :*

> — Less bright the moon,
> But opposite in level'd west was set
> His mirror, with full face borrowing her light
> From him, for other light she needed none, etc. [1]

Que faire ? Nous nous décidâmes à retarder notre départ de quelques heures le lendemain matin.

En attendant, le baron R..... crut devoir une réparation à un Français qui citait Milton en anglais aux portiers de Cambridge, et il nous invita à un élégant *symposium* qu'il avait fait improviser pour nous dans son appartement de la TRINITÉ, sans nous en prévenir. Un de ses collègues était du souper. Nous fûmes éblouis non pas précisément du luxe, mais de l'élégant *comfort* introduit dans les cellules monastiques de ces saintes fondations. J'étais, pour ma part, si reconnaissant d'une hospitalité si aimable, que je m'imposai un des actes les plus difficiles que puisse faire un estomac délicat : il n'y avait que deux heures que j'avais copieusement dîné en voyageur prosaïque : je fis honneur au souper et au vin

---

marbre, a dit Southey, je crois, en parlant de cette belle statue où le marbre traduit admirablement la draperie en soie du costume.

[1] Moins brillante fut la lune ; mais, dans le vaste miroir placé à l'hémisphère opposé, elle puise pleinement sa lumière empruntée, n'en ayant pas besoin d'autre.

PARADIS PERDU, ch. VII.

de Champagne, comme si mon diner eût daté de la veille : ceux qui connaissent ma sobriété attribueront, j'espère, ce phénomène encore plus à la courtoisie qu'à l'air appétissant qu'on respire sur les bords du Cam et de la Grenta. En retour, nos hôtes s'abstinrent de parler géométrie, algèbre et mathématiques transcendantes. Ils furent tout aussi discrets sur la théologie, cette autre muse de Cambridge, et quelques questions qui auraient pu y toucher furent écartées avec une charmante adresse. Au dessert par exemple,

— When with meats and drinks the had sufficed,

ou plutôt, pour citer au moins une fois la traduction parfumée de l'abbé Dellile :

> Dès que leur doux banquet, *frugale nourriture*,
> Eut, sans la surcharger, satisfait la nature,
> Adam sent naître en lui le désir curieux
> De connaître les mœurs de ces enfants des cieux,
> Qui, de gloire et d'éclat revêtus par Dieu même,
> Sont les brillants reflets de la grandeur suprême...

Au dessert, dis-je, ayant *senti naître en moi le désir curieux* de connaître comment vivaient dans les divers colléges de Cambridge les Fellows, ces nobles piliers de l'Anglicanisme, le système de la vie universitaire nous fut expliqué avec une délicate précision, sans que nos hôtes imitassent Raphaël, qui répond à la question d'Adam par une grande dissertation théologique :

> — Adam, répond l'archange, il est temps de connaître
> Et les anges et l'homme, et le monde et son maître.

La politique terrestre fut aussi exclue de ce délicieux

banquet; jamais, en un mot, philosophes *ne sacrifièrent aux grâces* avec plus d'esprit et de goût. Aussi le lendemain matin, rien n'étant changé, depuis la veille, au monde moral ni au monde physique, nous nous réveillâmes avec la suite naturelle de nos idées, inhabiles peut-être à démontrer la 47ᵉ proposition d'Euclide, sur le carré de l'hypothénuse, mais émus d'une joie naïve en voyant une matinée pure, et courant tout droit avec un poétique empressement au collége du Christ. J'avais préparé une invocation nouvelle pour toucher le concierge, si nous arrivions trop tôt ce matin, comme la veille nous étions arrivés trop tard :

> Awake : the morning shines...
> « Voici le vrai moment de voir ce beau séjour. »
>
> DELILLE.

Mais la porte était ouverte; nous ne fûmes même pas arrêtés par la question officielle du classique *janitor :* ce ne fut qu'à la seconde cour qu'une grille claustrale nous força de nous suspendre à la chaîne d'une cloche qui troubla le silence de cette retraite. A ce son bien connu, un jardinier, un souriant jardinier, digne d'arroser les parterres d'Éden, vint à nous et nous introduisit dans son domaine. Nous voulions aller d'abord au mûrier de Milton; mais le jardinier était méthodique dans sa gracieuseté. Il avait, d'ailleurs, un petit amour-propre à contenter, son amour-propre de jardinier universitaire : il était botaniste....... et jaloux de donner à chaque arbuste, à chaque plante son nom savant. Comme il y a un peu loin du sixième jour de la création à aujourd'hui,

alors que notre premier père nommait par une sorte
d'instinct chaque *specimen* des trois règnes,

My tongue obeyed and readily could name whate'er I saw...

« Et ma langue étonnée articule des sons;
» A tout ce que je vois elle donne des noms; »

on ne pouvait douter que le jardinier était le disciple de
la science et non de la nature, admirable enseigne vivante
pour faire deviner la science supérieure du professeur [1].
Heureusement la matinée était belle, les sentiers du
jardin proprement sablés, les gazons verts et diaprés de
fleurs. Nous nous prêtâmes à tous les caprices de notre
guide, jusqu'à ce qu'enfin nous vîmes le mûrier sacré.
« Le voilà, nous dit-il, l'arbre vénérable, *morus ni-
gra!...* » Mais je lui pardonnai son latin en voyant que
c'était en effet un monument vénérable pour lui, et auquel il prodiguait religieusement tous les soins, tous les
appuis dus aux infirmités de l'âge. Le pauvre mûrier a
des tuteurs pour soutenir ses rameaux que leurs lourdes
nodosités font plier vers la terre; dans son tronc incliné
un sillon caverneux menaçait de détruire tous les canaux

[1] Ce n'est pas que l'on doive toujours jurer *in verba discipuli*,
juger le maître par le valet, témoin notre grand Barthez. Venu de
Montpellier à Paris, et promené au Jardin des Plantes par M de Jussieu, Barthez se voit arrêté devant une plate-bande par son savant
cicérone, qui lui montre une plante rare et lui demande s'il la con-
naît. L'illustre professeur avait emmené, comme valet de chambre,
Banal, le jardinier de l'école de Montpellier : il se tourne vers lui avec
un air de supériorité magistrale, et lui dit: Banal, nommez et défi-
nissez cette plante. M. Banal nomme et définit la plante sans hésiter.
M. de Jussieu ne s'avisa plus de questionner le maître d'un domestique si savant. Or, Barthez, de qui on a dit qu'il savait tout et même
un peu de médecine, ne savait pas un mot de botanique !

nourriciers de la séve; mais des lames de plomb protégent cette dangereuse blessure. Aussi son feuillage est touffu, des baies nombreuses couronnent sa féconde vieillesse. Les oiseaux qui viennent les becqueter librement lui prêtent une voix harmonieuse.

Parmi ceux que notre approche parut un peu déranger, nous remarquâmes un joli petit rouge-gorge, un joyeux *Robin*, comme les Anglais l'appellent, qui nous regardait avec une visible inquiétude, et qui semblait être le génie familier de l'arbre. Nous sûmes bientôt pourquoi le joli Robin sautillait ainsi de branche en branche : le mûrier de Milton était plus pour lui qu'un arbre chargé de fruits : c'était sa maison, il contenait sa jeune famille. Dans la caverne même du vieux tronc, à l'abri de la toiture artificielle dont je parlais, le Robin avait son nid. Le jardinier y plongea la main et la retira avec un des petits de l'oiseau qu'il nous fit caresser avant de le remettre doucement auprès de ses frères. C'est depuis des années que Robin rouge-gorge a pris possession de l'arbre du poëte, et qu'il y a établi son ménage, plus heureux que le mieux logé des professeurs ou des Fellows titulaires, et respecté dans sa demeure comme eux dans leur chambre.

Enfin le jardinier, voyant qu'il avait affaire à des pèlerins dévots de Milton, nous coupa lui-même avec sa serpette de poche l'une des branches mortes du mûrier, relique précieuse que nous rapportâmes à Paris avec un fragment des lierres de Kenilworth, et quelques feuilles de saule dérobées par Z....e à la villa de Pope.

Nous repartîmes le même jour de Cambridge, mais

avec l'espoir secret de revenir saluer le vieux mûrier
planté par Milton au collége du Christ, les chênes et les
ormeaux des bords du Cam, sous lesquels il aimait à
promener ses chastes rêveries, et tous ces édifices so-
lennels du catholicisme détrôné, dont la poésie prévalut
toujours dans ses inspirations sur l'esprit étroit du puri-
tanisme.

§ II.

> Ma dimmi : Al tiempo de' dolci sospiri
> A che, e come concedette amore,
> Che conoscete i dubbiosi desiri?
>
> DANTE.

Milton nous a raconté lui-même les premières années
de sa vie avec une admirable simplicité : « Je naquis à
» Londres, d'une famille honorable, d'un père honnête
» homme, d'une mère vertueuse, qui s'était fait connaî-
» tre surtout par ses aumônes. Mon père me destina dès
» mon âge le plus tendre à l'étude des belles-lettres; je
» m'y livrai si avidement que dès ma douzième année je
» ne pouvais m'arracher à mes lectures et à mon travail
» avant minuit; ce fut la première atteinte portée à ma
» vue; mais comme ni la faiblesse naturelle de mes yeux,
» ni de fréquentes douleurs de tête ne pouvaient suspen-
» dre mon ardeur, mon père n'épargna rien pour la bien
» diriger. Il me donna des maîtres sous le toit domes-
» tique; puis, lorsqu'il me vit possédant plusieurs lan-
» gues et les premiers éléments de la philosophie, il m'en-
» voya à l'université de Cambridge. Là, pendant sept

» ans encore, soumis à la discipline universitaire, me
» nourrissant de nouvelles études, demeurant pur de
» tout vice, estimé par tout ce qu'il y avait d'estimable,
» je reçus, non sans quelque succès, le grade de maître
» ès arts. »

Dans la liste des nombreux ouvrages de Milton, ceux
qui portent la date de son séjour au collége du Christ
nous montrent le jeune maître ès arts occupé en même
temps de philosophie, de mathématiques, de grec, de
latin et de poésie. Quoi qu'en ait dit Johnson [1], Milton
était à Cambridge l'étudiant modèle, chéri de ses professeurs comme de ses condisciples ; savant, mais modeste ;
sage, mais d'une douceur inaltérable : sa beauté, la sérénité de son front et son air de candeur attiraient à lui
tous les cœurs par une sorte de majesté naturelle : on l'a
comparé, tel qu'il était alors, parmi les paisibles retraites
des bords du Cam, à son Adam sous les bocages d'É-
den ; et plus tard, tous ceux qui le connaissaient applau-
dirent au dystique latin que lui adressa le marquis de
Villa, faisant allusion par un double sens à sa croyance
religieuse, et à cette beauté céleste dont il était doué :

> Ut mens, forma, decor, facies, mos, si pietas sic,
> Non Anglus, verum, hercle! angelus ipse fores [2]!

Fatigué d'une longue promenade ou de quelque sa-
vante lecture à la lampe, Milton s'était endormi sous un
arbre, et y rêvait peut-être *de idea platonica quemad-*

---

[1] *Vies des Poëtes.*
[2] « Si la croyance était pure comme ton âme, ta grâce, ton visage
» et tes mœurs, tu ne serais pas un Anglais, mais un ange. »

modum Aristoteles intellexit[1], lorsqu'il fut réveillé tout à coup par le contact d'une main qui avait ouvert une des siennes ; il se leva en sursaut, entendit le frôlement d'une robe, et vit s'éloigner une femme dont il ne put distinguer la figure, mais dont la démarche et la taille, révélant presque une divinité, lui rappelèrent l'*incessu patuit dea* de Virgile. Le sage élève des muses classiques trouva plié entre ses doigts un morceau de papier avec ces quatre vers écrits au crayon :

OCCHI, STELLE MORTALI,
MINISTRI DI MIEI MALI,
SI CHIUSI M'UCCIDETE,
APERTI CHE FARETE !

Sans être alors aussi versé dans l'italien que dans le grec, Milton comprit le sens de ces vers, et rougit du compliment qui lui était adressé : « Beaux yeux, astres » mortels, auteurs de mes maux, si fermés vous me » faites mourir, que ferez-vous ouverts ? »

Milton rentra rêveur au collége du Christ, et sa rêverie ne fit qu'augmenter lorsqu'un de ses condisciples lui eut demandé s'il avait vu la dame italienne qui, venue pour visiter les colléges de Cambridge, avait enthousiasmé tous les étudiants par ses grâces et sa beauté. Il apprit, sans oser faire aucune question lui-même, qu'elle était déjà repartie, et il se surprit à regretter d'être le seul peut-être qui n'eût pu voir et admirer la belle étrangère, lorsque seul il avait été distingué par elle. Milton chercha à se distraire de ce regret involontaire par ses

---

[1] C'est le titre d'une de ses compositions de cette époque, en vers latins : « *De l'Idée platonicienne telle que la comprenait Aristote.* »

études savantes, mais il s'aperçut bientôt que le grec, le latin, la théologie et la philosophie d'Aristote n'avaient plus pour lui les mêmes attraits. C'était vers la langue de l'Italie moderne, c'était vers la poésie de Pétrarque et du Tasse qu'il se sentait invinciblement entrainé. Peu à peu, à l'amour de l'italien se joignit le désir de connaître l'Italie elle-même; il ne put se dissimuler enfin que l'apparition de la belle étrangère occupait exclusivement toutes les facultés de son âme. L'ennui de Cambridge le ramena d'abord à Horton, où était alors la maison paternelle, et là, poursuivi par la même curiosité, il sollicita et obtint de son père la permission d'entreprendre le voyage de Rome.

Le père de Milton était un habile musicien, qui méritait l'éloge que son fils a fait de son talent dans ces vers où, parlant de ses compositions musicales, il le proclame un digne héritier d'Arion :

> . . . Mille sonos numero componis, adaptas,
> Millibus et vocem modulis variare canoram
> Doctus, Arionei merito sis nominis hœres[1].

Le motif qu'il lui donna de son voyage fut son désir d'aller former une collection d'airs italiens. Auprès de son protecteur, sir Henry Wotton, qui le recommanda à ses illustres amis, il prétexta l'envie d'aller perfectionner comme lui ses connaissances par la fréquentation des savants : on le laissa partir. Il se rendit d'abord à Paris, où il fut présenté à Grotius, alors ambassadeur de Suède:

---

[1] « Tu composes mille sons habilement cadencés; expert dans l'art de varier les accents d'une voix mélodieuse, tu es un digne héritier de la gloire d'Arion. »

de Paris il passa à Livourne, puis à Pise, et enfin à Florence, où il se fixa pendant deux mois; il y vit plusieurs fois Galilée, pour qui Grotius lui avait donné une lettre, et qu'il n'a pas oublié parmi les grands noms cités dans son poëme. Il fréquenta les autres hommes remarquables dont Florence était le rendez-vous, les étonnant par l'universalité de son savoir, sans rien perdre de sa candeur, malgré les éloges qu'il obtenait partout. Inspiré à la fois par le commerce de ces hautes intelligences, et par le pressentiment secret que la muse qui l'appelait en Italie allait enfin se faire connaître à lui, Milton nous raconte qu'il osa enfin croire à son génie et à sa future immortalité. Estimant comme de faibles essais tout ce qu'il avait écrit jusque-là, il s'exaltait par l'idée encore confuse de ce qu'il entreprendrait un jour. Tout ce qu'il voyait, tout ce qu'il entendait désormais n'était plus que les matériaux de ce sujet sans titre encore, mais qu'il était sûr de trouver. De Florence, Milton partit pour Rome avec une lettre pour l'érudit Lucas Holstenius, qui devait être plus tard le bibliothécaire du Vatican, et que le cardinal Antonio Barberini avait chargé du soin de sa riche bibliothèque particulière. Urbain VII occupait la chaire pontificale. Ce pape n'était pas seulement un grand politique; tout en étendant en Italie la puissance temporelle des clefs par ses négociations et ses guerres, il s'entourait d'un éclat plus doux par le culte des sciences et des lettres : s'il canonisa François de Borgia et Ignace de Loyola, il accueillait aussi avec distinction les poëtes et les artistes de tous les pays et de toutes les croyances. Son *népotisme* fut encore favorable aux arts libéraux, qui trouvèrent dans ses neveux, les Barberini, des patrons magnifiques.

Le cardinal Antoine consulta plusieurs fois Milton sur ses vers latins; en retour, le jeune Anglais pria Son Éminence de l'aider dans ce choix d'airs italiens qu'il avait promis de faire pour son père. Le cardinal rassemblait à ses concerts les musiciens les plus célèbres; il invita Milton à y assister. « Je suis charmé, lui dit-il, de vous voir associer le goût de la musique à celui des lettres; nous n'avons pas à Rome que des érudits comme Holstenius et son ami l'abbé Bouchard; je veux aussi vous faire connaître nos musiciens et nos poëtes : ce soir, la belle Léonora Baroni daigne se faire entendre; venez admirer avec nous la voix et la beauté de cette cantatrice. Vous avez peut-être à Cambridge des savants comparables à mon bibliothécaire, mais pas de sirène comme Léonora; c'est elle, d'ailleurs, que je veux prier de vous aider dans vos recherches musicales. »

Le pieux et sévère Milton aurait pu sans doute quelques mois auparavant trouver le cardinal un peu profane dans son admiration pour une chanteuse; mais en se rappelant le vrai motif de son voyage en Italie, le jeune poëte protestant accepta, sans se faire prier, l'offre de ce prince ecclésiastique de la « prostituée des sept collines, » ainsi que les Anglicans appellent encore Rome catholique. Quelque chose lui disait que, dans le cercle des beautés romaines, il rencontrerait peut-être sa mystérieuse inconnue. Ce soir-là, Holstenius l'attendit en vain pour collationner quelques manuscrits de l'Ancien Testament. A peine si Milton songea à lui envoyer ses

excuses. Entré un des premiers dans la grande salle du
palais Barberini, il y prit place à côté d'un groupe où
Léonora était justement le sujet de la conversation, et
où le comte Fulvio Testi récitait le sonnet qu'il avait
fait pour elle :

> Tra il concento e'l fulgor, dubbio è se sia
> L'udir più dolce, o il rimirar più caro[1].

Un Français, M. Maugars, après avoir renchéri en
prose sur ces éloges poétiques, les résuma en disant
que la modestie de Léonora égalait son talent, son esprit, le charme de sa voix, et qu'à peine le téorbe ré-
sonnait sous sa main « on croyait être déjà parmi les
anges jouissant du contentement des bienheureux [2]. »

En ce moment Léonora entra, conduite par le cardinal Barberini, qui, apercevant Milton, et exact à tenir
sa promesse, se dirigea de son côté; il le présenta à la
belle chanteuse, comme l'étranger dont il venait de lui
parler, pour le recommander à son obligeance. Il fallut
échanger quelques mots de compliments. Léonora sourit
en écoutant les premières paroles de Milton, et celui-ci
crut avoir surpris d'abord l'expression d'une curiosité
particulière ou d'un léger embarras dans le regard qui
avait précédé ce sourire. Il eût donné beaucoup pour
savoir en quels termes le cardinal l'avait recommandé à
cette sirène. Quand elle s'éloigna de lui, il la vit se retourner de son côté, comme pour relever un des plis de

---

[1] On ne sait, au milieu de tant d'éclat et d'harmonie, s'il est plus
doux de l'admirer ou de l'entendre.
COURONNE POÉTIQUE DE LÉONORA BARONI.

[2] Ce sont les propres expressions de Maugars.

sa robe; et cependant ses yeux se portèrent rapidement plus loin; elle s'assit, et déjà Milton se vit de nouveau regardé par elle, tandis que, s'il eût pu analyser sa propre émotion, il eût senti naître le désir que son inconnue ressemblât à cette Léonora, dont la présence faisait éclater tout à coup dans la salle un murmure général de plaisir et d'applaudissements. Elle prit son téorbe; les premières notes qu'elle en tira négligemment commandèrent le silence; et, dans un chant improvisé, elle justifia par la beauté de sa voix et la pureté de sa méthode tous les éloges du comte Testi, ainsi que ceux du musicien Maugars. Milton était sous le charme. Elle n'avait pas encore fini, qu'il avait oublié son inconnue; il lui sembla qu'il n'était venu en Italie que pour Léonora. Elle se fit entendre encore deux fois dans la soirée, parut avoir remarqué l'émotion du jeune Anglais, et avant de sortir trouva l'occasion de lui dire qu'elle l'attendait le lendemain chez elle s'il désirait s'y présenter.

Le lendemain, c'était un ouvrage inédit d'Olympiodore, envoyé d'Aix, par Peyresc, que Holstenius eût voulu montrer à Milton; mais eût-ce été un ouvrage inédit de Platon ou d'Homère, Holstenius aurait encore attendu en vain son hôte. Léonora le vit accourir à l'heure indiquée. Combien il se félicita, après l'embarras des premières questions, de pouvoir parler à la belle Italienne des principes de son art, plus heureux auprès d'elle d'être le fils d'un musicien que le fils d'un roi, quand il vit qu'il devait à ce titre d'en être accueilli presque tout d'abord comme un frère! Mais si Léonora, en véritable artiste, l'admit à une sorte de familiarité, il semblait que cette confiance même imposait une réserve plus délicate au sentiment que Milton éprouvait pour elle, et il craignit longtemps de faire la moindre allusion à ce qui se passait dans le fond de son cœur. Il avait abandonné peu à peu toutes les sciences pour la musique et la poésie ; mais, par un reste de ses goûts d'université, ce fut en vers latins qu'il célébra, pour la première fois, la beauté qui le rendait infidèle à ses études classiques. Dans une de ces pièces, il la comparait à la fameuse Léonora qui causa les malheurs du Tasse. « Mais combien, dit-il, Torquato serait moins à plaindre avec la seconde Léonora, dont la voix suffirait pour lui rendre la raison que sa beauté lui eût fait perdre ! » Cette allusion au Tasse regardait Milton lui-même, agité plus que jamais de l'ambition de marcher sur les traces d'un tel émule en composant un poëme digne de la *Gerusalemme liberata*. Il croyait enfin avoir trouvé son sujet dans les âges de la chevalerie. Lui aussi, à l'imitation du Tasse, il voulait chanter l'amour et les dames. Comme dernier hommage à sa terre natale, qu'il oubliait insensiblement sous le beau soleil d'Italie, c'était le roi Arthur de la Grande-Bretagne et les paladins de la Table-Ronde qu'il choisissait pour ses héros.

Léonora Baroni était au-dessus d'une simple cantatrice. Comme sa mère, la belle Adriana de Mantoue, elle composait souvent les paroles et les airs qu'elle chantait. Poëte et digne de comprendre le génie de Milton, elle ne tarda pas à partager l'amour qu'elle lui inspirait, et sa dernière excuse pour ne pas y répondre, quand elle en reçut l'aveu, fut l'impossibilité qu'il y aurait pour elle de vivre loin de l'Italie. C'était déclarer à son amant qu'il devait lui sacrifier à jamais sa terre natale. Ce sacrifice, il ne se sentait que trop disposé à le faire, et ce ne fut que par un faible remords de conscience qu'il essaya de représenter à Léonora qu'elle avait peut-être tort d'être prévenue contre la Grande-Bretagne sans la connaitre.

« Vous vous trompez, reprit-elle en souriant, j'ai vu les rives brumeuses de votre Tamise, j'ai vu Londres et ses maisons de briques, j'ai vu Oxford et ses palais consacrés aux sciences; j'ai vu Cambrigde.....

— Cambridge? dit Milton, qui se ressouvint alors de l'inconnue.

— Oui, » reprit Léonora.

Et tandis que Milton passait la main sur ses yeux, comme un homme qui croit faire un rêve, elle ajouta :

> Occhi, stelle mortali,
> Ministri di miei mali,
> Si chiusi m'uccidete,
> Aperti che farete !

« O ciel ! c'était vous? » s'écria Milton; et cette découverte le rendit encore plus amoureux qu'auparavant. Non-seulement il crut qu'il lui serait facile de renoncer à l'Angleterre, mais encore à la gloire qui l'y attendait comme poëte. Il voulut devenir tout à fait Italien pour mériter celle qu'il aimait : par un effort de travail, que son amour et son génie couronnèrent d'un rare succès, il parvint à écrire en italien comme un Italien même; et le premier poëme qu'il apporta à Léonora fut un de ces sonnets dans la langue du Tasse, que le Tasse lui-même

n'eût pas désavoué. Il est peu connu. Nous allons le
transcrire, d'autant mieux que Milton s'y peint avec une
noble franchise.

A LÉONORA BARONI.

Giovane piano, e sempliceto amante,
Poi chè fuggir me stesso in dubio sono,
Madonna, a voi del mio cuor l'humil dono
Farò divoto; io certo a prove tante
L'ebbi fidele, intrepido, costante,
Di pensieri leggiadro, accorto, e buono.
Quando rugge il gran mondo, e stocca il tuono,
S'arma di se, e d'intero diamante;
Tanto del force e d'invidia sicuro,
Di timori e speranze al popol use
Quanto de ingegno, e d'alto valor vago
E di cetta sonora, e delle muse,
Sol troverete in tal parte men duro
Ove amor mise l'insanabil ago.

« Jeune homme simple et amant timide, incertain si je dois me
» fuir moi-même, je veux, madame, vous offrir, à vous, l'humble don
» de mon cœur. Je puis du moins vous le donner pour un cœur
» fidèle, constant, ferme, intègre, et se nourrissant de pensées éle-
» vées. Quand le monde est ébranlé par la tempête, quand la foule
» mugit, il se replie sur lui-même comme dans une cuirasse de dia-
» mant. A l'abri des traits de l'envie et des outrages du monde, libre
» de ces espérances et de ces craintes qui agitent le vulgaire, en-
» thousiaste pour le génie et le mérite, pour les chants de la lyre et
» ceux des muses, vous ne le trouverez faible que là où l'amour a
» su l'atteindre d'une blessure incurable. »

Peu de temps après Milton envoya à son ami Charles
Diodati cet autre sonnet écrit encore avec toute l'élégance du pur toscan, et dans lequel il ne craint plus d'a-
vouer quel est le tendre lien qui l'enchaînait à Rome :
c'est aussi le portrait de son enchanteresse :

A CHARLES DIODATI.

Diodati ! e te' l diro con maravaglia
Quel ritroso io ch'Amor spreggiar solea
E de suoi lacci spesso mi ridea
Gia caddi, ov'uom dabben talhor s'impiglia.
Ne treccie d'oro, ne guantia vermiglia
M' abbaglian si, ma sotto nova idea
Pellegrina belleza, che' l cuor bea,
Portamenti alti honesti, e nelle ciglia
Quel sereno fulgor d'amabil nero,
Parole adorne di lingua più d'una
E' l cantar di mezzo l'emisfero
Traviar ben puo la faticosa luna,
E degli occhi suoi auventa si gran fuoco,
Che l' incerar gli orecchi mi fia poco.

« Diodati ! je te dirai, tout étonné moi-même, que moi qui avais
» coutume de dédaigner l'Amour et me moquais souvent de ses piéges,
» j'y suis tombé comme tant d'autres. Ce ne sont pas des boucles d'or,
» ni un teint de rose qui m'ont séduit, mais une beauté étrangère, qui
» ravit le cœur par la noblesse et la grâce décente de son maintien,
» par le doux éclat de son front, par ses paroles empruntées tantôt à
» une langue, tantôt à une autre, par son chant magique, qui ferait
» descendre du ciel la lune errante, et par ses yeux d'où jaillit un tel
» feu qu'il ne me servirait guère de fermer mes oreilles avec de la
» cire [1]. »

Ces deux sonnets, comme les autres, où Milton chante celle qu'il aime, nous prouvent que dans cette passion de sa jeunesse il conserva toujours la chaste retenue de son caractère. Son amour ne fut pas sans doute exclusivement platonique, mais conforme cependant à sa dignité habituelle ; et il put, sans être démenti, invoquer plus tard la pureté de ses mœurs, lorsqu'il se vit en Angleterre tombé dans « de mauvais jours, et parmi des

---

[1] Les sonnets italiens de Milton sont au nombre de cinq.

langues mauvaises, » c'est-à-dire accusé de tous les vices par ses ennemis politiques.

Quelque tendre qu'on puisse supposer le chantre des premières amours d'Adam et d'Ève, l'imagination se prêterait difficilement à déchirer le voile de chasteté dont il les a lui-même couvertes chaque fois qu'il en a parlé. Si quelques commentateurs ont pu dire que la fameuse Béatrix du Dante était une personnification de la théologie, il est heureux pour la Léonora de Milton qu'il soit bien prouvé par les témoignages de ses contemporains qu'elle était une maîtresse réelle ; car avec un amant dont la secte fut depuis si grave et si austère, elle eût risqué d'être prise par la postérité pour une des abstractions de la vie puritaine. Il est certain du moins que sa beauté seule, quoique aidée de la magie de sa voix, n'eût pas séduit aussi complétement un adorateur tel que Milton. Mais, femme supérieure par tous les dons de l'esprit, elle parlait vivement à son intelligence. Elle fut littéralement la muse qui l'initia à tous les trésors de la poésie italienne, dont on remarque de fréquentes réminiscences dans son grand poëme. Il y a même dans *le Paradis perdu* des expressions, et surtout des concetti, qui ont fait dire à quelques critiques que l'Homère anglais est quelquefois plus Italien que le Tasse.

Mais quand Milton eut fait à Léonora l'abandon volontaire de ses goûts et de son pays natal, il arriva ce qui a lieu entre deux amants dont l'un a tout donné à l'autre ; c'est le tour de celui-ci de faire des sacrifices, sous peine de laisser s'apaiser ou s'éteindre leur feu mutuel. Léonora comprit donc qu'elle devait devenir un peu plus Anglaise à mesure que Milton devenait tout à fait Italien. Ce fut elle qui, dans leurs entretiens littéraires, se plut à lui rappeler sa patrie absente, et qui l'excitait à lui tracer le tableau de ses études à Cambridge, ou de ses vacances à Horton, sous le toit paternel. Après avoir admiré avec lui Dante, Pétrarque ou Torquato, elle était la première à mettre à côté de ces noms le nom de Shakspeare. Elle s'étonnait que l'Eschyle anglais n'eût pas un mausolée digne de sa gloire dans l'ile qui le vit naître : cette plainte inspira peut-être à Milton son sonnet sur Shakspeare, si souvent cité[1]. Léonora avouait volontiers que la Melpomène italienne était bien pâle comparée à celle des Anglais, malgré l'estime qu'on faisait encore alors, dans les académies de Florence et de Rome, de *la Sophonisbe* du Trissin, qui n'est plus aujourd'hui considérée que comme un curieux monument de la renaissance de l'art dramatique. Les successeurs du Trissin s'étaient, d'ailleurs, affranchis des règles qu'il avait voulu renouveler de la poétique ancienne. Ils préféraient la composition plus populaire des mystères et des moralités, appelés *rappresentazione*.

« Je veux, dit un jour Léonora à Milton, vous prouver combien votre sauvage Shakspeare est grand, comparé à nos Thespis italiens : j'ai refusé d'aller chanter ce soir au concert du cardinal, pour assister avec vous à une représentation qu'Andreini donne de son *Adamo*.

[1] What needs my Shakspeare, for his honour'd bones? etc.
« Quel besoin a mon Shakspeare que ses restes vénérés soient dé-
» posés sous un monument? etc. »

Andreini, comme votre Shakspeare, est à la fois auteur
et acteur; mais, hélas! là s'arrête la ressemblance.

Milton se laissa conduire.

Batista Andreini était devenu, depuis la mort de son
père, le directeur de la fameuse troupe ambulante de
I Gelosi, les Jaloux. Il prenait le titre de Comique fidèle
et membre de l'académie des insouciants, *Comico fidele
ed academico spensierato.* Il était secondé par sa femme
Virginia Ramponi, plus connue sous le nom de la Florinde. C'était lui qui remplissait le rôle d'Adam, Florinde
celui d'Ève. L'histoire n'a pas conservé les noms des
autres acteurs; mais voici les personnages et la rapide
analyse de la *rappresentazione sacra* qui fut jouée devant Milton et Léonora Baroni :

DIEU LE PÈRE ;	LA CHAIR ;
L'ARCHANGE MICHEL ;	LA FAMINE ;
ADAM ;	LE TRAVAIL ;
ÈVE ;	LE DÉSESPOIR ;
L'ANGE GARDIEN D'ADAM ;	LA MORT ;
CHŒUR D'ANGES, DE SÉRAPHINS ET	LA VAINE GLOIRE ;
DE CHÉRUBINS ;	LE SERPENT ;
LUCIFER ;	VOLANO, messager de l'Enfer ;
SATAN ;	CHŒUR de Fantômes ;
BELZÉBUB ;	CHŒUR d'Esprits infernaux ;
LES SEPT PÉCHÉS MORTELS ;	CHŒUR d'Esprits de feu, d'Esprits
LE MONDE ;	aeriens, d'Esprits aquatiques.

La pièce commençait par un chœur d'anges chantant
la gloire de Dieu. Après cette espèce de prologue, Dieu le
père, entouré des anges, appelle Lucifer, il le force d'admirer l'œuvre des six jours, et crée Adam et Ève, pour
augmenter encore sa confusion[1]. Lucifer exprime sa

---

[1] Acte 1er, scène 1re.

haine contre Dieu, les bons anges et l'homme, et jure de
se montrer à jamais leur ennemi :

> Troppo ostinato e duro
> Il mio forte pensiero
> In mostrarmi implacabile, e severo
> Contra il ciel, contra l'uom, l'angelo e Dio.

Lucifer convoque alors Satan, Belzébub et les autres
démons, pour les associer à son complot contre l'homme.
Il distribue à sept d'entre eux les rôles des sept péchés
capitaux. Melecano est chargé de l'orgueil, Lurcone de
l'envie, Ruspicano de la colère, Alfarat de l'avarice,
Maltea de la paresse, Dulciato de la luxure, Guliar de la
gourmandise [1].

Un chœur d'anges ouvre le second acte par un nouvel
hymne à la gloire de Dieu.

Adam et Ève paraissent, suivis de Lurcone et de Guliar, invisibles; mais ces deux démons sont mis en fuite
par la prière des deux époux.

Lucifer, sous la forme du serpent, annonce à Satan
et aux autres démons son dessein de séduire la femme.

Volano arrive et déclare que les puissances infernales
ont décidé d'envoyer une déité de l'enfer, appelée Vaine
Gloire, pour vaincre l'homme.

Vaine Gloire entre appuyée sur un géant; elle est sa-
luée par le serpent, qui se cache avec elle dans l'arbre
pour épier et tenter Ève. Ève s'approche seule; le serpent la séduit; Vaine Gloire termine le second acte en
célébrant son triomphe.

----

[1] Acte 1er, scène 3e.

Dans la première scène du troisième acte, Adam s'approche d'Ève. — Milton regarda tendrement Léonora quand Andreini eut prononcé avec l'accent de la tendresse ces vers si doux :

>   O mia compagna amata !
>   O di questa mia vita,
>   Vero cor, cara vita !
>   Se fretollosa adunque ali vibrando   `   .
>   Peregrina incessante
>   Per ritrovar Adam,
>   Solenga andavi errando?
>   Eccolo ; che l'imponi? parla o mai
>   Tanto indugi? deh chiede; o dio che fai?

« O ma compagne bien-aimée ! ô toi, cœur et âme de ma vie ! si » tu as erré au loin, si tu as couru, empressée, solitaire, pour re-» trouver Adam, le voici; que lui veux-tu?

Léonora, à son tour, sourit à Milton quand Ève répondit :

>   O carissimo Adamo !
>   O mia scorta, ô mio duce !
>   Ch'a rallegrar, ch'a solazzar m'induce,
>   Sol' io te desiava.

« O mon cher Adam ! ô mon défenseur, ô mon guide ! toi qui seul » me réjouis et me consoles, c'est toi seul que je cherchais. »

Toute cette scène, chef-d'œuvre de tendresse, toucha vivement Milton. Ève avoue à son époux qu'elle a cueilli la pomme et veut la partager avec lui; Adam comprend toute l'énormité de sa faute, mais il ne veut pas qu'Ève soit seule coupable et malheureuse : il se perd avec elle par excès d'amour. Soudain le remords et la terreur, touchent les deux époux; ils fuient et se cachent.

Dans les scènes suivantes, les démons célèbrent leur

victoire. Le serpent demande un chant de triomphe à
Canoro, démon de la musique, mais la venue soudaine
de Dieu change cette fête en cris d'horreur.

Dieu réprimande Adam et Ève, prononce leur sentence, leur donne des peaux d'animaux pour se couvrir,
et l'Archange Michel les chasse du paradis. Ils se livrent
au désespoir, mais un chœur d'anges les excite à la
pénitence.

L'acte quatrième montre Volano et un chœur d'esprits
qui rendent hommage à Lucifer. — Lucifer exprime
son horreur pour la lumière; s'entretient avec les démons sur le sens des paroles de Dieu, leur annonce l'in-
carnation du Fils de l'homme et prépare de nouvelles
machinations contre la postérité des exilés d'Éden;
des cyclopes infernaux créent un nouveau monde par
l'ordre de Lucifer, qui envoie trois démons à Adam pour
jouer les rôles du Monde, de la Chair et de la Mort.

Adam seul se lamente, lorsqu'il voit accourir Ève, effrayée par les animaux féroces. Elle excite son époux
au suicide.

La Famine, la Soif, la Lassitude et le Désespoir se
montrent à Adam et Ève dans toute leur laideur; et
l'acte se termine par l'apparition de la Mort, qui vient
ajouter aux terreurs du couple malheureux.

Dans le cinquième et dernier acte, la Chair vient trouver Adam sous la forme d'une femme. Adam résiste à la
tentation.

Lucifer, sous la forme d'un homme, vient alors dire
à Adam qu'il est son frère aîné.

Adam, tourmenté par le doute, va succomber, lorsque son ange gardien paraît pour le défendre.

La scène change, et les tentations assiégent Ève à son tour. C'est le Monde, sous la forme d'un homme richement paré, qui, faisant sortir un superbe palais de terre, cherche à séduire Ève par la magnificence.

Adam vient au secours d'Ève et l'exhorte à résister. Lucifer, le Monde, la Mort, les démons se préparent à saisir les deux époux. L'archange Michel, à la tête d'un chœur d'anges, combat et défait Lucifer.

Enfin, dans la dernière scène, Adam, Ève, avec les anges, se réjouissent de la victoire de Michel, qui leur promet la clémence de Dieu pour prix de leur repentir, et la pièce se termine par des hymnes à la louange du Rédempteur.

Léonora, qui faisait peu de cas du talent d'Andreini, quoiqu'elle ne fût pas insensible aux traits heureux dont son œuvre était semée, s'étonna de l'attention que Milton y avait prêtée constamment. Quand elle voulut hasarder quelques critiques, il ne l'écouta que d'un air distrait. Le lendemain, en se promenant avec elle dans Rome, il la dirigea du côté des deux statues colossales d'Adam et d'Ève par Bandinelli, les contempla longtemps en silence, et il ne les quitta que pour aller ensuite admirer le magnifique tableau où Michel-Ange a représenté la création.

Depuis ce jour ce ne furent plus Merlin et le roi Arthur qui occupèrent exclusivement l'imagination du poëte : il lut moins les romans de chevalerie, et l'*Adamo* d'Andreini le ramena à la lecture de la Bible, qu'il avait un peu négligée depuis qu'il était à Rome. Ce retour aux livres saints devait nécessairement raviver en lui une foule d'autres impressions et de souvenirs qui allaient chaque jour s'effaçant auprès de Léonora. D'autant plus facilement alarmée qu'elle aimait davantage, Léonora s'aperçut que Rome et ses pompes mondaines n'avaient plus le même attrait pour Milton. Elle avait pu croire un moment qu'à l'exemple d'Holstenius, il renoncerait enfin à la foi protestante comme au pays de ses pères. Cet espoir lui échappa, et elle ne songea plus qu'à arracher Milton à l'ennui de Rome. Elle partit avec lui pour Naples, où le noble marquis de Villa, dernier protecteur du Tasse, reçut en ami généreux des lettres la nouvelle Éléonore et son amant. Milton, qui a payé par de beaux vers l'aimable hospitalité de cet auguste vieillard, avoue qu'il puisa dans son commerce de précieux encouragements pour le grand ouvrage qu'il méditait. Peut-être l'influence du climat voluptueux de Naples allait-elle lui faire oublier de nouveau l'Angleterre : tout entier à ses pensées de poésie et d'amour, il se disposait à s'embarquer pour la Sicile, et formait le projet de visiter ensuite la Grèce avec Léonora, lorsqu'une lettre inattendue vint, comme le bouclier d'Ubalde présenté aux yeux de Renaud, détruire le charme d'Armide. C'était une lettre de son père, qui ne lui adressait aucun reproche, mais qui lui annonçait avec tristesse et inquiétude les troubles dont était menacée l'Angleterre. L'amour de la patrie se réveilla soudain dans le cœur républicain de Milton, et lui donna le courage de rompre violemment les liens de tout autre amour. Il retrouva le stoïcisme de son adolescence; il dit adieu à l'Italie, à la muse et à Léonora, pour aller se ranger parmi les ennemis de l'épiscopat et du roi Charles [1].

DEUXIÈME PARTIE

§ Ier.

> Por certo i bei vostri occhi, donna mia,
> Esser non puo che non sian lo mio sole.
> MILTON, Sonnets italiens.
>
> — « Ancor non m'abbandona. »
> DANTE.

Rien n'est moins rare dans l'histoire que de voir les nations renverser les idoles qu'elles ont adorées, exalter de nouveau les noms qu'elles ont couverts d'opprobre. Les Stuarts venaient de remonter sur leur trône; les acclamations de l'allégresse publique éclataient de toutes parts; ils pouvaient bien oublier dans ce retour triomphal vingt années de discordes civiles, de combats et

---

[1] Primùm de reformandâ Ecclesiâ anglicanâ duos ad amicum quemdam conscripsi... cùm petiti omnium telis episcopi tandem cecidissent otiumque ab illis esset, verti aliò cogitationes, si quâ in re possem libertatis veræ ac solidæ rationem promovere; quæ non foris, sed intus quærenda, non pugnando, sed vitam rectè instituendo rectèque administrando, adipiscenda potissimum est... Tres libertatis esse species, quæ nisi adsint, vita ulla transigi commodè vix possit, ecclesiasticam, domesticam seu privatam, atque civilem... institutionem deindè liberorum uno opusculo breviùs quidem tractabam... Postremò de typographiâ liberandâ, ne veri et falsi arbitrium, quid edendum, quid premendum, penès paucos esset, eosque ferè indoctos, et vulgaris ju-

d'usurpation, où l'on avait vu d'un côté le roi et sa noblesse avec tous les vieux souvenirs de la féodalité normande ; de l'autre, le peuple rebelle avec le fanatisme de la religion et l'audace de la démocratie : guerre parricide commencée sur le champ de bataille, terminée sur les planches d'un échafaud ; époque de grands crimes, mais aussi de grandes vertus ; drame incomplet après toutes ses diverses péripéties de terreur et de gloire, si la restauration de l'ancienne dynastie en fût restée le dénoûment contradictoire.

Cependant cette conclusion inattendue semblait au moins condamner désormais au silence toutes les factions hostiles à la royauté héréditaire. Parmi le petit nombre d'esprits indomptés qui pleuraient en secret la ruine des libertés publiques, nul ne pouvait être assez clairvoyant pour deviner que l'un des deux fils de Charles Ier irait un jour reporter dans un éternel exil la couronne sanglante de son père. Pour les peuples et les rois de l'Europe, la révolution anglaise n'avait été qu'une tragédie sans moralité ! Peuples et rois ne pouvaient comprendre que leurs destinées fussent en cause dans

dicii homines, librorum inspectioni præpositos, per quos nemini ferè quicquam quod suprà vulgus sapiat, in lucem emittere, aut licet aut jubet, ad justæ orationis modum Areopagiticam scripsi. Civilem, quæ postrema species restabat, non attigeram ; quam, magistratui satis curæ esse cernebam. Neque de jure regio quicquam à me scriptum est, donec rex hostis à senatu judicatus, belloque victus, causam captivus apud judices diceret, capitisque damnatus est..... liber iste non nisi post mortem regis prodiit, at componendos potiùs hominum animos factus, quam ad statuendum de Carolo quicquam quod non meà, sed magistratuum intererat, et peractum jam tùm erat, etc.

Defensio secunda pro populo anglicano, etc.

cette lutte entre un roi et son peuple, lutte de principes qui devait se reproduire successivement dans toutes les monarchies, et finir par changer le droit public des deux mondes. En France comme en Espagne, en Hollande comme en Italie et en Allemagne, on n'avait guère vu dans ce qui venait de se passer chez les Anglais qu'une guerre civile faisant suite aux vaines révoltes de Jack Cade et de Wat Tyler, ou aux disputes sanglantes des deux roses, toujours sans influence sur le continent. Seulement, jusqu'ici, les rois et les reines d'Angleterre avaient seuls eu le droit de vie et de mort sur les rois et les reines; le bourreau ne recevait point d'ordres des sujets contre leurs souverains. L'épisode inouï du supplice de Charles Stuart avait excité à la fois l'indignation et la pitié; l'indignation, à cause du caractère sacré du roi; la pitié, par les détails touchants de sa dernière heure. Ce souvenir seul expliquerait comment l'opinion générale de l'Europe s'associa aux réactions qui signalèrent le rétablissement des enfants de la victime royale. Les outrages faits aux cendres de Cromwell parurent des représailles naturelles, car le fait même d'une restauration annulait les titres glorieux de cet usurpateur, qu'il avait été plus facile d'arracher à son tombeau qu'à son trône. On ne songea même pas à réclamer en faveur des cendres de l'amiral Blake, qui n'avait cependant défendu le pavillon républicain que sur la mer et contre l'invasion étrangère. Le titre de régicide excusait toute espèce de réaction contre les vivants et contre les morts. C'était, d'ailleurs, comme d'usage, une exception qui consacrait l'amnistie : une liste de proscrits rassure

l'égoïsme du plus grand nombre ; quand on sut quels
étaient ceux que le nouveau roi sacrifiait aux mânes de
son père, on exalta en chœur la clémence de Charles II.

Les partisans du roi avaient, d'ailleurs, pris leurs précautions pour que les proscrits et les persécutés de l'opinion vaincue n'inspirassent aucun intérêt : ce n'était pas
seulement une guerre d'épée qui avait décidé de l'abolition momentanée de la monarchie, les armes de la polémique n'étaient pas restées oisives ; la parole des prédicateurs, la plume des écrivains n'avaient pas fait des
blessures moins profondes que l'arquebuse ou l'épée du
soldat et la hache du bourreau. L'épée, l'arquebuse, la
hache ne mutilent que le corps, le glaive de la presse
rend difformes le corps et l'âme. Les métaphores du discours ne sont plus de vaines images dans la langue des
partis ; la haine voit son ennemi aussi hideux qu'on veut
le lui faire. Pour les puritains fanatiques, Charles Stuart
avait porté sur le front la marque fatale de l'Apocalypse ;
pour les royalistes fidèles, Cromwell, Bradshaw, Lambert, Vane, etc., étaient des démons incarnés, auxquels
il ne manquait ni le pied fourchu ni les cornes de Belzébub ou de Belial.

Il y avait un homme surtout que la calomnie s'était
plu à peindre sous des traits repoussants : cet homme
avait été le secrétaire latin du Long Parlement et du
Protectorat, l'adversaire redoutable de la prélature,
l'apologiste de la république régicide. C'était peut-être
de bonne foi que, sur le continent, Saumaise, More,
Dumoulin et les autres réfutateurs de Milton, écrivaient
que jamais âme plus noire n'avait eu pour prison ter-

restre un corps plus affreux ; sa taille était alternativement grandie d'une coudée ou abaissée à celle d'un nain ;
ses mains étaient armées de doigts crochus comme les
griffes d'une hyène, et une horrible lèpre qui avait dévoré ses prunelles sillonnait en tout sens son visage : on
lui appliquait sérieusement, en un mot, le vers classique
du Cyclope aveuglé par Ulysse :

Monstrum, horrendum, informe, ingens, cui lumen ademptum [1].

Certes, qui avait connu Milton en Italie, qui l'avait
aimé jeune, beau et comparé à un ange par le marquis
de Villa, pouvait bien penser qu'il y avait probablement
deux hommes du même nom : le poëte et le controver-
siste ; et lorsque le bruit de la mort du secrétaire latin de
Cromwell suspendit heureusement la proscription diri-
gée contre celui-ci, les amis étrangers de Milton le poëte
pouvaient encore hésiter à porter le deuil.

Parmi les Italiens venus à Londres avec Carara, l'ambassadeur de Venise, une dame qui était encore belle,
mais déjà parvenue à l'été de la vie, semblait prendre un
intérêt très-vif aux derniers événements de la révolution
anglaise, et à tous les personnages dont les noms avaient
été entourés d'un éclat brillant ou sinistre dans les
troubles des trois royaumes. Sa qualité d'étrangère autorisait sa curiosité : elle pouvait naturellement et sans
crainte multiplier et réitérer ses questions sur les choses
et les hommes, exprimer ses doutes et même contredire
les opinions des uns et des autres.

[1] Monstre horrible, difforme et privé de la vue.

Un jour, que le hasard l'avait mise en rapport avec un jeune quaker nommé Thomas Elwood, celui-ci, après l'avoir écoutée longtemps, ne put s'empêcher de lui dire : « Tu m'as fait comprendre pourquoi mon maître trouve si barbare notre prononciation anglaise appliquée aux langues mortes, car ta voix prête une vraie mélodie à notre dialecte septentrional : si j'osais, femme, je te supplierais de venir secrètement me remplacer pour lire ce soir à un proscrit solitaire quelques pages de Virgile.

— Quel est ce maître, quel est ce proscrit? demanda l'Italienne.

— Un homme qui exciterait à la fois ton admiration et ta pitié; car le ciel, qui le combla de tous les trésors de l'intelligence, lui a retiré le don de la vue. Il fut l'ami des puissants d'hier, voilà pourquoi les puissants d'aujourd'hui le persécutent. Je vais te conduire à lui, sans te le nommer encore, quoique, grâce à l'acte d'amnistie publié ce matin, j'espère que son nom pourra reparaître bientôt sur la liste des vivants. Veux-tu venir? tu réjouiras son cœur en parlant avec lui ton mélodieux langage italien qu'il prononce presque aussi bien que toi? »

La dame italienne se rendit à cette prière, et Elwood la conduisit dans une maison isolée des faubourgs de Londres; ils franchirent la porte d'un jardin, et s'arrêtèrent devant une espèce de pavillon que les larges sons d'un orgue remplissaient d'une harmonie religieuse. « Écoutons, dit Elwood, mon maître se prépare par la musique à la poésie; nous allons peut-être l'entendre réciter un de ces chants par lesquels il dit communiquer avec l'ange des saints concerts. » Ils écoutèrent, et en

effet le poëte déclama bientôt cette plainte éloquente sur
sa cécité [1] :

« O perte de la vue ! c'est toi surtout qui causes mes
» plaintes, aveugle comme je suis parmi mes ennemis !
» malheur pire que l'esclavage, la prison, l'indigence ou
» la vieillesse ! — La lumière, cette première création de
» Dieu est éteinte pour moi ; et je suis privé des diverses
» distractions de joie et de plaisir qui auraient en partie
» adouci ma misère : me voilà au-dessous du dernier des
» êtres ; hommes ou reptiles, les plus vils de tous, l'em-
» portent sur moi ; ils rampent, mais ils voient ; moi je
» reste dans les ténèbres, au milieu des clartés du jour,
» exposé à l'imposture, au mépris, aux outrages, un
» jouet pour les autres, sans cesse en leur pouvoir, jamais
» au mien ; à peine si je semble vivre, mort plus qu'à
» demi. Oui ! la nuit, la nuit, la nuit, toujours la nuit.
» Même sous les rayons du soleil, éclipse complète, sans
» aucun espoir du jour !

» O premier rayon créé ! et toi, grande parole : *Que la
» lumière soit, et la lumière fut !* Pourquoi suis-je privé
» du bienfait accordé à tous ? le soleil, pour moi, est
» sombre comme la lune silencieuse lorsqu'elle aban-
» donne la nuit, et reste cachée dans sa caverne profonde.
» Puisque la lumière est si nécessaire à la vie, qu'elle
» est presque la vie elle-même, et, s'il est vrai que la lu-
» mière soit dans l'âme, — qu'elle soit tout, — partout
» où elle est, — pourquoi la vue fut-elle confiée à un

[1] O loss of sight, of thee I most complain, etc.

Samson Agonistes.

» organe aussi délicat que l'œil, à un organe si fragile et
» si exposé, au lieu d'être, comme le toucher, répandue
» sur toute la surface du corps, afin que l'homme pût
» voir à travers chacun de ses pores? oh! alors je n'eusse
» pas été ainsi exclu de la lumière, ou plongé dans un
» monde de ténèbres, avec la conscience de la vue, pour
» vivre d'une vie à demi morte, pour subir une mort vi-
» vante, et, comble de misère! pour être moi-même ma
» tombe, un sépulcre ambulant, — enseveli sans jouir du
» privilége de la mort et des funérailles, sans être exempt
» des pires maux de la vie, les douleurs et les outrages,
» maux deux fois plus affreux pour celui qui vit, comme
» moi, captif au milieu de maîtres inhumains... Mais qui
» vient ici? car j'entends un bruit de plusieurs pas; peut-
» être sont-ce mes ennemis qui viennent contempler mon
» affliction et m'insulter pour la rendre plus amère en-
» core!... »

Joignant la pantomime à la déclamation en prononçant
les paroles de *Samson mourant*, le poëte s'avança sur le
seuil du pavillon, et le jeune quaker se faisant reconnaître : « Maître, lui dit-il, c'est moi : je viens continuer
notre lecture d'hier, et j'espère que tu seras plus content
aujourd'hui de ma prononciation.

— Ah! bonjour, ami, répondit le poëte, je te remercie
d'être si exact : entrons;... ou plutôt, il me semble que
le ciel doit être pur, l'air est doux, asseyons-nous sous ce
berceau de verdure.

— Volontiers, » dit Elwood, qui fit signe du doigt à
l'étrangère de ne pas se nommer encore, et qui, allant
chercher un volume dans le pavillon, le lui remit en

souriant de la double surprise qu'il ménageait à son maître.

L'étrangère se prêta à l'innocente fantaisie d'Elwood, mais, moins occupée d'abord à remarquer le passage de Virgile, qui lui était indiqué par le jeune quaker, qu'à contempler avec une émotion indéfinissable le solitaire aveugle auprès de qui elle se trouvait ainsi tout à coup amenée.

C'était un homme de cinquante et quelques années, vêtu de noir, d'une taille moyenne, portant la tête haute, dont le visage calme exprimait la patience du courage et la douce dignité du malheur : ses yeux étaient purs de toute tache, et sa cécité ne se révélait que par leur regard immobile.

« Commence, ami Elwood, dit-il après quelques instants de silence. As-tu oublié où nous en étions restés? »

Elwood fut encore obligé de chercher deux fois la page et le vers pour la dame italienne : enfin elle commença et ne s'arrêta qu'à la fin d'un chant.

Après un premier mouvement de surprise, le poëte avait repris l'attitude de l'attention sans interrompre une seule fois cette lecture.

Mais quand la lectrice se fut arrêtée : « A merveille, ami Elwood, dit-il, vous avez fait, en effet, des progrès admirables depuis hier. Quelle pureté de prononciation, et surtout quelle douceur dans votre voix ! Je la comparerais volontiers à ce souffle embaumé du midi que notre divin Shakspeare fait soupirer si mélodieusement sur un banc de violettes [1]; en vérité, ami, si j'étais femme, je

---

[1]   « O, it came o'er my ear like the sweet south,

ne désirerais, pour être sûre de plaire, qu'un accent aussi doux.

— Tu ne m'en voudras donc pas, maître, dit Elwood, d'avoir emprunté cette voix pour occuper une heure de ta solitude.

— Non, mon ami, non, je te remercie toi et la complice complaisante de ton artifice : le plaisir que vous m'avez procuré a été bien au delà des vers de Virgile. J'ai cru revenir aux songes de ma jeunesse sous le ciel de la belle Italie. Qui que vous soyez, madame, ajouta-t-il, vous devez être née vous-même sous ce fortuné climat. Mais je ne suis peut-être pas indigne de la faveur que vous venez d'accorder à un poëte anglais ; nul poëte d'Italie ne rend un culte plus sincère que le mien aux grands noms de votre terre natale.

— C'est au nom du Dante, de Pétrarque et du Tasse, que je vous demanderai de jouir quelquefois de la faveur de remplacer ce dévoué disciple.

— Mais, madame, Elwood vous a-t-il dit quel était son maître ?

— Il ne m'a dit que deux choses, que son maître était aveugle et proscrit.

— Et il aurait dû ajouter qu'il s'appelait Jean Milton.

— Milton le poëte, Milton l'hôte du vénérable marquis de Villa, l'ami de Carlo Dati, de Jacobo Gaddi ?

— Milton, le secrétaire latin du Parlement et de milord Protecteur.

That breathes upon a bank of violets
Stealing and giving odours. »

Twelfth Night.

— L'auteur de *Lycidas* et de *Comus*...

— L'auteur de trois écrits contre les prélats et de l'*Areopagitica* en faveur de la liberté de la presse...

— De l'*Allegro* et du *Penseroso*...

— De la *Dépendance des Rois et des Magistrats*, de l'*Eikonoclaste* et de la *Défense du Peuple anglais*...

— Que la persécution et le malheur ont rendu au culte des muses.

— Oui, mais qui ne regrette aucune des veilles qu'il consacra aux intérêts plus pressants de l'Angleterre qui ne renonce à aucun de ses titres de proscription ou de gloire.

— Je vois qu'on n'a point exagéré votre constance.

— Mes ennemis, je le sais, appellent cette constance d'un autre nom.

— Je ne suis pas de ceux qui croient vos ennemis : c'est vous que je veux entendre et croire.

— Il n'est qu'un point sur lequel, malgré moi, ma franchise puisse paraître en défaut[1] : mes yeux semblent toujours les mêmes, et cependant il n'est que trop vrai qu'ils sont privés du don de voir.

— Et n'est-il plus aucune espérance pour vous de recouvrer ce don précieux?

— Aucune, je le crains; car depuis longtemps les ténèbres se sont épaissies autour de moi; mais depuis que Dieu m'a ôté cette espérance, il a su me dédommager de la perte des yeux du corps par les brillantes

[1] In hâc solùm parte dissimulator sum.

SECUNDA DEFENSIO, etc.

clartés dont il a illuminé mon àme. Je suis résigné; car
je savais d'avance quel sort m'attendait pour prix de mes
travaux.

— Vous fûtes, en effet, prévenu à quel prix vous pouviez continuer vos veilles.

— Oui, ce fut lorsque j'entrepris la *Première Défense
du Peuple anglais*, que les médecins m'avertirent de la
perte inévitable de ma vue. Mais j'avais à choisir entre
la cécité et l'honneur de remplir mon devoir; tous les
oracles d'Esculape et d'Épidaure n'auraient pu m'arrêter.
Que penseriez-vous d'un soldat qui jetterait ses armes de
peur de se blesser lui-même en repoussant l'ennemi? Je
souris d'entendre dire quelquefois que c'est le jugement
de Dieu qui m'a frappé, lorsqu'il me semble que c'est
bien moins de la faiblesse de mes yeux que proviennent
les ténèbres fixées sur ma vue que de l'ombre de deux
ailes célestes qui se déploient pour me protéger. Si j'eusse
été maudit, mes amis ne se seraient-ils pas retirés de moi
en même temps que la lumière extérieure? ne fus-je pas,
au contraire, entouré de leurs soins plus tendres et plus
assidus? La république me priva-t-elle de mes fonctions
et de ses faveurs, sous prétexte que j'étais devenu un instrument inutile? une subsistance honorable ne me fut-
elle pas aussitôt garantie comme à ces citoyens qu'Athè-
nes nourrissait jadis dans le Prytanée? Ma cécité ne me
procura-t-elle pas des amis nouveaux, entre autres
un digne descendant des anciens Grecs, Léonard Phi-
laras, resté fidèle au poëte, quoique la fortune du poëte
ait changé? n'ai-je pas puisé enfin dans ma cécité une
nouvelle source de vigueur pour mon âme? Mais vous

dire toutes mes consolations, c'est tomber dans le péché d'orgueil.

— Que j'aime à vous entendre! que j'aime à retrouver dans vos paroles le sentiment exprimé par des vers que j'ai retenus depuis plus d'un quart de siècle :

> « These thoughts may startle well, but not astound
> The virtuous mind, that ever walks attended
> By a strong siding champion, Conscience.
> O welcome pure ey'd Faith, whith-handed Hope
> Thou hovering angel girt with golden wings,
> And thou unblemish'd form of Chastity,
> I see ye wisibly, and now believe
> That he the supreme God to whom all things ill
> Are but as slavish officers of vengeance,
> Would send a glittering guardian, if need were,
> To keep my life and honour unassail'd [1]. »

— Quoi donc! vous citez les vers d'un pauvre poëte du Nord, vous qui avez vécu dans le pays des poëtes harmonieux : si vous ne veniez de faire naître en mon cœur un sentiment de vanité coupable, je croirais que c'est un ange du ciel chrétien qui est descendu près de moi ; ou si je pouvais ajouter foi à mes propres inventions, je vous demanderais si vous êtes la fée de *Comus*. Elwood, mon ami, l'étrangère a-t-elle des ailes visibles ? Sa voix a ressuscité pour moi les superstitions de mes premiers vers.

— Il se fait tard, dit Elwood, à qui un signe de l'Ita-

---

[1] « Ces pensées étranges pour d'autres ne sauraient étonner l'âme vertueuse qui marche escortée d'un vaillant et fidèle champion, la Conscience. O toi, ange qui plane sur nous avec des ailes d'or, et toi, image sans tache de la Chasteté, je vous vois visiblement, et je crois maintenant que le Dieu suprême, à qui toutes choses mauvaises ne sont que de dociles instruments de vengeance, m'enverrait, s'il en était besoin, un gardien céleste pour défendre ma vie et mon honneur. »

lienne suggéra cette réponse ; demain l'ange ou la fée viendra continuer cet entretien. »

---

§ II

> Reginam veritatem regi Carolo anteponendam arbitratus.

Le lendemain, dans l'après-midi, le soleil dissipa peu à peu les brouillards de la Tamise : Milton, après avoir essayé quelques courts préludes, vint s'asseoir sous le berceau de verdure où s'était passé l'entretien de la veille, aimant encore à douter si c'était bien une femme ou l'habitant d'une autre sphère qui l'avait visité. « Reviendra-t-elle ?... » Mais un pas léger se glissait déjà dans le sentier qui conduisait au pavillon. L'étrangère prit place à côté du poëte aveugle.

« Vous n'étiez pas certain de me revoir, dit-elle, comme si elle eût surpris sa pensée...

— Pour en désespérer, il m'eût fallu un moins prompt retour.

— Comme la muse, j'ai répondu à l'appel de vos accords.

— Hélas ! la muse n'y répond pas toujours.

— Avouez qu'elle a pu quelquefois vous trouver trop oublieux de ses dons. Vous le dirai-je, je ne suis pas encore bien convaincue que vous n'ayez pas eu tort de la négliger pour cette liberté dont l'Angleterre s'est lassée si vite, et qui ne nous est apparue, à nous étrangers désintéressés dans vos guerres civiles, que sous la forme d'une furie, une hache régicide à la main...

— Hélas ! je le sais, les calomnies n'ont pas été plus épargnées à la liberté qu'à ceux qui ont combattu pour elle. Naguère désertée, trahie, vendue par les chefs du peuple, elle n'a trouvé pour la défendre qu'une voix de poëte, bientôt étouffée par les acclamations dont on a salué les enfants d'Achab [1]. Ainsi sont faits les hommes; ils ne peuvent donner une louange sans exercer une récrimination, bénir l'un sans maudire l'autre. Ce n'est plus assez de renverser tous les trophées de la liberté, exagérons les nécessités quelquefois cruelles de sa défense, et imputons-les-lui toutes à crimes. Vainement Judith a sauvé Béthulie : honte et opprobre à Judith, qui a osé trancher la tête d'Holopherne !

— Mais vous n'aviez pas trempé vous-même dans le jugement de Charles Stuart.

— Non; mais j'ai dû défendre les juges qui avaient décidé qu'il fallait qu'un homme pérît pour le salut du peuple. Il m'en coûtait sans doute, ainsi que je le déclarais au début de mon apologie, il m'en coûtait de re procher à un ennemi renversé les fautes des jours de sa puissance, qui furent plutôt les fautes de ses conseillers que les siennes; mais *je dus préférer la reine Vérité au roi Charles* [2]. Je dus mettre en regard de la sentence les

---

[1] Allusion à l'écrit que Milton adressa au général Monk quand il fut question de rétablir la monarchie. Cette éloquente protestation avait pour titre : THE READY AND EASY WAY TO RETABLISH A COMMON WEALTH. (Moyen prompt et aisé d'établir une république.)

[2] Reginam veritatem regi Carolo anteponendam arbitratus.

pièces de l'accusation, dire comment ce roi si pieux avait torturé toutes les consciences ; comment ce roi si juste avait violé les lois; comment ce roi jugé par des rebelles avait fomenté et armé lui-même la rébellion ; comment ce roi, dont on veut que le sang retombe sur nous et sur nos enfants, avait commandé le massacre de nos frères en Irlande.

— Mais ne pensez-vous pas aujourd'hui qu'il était de l'intérêt de quelques hommes d'exagérer tous les torts de celui dont ils voulaient usurper le pouvoir plutôt que punir la tyrannie ?

— Il y a eu sans doute de faux prophètes dans Israël; mais, pour condamner Charles Stuart, les juges d'Angleterre auraient pu motiver l'arrêt sur les éloges que les courtisans donnaient à leur maître, au lieu d'écouter les diatribes de ses ennemis. Charles Stuart fut condamné sans haine, comme mauvais roi et non comme homme méchant. C'est pourquoi sa mort fut plutôt fatale qu'utile peut-être à la république ; je le reconnais aujourd'hui, le parlement oublia que la sentence contre un roi devrait s'arrêter à la privation de la couronne. La liberté n'a besoin que de l'abolition de la monarchie pour atteindre, de près ou de loin, tous ceux que leur naissance appellerait à sa succession. La mort ne peut être prononcée que contre ceux qui oseraient aspirer à ressaisir par la violence ou la séduction les fragments d'un sceptre brisé désormais par la loi.

— Vous pensez et parlez en Romain et en Grec des anciens jours; mais si vous aviez compté combien il y avait peu de Romains et de Grecs parmi les Anglais, vous auriez fondé des espérances moins ardentes sur votre république.

— Ni moi ni les chefs du peuple, nous n'avons jamais proclamé la liberté païenne, mais bien la liberté du Christ. Déjà Dieu s'était irrité contre les Israélites quand ils lui demandèrent un roi ; et il ne le leur accorda qu'en punition de leurs péchés. Plus tard, le Christ défendit positivement à ses disciples d'admettre parmi eux un gouvernement qui donnerait l'autorité à un seul : « Que celui qui est le premier parmi vous soit comme le dernier, et que celui qui est le chef soit pour servir les autres, » répondit-il aux fils de Zébédée qui demandaient la première place dans son royaume.

— Mais le Christ est venu apporter la paix aux hommes... et l'agitation n'a-t-elle pas régné dans votre république jusqu'à ce que le joug de l'épée ait remplacé le joug du sceptre ?

— Après l'orage les flots conservent quelque temps leur agitation ; au tumulte de la bataille aurait succédé la paix de la conquête : peut-être aussi, élevés comme les jeunes faucons dans la vénerie avec le chaperon du maître sur les yeux, nous sommes-nous trop brusquement découverts en face du soleil, et ses rayons nous ont éblouis. Mais l'Angleterre, libre comme l'aigle, accoutumant peu à peu ses jeunes enfants à contempler l'astre du jour, eût fortifié leurs faibles prunelles à la source même des clartés célestes.

— Hélas ! ne vous êtes-vous pas aperçu que ces nobles pensées de liberté morale, exprimées avec toute la magnificence de la poésie, faisaient de vous un homme à part au milieu des ambitieux et des égoïstes? Vous aviez écrit pour émanciper les âmes : ils n'avaient voulu briser que les entraves matérielles d'une hiérarchie qui humiliait leur orgueil, ou refrénait leurs ressentiments. Ceux qui, comme vous, étaient de bonne foi, commencèrent par détrôner le roi Charles : vous auriez dû commencer par détrôner les préjugés qui enchaînaient ces hommes charnels incapables de comprendre votre république de poëte. Aussi, le roi Charles détrôné, les prélats dépouillés de leurs siéges au parlement, les impôts odieux abolis, il a fallu à l'impuissance des uns un maître pour les conduire, à l'ambition des autres un pouvoir à exercer, il a fallu des taxes nouvelles à la cupidité de tous. Comme la dame enchantée dans votre *Comus*, l'Angleterre s'est vue tout à coup délivrée du magicien; mais le charme n'ayant pas été rompu, elle est restée captive dans les liens invisibles dont il avait enchaîné ses bras.

— Oui ; mais le génie protecteur de la dame et de ses deux frères se garda bien de rappeler le magicien pour réparer leur imprudence.

— Je sais qu'une bonne fée vint à leur secours : mais cette fée protectrice de la vertu serait restée sourde à l'invocation des chefs de votre république.

— Plaignez leur imprudence, mais ne mettez pas en doute la droiture de leurs cœurs.

— Votre enthousiasme ne s'est-il pas laissé abuser par de faux semblants ? Voyez comme *ceux qui ont été juges dans Israël* sont abandonnés au mépris du peuple détrompé.

— Quand Israël envia aux gentils leurs rois, il oublia

aussi ses juges et Samuel lui-même. On cherche, je le sais, à couvrir d'opprobre les noms des justes et des forts; Dieu veuille que l'Angleterre ne soit pas trop sévèrement punie de son inconstance et de son ingratitude !

— Défendrez-vous indistinctement les divers partis qui ont fini par se dévorer entre eux sur les dépouilles de la royauté? Qu'avez-vous de commun avec ces hommes, les uns ridicules, les autres impies, les uns extravagants, les autres hypocrites jusqu'à feindre le fanatisme? Vous n'êtes ni un puritain, ni un indépendant, ni un homme de la cinquième monarchie.....

— La liberté, fille du ciel, a eu, comme la religion, ses Judas pour lui donner le baiser des traîtres, et ses Thomas, pour douter de sa divine origine. Ah ! souffrez que je vous cite les poëtes de votre Italie comme vous me citez ceux de notre Angleterre : vous souvenez-vous de cette bonne fée Manto, que les mauvais génies transformaient quelquefois en couleuvre pour l'exposer à la haine des hommes ? Les uns poursuivaient à coups de pierre la pauvre couleuvre honteuse dans son buisson, mais les autres, qui, comme Adonio, avaient pitié d'elle, la voyaient reparaître le lendemain parée de tous ses célestes attributs, et reconnaissante de la protection donnée à son infortune.

— Poëte, quand vous prêtez au serpent la tête chaste d'un ange, crédule fille d'Ève je vous écoute et j'adore ce que vous adorez. Mais défendrez-vous les prêtres de votre déesse comme la déesse elle-même ? vous, amant désintéressé de cette liberté dont vous faites une sœur de la charité, de la foi, de l'espérance, saintes filles du ciel;

vous qui avez tout perdu avec joie pour elle, qu'avez-vous à dire pour le juge et pour le soldat qui ont souillé de sang sa robe blanche d'innocence?

— Puissé-je dissiper les ténèbres matérielles qui m'entourent comme ces nuages de calomnie dont les méchants ont enveloppé les hommes qui seront aux yeux de la postérité l'orgueil de l'Angleterre, mais tombés aujourd'hui comme moi *dans de mauvais jours et parmi des langues mauvaises!* Que je vous remercie de m'offrir l'occasion de proclamer les noms de ceux que je ne renierai pas dans l'infortune, mes amis ou mes protecteurs! « Toi, d'abord, Fleetwood, que j'avais connu dans l'enfance et que j'ai retrouvé au faîte de la renommée militaire, toujours aussi doux et bon qu'intrépide, toi dont l'ennemi lui-même proclama maintes fois la clémence; toi ensuite, Lambert, qui avec une poignée d'hommes arrêtas toute l'armée écossaise ; et toi, Overton, mon frère par la similitude de nos études et par la sympathie de nos cœurs, toi qui, à Marston-Moor, en Écosse, et jusque dans les Orcades, sus conquérir une éternelle admiration par ta présence d'esprit, ta bravoure, ta générosité et ton habileté. Citerai-je encore Whitlocke, Pickering, Strickland, Sydemham, Sydney, Laurence, esprits cultivés, courages magnanimes, les uns s'étant distingués dans le conseil, les autres sur les champs de bataille? »

— Est-ce à dessein que vous oubliez deux noms plus célèbres encore?

— Plus célèbres et aussi plus calomniés, Jean Bradshaw et Olivier Cromwell, l'un le juge vénérable, l'autre le grand capitaine, le Judas Machabée de notre ré-

publique.. Je sais que le vil secrétaire de Saumaise,
l'infâme Morus a traité d'obscur et insolent scélérat le
président de la commission qui jugea Charles Stuart.
« Eh bien ! ce *scélérat obscur* était né d'une noble famille;
toute sa jeunesse fut consacrée à l'étude des lois de son
pays : avocat savant et disert au barreau, défenseur
courageux de la liberté et du peuple, il s'était fait connaître aussi dans les fonctions publiques et comme juge
incorruptible, lorsque, appelé par le parlement à présider
le procès du roi, il ne recula pas devant cet honneur pé-
rilleux. Il joignait en effet à la science des lois un esprit
libéral, une âme élevée, une conduite intègre et des manières agréables pour tous. Malgré les menaces par lesquelles on voulut intimider sa conscience, il s'acquitta
de ses devoirs redoutables avec tant de fermeté, de gravité, de présence d'esprit et de dignité, qu'on eût pu
croire que Dieu, dans les décrets de son admirable providence, l'avait destiné de tout temps à cette œuvre de
justice. Aussi sa gloire s'élève d'autant plus au-dessus
de celle de tous les tyrannicides, qu'il est plus humain,
plus juste, plus noble de juger un tyran que d'immoler
celui qui n'a pas été jugé. D'ailleurs, ni morose, ni sévère, mais doux et affable, il se montra si constamment
égal à lui-même que vous auriez dit que, revêtu d'une
magistrature continuelle, il jugeait le roi non-seulement
au tribunal, mais encore dans tous les actes de sa vie.
Au reste, infatigable serviteur de l'État, suffisant à tous
les travaux et à tous les conseils, hôte généreux, ami fidèle et sûr, reconnaissant avec plaisir tous les services
et tous les genres de mérite, récompensant de ses pro-

pres biens le talent malheureux, toujours prêt à louer autrui, s'abstenant de se louer lui-même, accueillant avec grâce ses ennemis politiques lorsqu'ils se rétractaient, ce qui arriva à plusieurs ; prodigue de son crédit auprès des puissants pour défendre les opprimés, n'hésitant jamais à blâmer l'ingratitude publique ; tel était Jean Bradshaw, et je ne saurais souhaiter à personne un protecteur ou un ami plus zélé et plus éloquent, plus inaccessible à la menace et à la séduction lorsqu'il s'agit de remplir son devoir... »

— Après avoir tant loué le magistrat, comment ferez-vous pour rendre justice au capitaine ?

— Je raconterais sa vie, si l'histoire ne la revendiquait pas tout entière. « Olivier Cromwell aussi eut des aïeux, non sans illustration, mais son nom seul fera sa gloire. Après une jeunesse retirée et pieuse, élu par sa ville natale pour la représenter au dernier parlement de la monarchie, il s'y distingua bientôt par la justesse de ses opinions et l'énergie de ses conseils. Quand l'épée fut tirée, il offrit ses services, et appelé à commander un escadron, il vit accourir tous les citoyens honorables et pieux sous son étendard. Il eut bientôt surpassé les plus grands capitaines par son génie militaire et la rapidité de ses mouvements, chose peu surprenante, car il était lui-même un soldat discipliné dans la connaissance parfaite de son propre cœur, ayant su étouffer ou dompter toute l'armée des vaines espérances, des vaines craintes et des passions qui auraient pu le corrompre. Ainsi fort des victoires remportées sur lui-même, dès le premier jour qu'il entra en campagne contre l'ennemi extérieur, il se trouva

un vétéran consommé ; — son génie, ses succès, sa discipline adaptée non-seulement aux règles de la guerre,
mais encore aux préceptes du Christ, firent de son camp
une brillante école de talent, de vertu et de piété. Son
autorité seule, sa loyale exactitude à payer la solde, faisaient plus que les largesses des autres pour attacher le
soldat à sa fortune; rival, sous ce rapport, de Cyrus,
d'Épaminondas et des plus fameux capitaines de l'antiquité, il lui fallut peu de temps pour réunir une armée
nombreuse et bien équipée, dévouée à son chef et chère
aux citoyens, formidable à l'ennemi dans le combat, jamais cruelle à qui mettait bas les armes. C'est à de si
rares vertus, jointes à un si rare génie, que les poëtes dé-
cernaient jadis des autels, lorsque l'expression leur manquait pour louer dignement l'homme qui les possédait. »

— Poëte digne vous-même de ceux qui introduisaient
ainsi les héros à la table des dieux, il ne vous reste plus
qu'à louer le vôtre de la modestie qui lui fit préférer,
comme Auguste, le trône d'Angleterre à l'apothéose. »

Il y avait dans ces mots une légère ironie; mais Milton
continua avec gravité :

« Je sais qu'on m'a défié de concilier mon amour de
la république avec mon admiration de milord Protecteur;
mais on a oublié volontairement qu'à côté de cette admiration franchement proclamée, je n'ai jamais tu des conseils exprimés avec la même franchise. J'aurais pu me
joindre aux sycophantes qui adorèrent Sylla après Caton
dans le même homme, j'aurais eu pour excuse sa gloire :
un poëte n'est que trop porté à préférer la gloire à la liberté; j'aurais pu dire qu'il s'agissait enfin de choisir

entre le fils débauché de Charles Stuart et le plus ver-
tueux chef de la république, plutôt qu'entre Cromwell
et la liberté. Je suis encore persuadé que Cromwell ne
comprima dans ses puissantes mains les diverses factions
du pays que pour sauver la république elle-même de
leurs folles disputes. Cependant, au lieu de l'encourager
à se mettre au-dessus des lois pour prévenir l'anarchie,
je lui conseillai de garder intact le dépôt sacré des libertés anglaises.

— Mais il me semble qu'après avoir loué Cromwell,
vous finissez par vous justifier de l'avoir loué ; encore
une fois, épargnez-vous cette justification auprès de celle
qui vous écoute : croyez-vous que j'ignore cette admirable apostrophe où vous déclariez à milord Protecteur
qu'il devait à son pays, qu'il se devait à lui-même d'être
fidèle à l'attente que la liberté avait fondée sur lui?
« Respecte, lui disiez-vous, la sollicitude de l'Angleterre,
la présence et les blessures de ces braves compagnons
d'armes qui ont survécu à la lutte, les mânes de ceux
qui y ont succombé ; respecte les opinions des peuples
étrangers et les espérances qu'ils ont conçues de la liberté anglaise, de ce nouveau gouvernement établi avec
tant de gloire et dont le renversement nous plongerait
dans un abîme de honte. Après avoir tant souffert et
couru tant de périls pour la liberté, la laisseras-tu violer
par toi-même ou mutiler par d'autres? » Et vous ajou-
tiez : « Tu ne peux être libre que si nous le sommes
comme toi, car telle est la nature de l'homme, que celui
qui enchaîne ses égaux est le premier à devenir esclave.
Toi, qui as été jusqu'ici le génie tutélaire de la liberté,

toi, qu'aucun n'a surpassé en justice ni en piété, si tu venais à dépouiller cette liberté que tu as défendue, ta conduite serait fatale non-seulement à la cause de la liberté, mais encore à celle de la religion et de la vertu. Toute ton intégrité, toute ta droiture se seraient tout à coup évanouies, tu aurais démenti ta foi en Dieu, ton caractère se serait dégradé aux yeux de la postérité, tu aurais compromis le bonheur du monde. Le moment est venu, ô Cromwell! de prouver que tu possèdes réellement toutes ces grandes qualités de piété, de fidélité, de justice et de désintéressement qui nous ont fait croire que Dieu lui-même, par sa grâce spéciale, t'avait élevé au-dessus de tous. Montre-toi donc au niveau de ta grandeur, insensible aux attraits du pouvoir comme aux dangers de la guerre. Consolide à jamais la liberté que nous te devons en associant à tes conseils les compagnons de tes travaux, ces hommes d'une modestie, d'une intégrité et d'un courage exemplaires, intéressés comme toi au maintien de notre religion et de notre république. Ose entendre la vérité, laisse même parler le mensonge, afin que toute voix soit libre, et tu seras toujours cher à ceux qui ne veulent pas des droits égaux et des lois égales pour eux seuls, pour leur secte ou leur faction particulières, mais pour toutes les classes de citoyens... » Voilà vos paroles, ou à peu près; oui, jusqu'à la fin vous êtes resté fidèle à cet ardent amour de la liberté... (qui avait peut-être éteint en vous tout autre amour), mais fidèle seul ou presque seul; ne vous justifiez donc pas. Je n'ai voulu que vous prouver une chose, c'est que dans votre isolement vous pourriez me convertir à votre politique sans danger pour l'Angleterre. Admettez-moi, poëte, dans votre république, dans la république de Milton : à demain [1].

> Lo giorno se n'andava, e l'aer bruno
> Toglieva gli animai che sono 'n terra
> Dalle fatiche loro; ed io sol uno
> M'apparacchiava a sostener la guerra
> Si del cammino e si della pietate
> Che ritrarrà la mente che non erra.

---

§ III

> — Thy words
> Attentive, and with more delighted ear,
> Divine instructor, I have heard, than when
> Cherubic songs by night from neighbouring hills
> Aerial music send.
>
> PARADISE LOST.

Dans la longue controverse soutenue par le secrétaire de la république contre les champions du droit divin, la violence des attaques provoquant des répliques non moins violentes, Milton s'était peu à peu exagéré à lui-même le zèle de ses opinions. Pour le ramener à sa modération naturelle, pour ébranler peut-être même sa foi en ses doctrines, la douce et flatteuse contradiction de l'étrangère avait plus fait par quelques heures d'entretien que Saumaise et ses acolytes par dix volumes d'arguments et de citations grecques ou latines. En se rappelant le

---

[1] J'ai distingué par des guillemets les passages presque littéralement traduits ou abrégés de la *Secunda Defensio*; il est, d'ailleurs, facile d'y reconnaître quelques traces de cette tournure latine si remarquable dans le texte original.

passé, dans le calme de la solitude, Milton osa se dire
ce qu'il avait déjà pensé parfois, qu'il pouvait bien se
faire, qu'en effet, sa république, comme le royaume du
Christ, ne fût pas de ce monde. Pour être modeste et
vrai, au risque d'accuser la loyauté ou l'intelligence de
ses amis, pouvait-il se dissimuler qu'il n'eût été moins
l'associé que l'instrument de leurs desseins? Il avait
composé leurs discours et leurs lettres, prié avec eux et
chanté avec eux les psaumes devant le Seigneur, il avait
été admis dans la tente de leurs conseils; mais au moment suprême des délibérations, avait-on reconnu en
lui la prudence du serpent, en même temps que l'innocence de la colombe? De son côté, quelque honneur
que lui eût fait la polémique où il s'était généreusement
engagé, ne lui avait-il pas sacrifié sa mission véritable,
celle d'où dépendait sa gloire future? Quand l'inspiration d'en haut parlait à son âme, n'était-ce pas dans un
langage plus élevé que la prose des rhéteurs qu'il en
retrouvait naturellement l'expression? Dans la sphère supérieure où l'emportait alors l'essor de sa pensée, l'Angleterre ne lui semblait-elle pas un point à peine percep-
tible dans l'espace? N'aurait-il pas alors pu comparer le
monde tout entier, avec ses habitants occupés de leurs
petits intérêts, à une armée de fourmis s'organisant en
royaume ou en république autour d'un amas de pous-
sière? Lui, cependant, poursuivant son vol sublime, et
doué d'un nouveau sens qui remplaçait celui de la vue,
à mesure qu'il s'éloignait des bruits de la terre, n'en-
tendait-il pas la musique des Sphères, ne contemplait-il
pas les astres dans tout leur éclat, ne conversait-il pas

avec les séraphins qui lui racontaient la grandeur de Dieu et les merveilles de la création ? Oui, c'était là sa vraie patrie, dont il jouissait par avance, grâce aux secrètes faveurs d'une muse céleste. Il n'avait que trop perdu de veilles dans de vaines disputes de sophiste : il devait enfin laisser ses compatriotes inconstants ou ingrats apostasier aux pieds d'un nouveau tyran, mais lui, séparé d'eux par le nuage de la cécité, ne plus chanter que ses saintes visions.

La conscience de ce retour aux premiers goûts de sa jeunesse l'avait réconcilié pleinement aux doux reproches de celle qui était venue tout à coup plaider la cause de la poésie auprès de lui, lorsque l'heure où il devait la revoir sonna. Elle n'était pas loin, et leur entretien fut continué.

Initiée par une singulière sympathie à sa pensée même, l'étrangère dit au poëte :

« Eh bien ! à quel sujet allez-vous consacrer désormais toutes les puissances de votre âme ? Dans quel idiome chanterez-vous les prouesses d'Arthur ou le règne glorieux d'Alfred ?

— C'est vers un autre thème que mon imagination est entraînée...

— Quoi donc ! ces belles fictions de la chevalerie, avec son cortége de paladins intrépides, de dames captives, de sages enchanteurs et de bonnes fées, ont-elles perdu pour vous leurs charmes dans la sévérité de vos études ? Dédaignez-vous les lauriers du Tasse et de son émule, qui vous semblaient si beaux sous le ciel d'Italie ? Je sais que vos graves puritains estiment peu ces poétiques créations, et qu'ils les attribuent même à l'inspiration de quelque esprit impur.

— Dieu veuille que mon nom prenne un jour place à côté des noms que vous venez de citer, et mon ambition s'est élevée quelquefois jusque-là! car je m'y suis préparé toute ma vie, estimant que « celui qui veut un jour écrire des choses dignes d'être lues, doit être lui-même un vrai poëme, c'est-à-dire un composé de tout ce qu'il y a de grand et d'honorable. » Comme le poëte amant de Laure, j'ai toujours aimé les braves paladins, les dames captives, les nécromans et les bonnes fées. Nous avons dans nos chroniques, comme dans les vôtres, des traditions merveilleuses et des chevaliers dignes d'être célébrés par l'Arioste et Torquato, des événements qui pourraient peut-être rivaliser avec l'expédition de Bélisaire contre les Goths, avec celle de Charlemagne contre les Lombards, ou celle du pieux Godefroy contre les infidèles. Notre divin Shakspeare a déjà prouvé ce que valaient en poésie les preux de notre chevalerie, les êtres mystérieux de nos superstitions, les héros de notre histoire, et il les a vengés des maladroites et lourdes compositions de nos moines et de nos vieux ménestrels. Moi aussi j'avais pensé longtemps à puiser à ces sources de ma terre natale, et à célébrer Albion dans la langue populaire, approuvant Arioste d'avoir méprisé le conseil de Bembo, parce qu'il est préférable de prétendre au premier rang parmi ses compatriotes, plutôt que d'accepter d'avance le second parmi les beaux génies de l'antiquité. Mais quelque attrait que j'aie souvent trouvé à ces légendes chevaleresques, quelque admiration que

m'aient inspirée ces preux fidèles à leur dame, et armés
pour défendre, envers et contre tous, sa beauté et sa
chasteté, un sujet plus grand, plus digne d'un poëte
chrétien, a fixé, je crois, mes irrésolutions; oui, un
sujet dont la conception primitive s'est tout à coup re-
présentée aux yeux de mon âme, quand j'ai retrouvé
dans les sons de votre accent comme l'écho d'une voix
longtemps chérie.

— Quel plus beau sujet pour le poëte que la gloire
des guerriers, la chasteté des dames, les vertus du sage,
à moins de célébrer les anges eux-mêmes?

— Les anges et Dieu, qui est au-dessus des anges?

— Mais ne vous êtes-vous pas dit qu'en chantant la
perfection même de l'intelligence, vous vous adresseriez
cependant à l'intelligence imparfaite de l'homme?

— Je sais bien que cette génération profane m'écou-
tera avec distraction ou dédain : ma voix aura peine à
se faire entendre parmi ces chants mondains ou même
sacriléges qui viennent d'imposer silence aux psaumes
et aux cantiques. Eh bien, mon poëme sera une dernière
protestation contre ces hommes qui relèvent les autels
de Baal et le trône d'Achab. Cependant j'espère encore
qu'un intérêt humain s'attachera aussi à une œuvre qui
aura pour acteur l'humanité tout entière dans la personne de notre premier père. Car je veux chanter Dieu
dans son œuvre la plus merveilleuse, la création de
l'homme; je veux relever l'homme, en montrant le ciel
et l'enfer également émus de cette création nouvelle, dont
le fils de Dieu daignera revêtir un jour la forme, pour
s'associer à son infirmité, avant de l'associer elle-même

à sa gloire. Mon poëme, si je l'accomplis, ne sera pas une de ces compositions qui naissent de la verve amoureuse de la jeunesse, ou des vapeurs d'un joyeux festin sous l'invocation des filles de mémoire, mais le fruit de chastes méditations et de prières ardentes adressées à cet esprit éternel, source de tout savoir et de toute lumière, qui envoie un séraphin avec le feu sacré de l'autel pour purifier les lèvres de celui qu'il favorise de sa grâce.

— Je n'entrevois qu'une partie de votre pensée.

— Je n'en saisis pas moi-même toutes les proportions dans les images encore indistinctes et confuses qui se dressent devant moi, les unes sous une figure abstraite, les autres sous les formes grossières des personnages d'un drame que je vis représenter dans votre Italie. Mais déjà quelques-unes, éclairées des reflets brillants de mes visions, se détachent complètes, me demandent un nom et me saluent comme leur poëte. L'horizon s'agrandit soudain pour ces créations de ma pensée : à celles-là le ciel ouvre ses riches portiques ; à celles-ci l'enfer ses sombres abîmes, et je suis tour à tour au milieu des divines clartés du Saint des saints, ou à travers les *ténèbres visibles* du Tartare.

—Arrêtez, poëte *hérétique*, dit en souriant l'étrangère ; attendez au moins, comme le Dante, que Béatrix vous précède pour pénétrer au delà des cercles de l'enfer. Prenez garde, c'est plus qu'un poëme que vous méditez, c'est une religion, et nous autres, enfants de la Rome chrétienne, quel que soit notre respect pour les droits de la muse, nous vous demanderons si vous croyez que hors de notre croyance il soit donné au génie

de célébrer les mystères du Saint des saints. J'aperçois
un double écueil sur votre passage : ou vous heurterez
les préjugés de l'Angleterre protestante, ou vous vous
priverez des trésors de poésie de l'Europe catholique.
Peuplerez-vous le ciel des abstractions puritaines, ou y
admettrez-vous les saints, les martyrs, la vierge-mère,
toutes les figures vénérables ou tendres avec lesquelles
le pinceau de nos peintres et le ciseau de nos statuaires
ont familiarisé notre piété? Ah! redoutez d'être traité
comme un idolâtre par vos iconoclastes; abandonnez
cette île anti-poétique, et revenez retremper vos souvenirs dans l'air de notre Italie; revenez vous y enivrer
des concerts de nos églises et du parfum de nos encen-
soirs. Quelle poésie chrétienne peut rester à un pays où
vos beaux vers sur l'architecture ecclésiastique n'ont
pu sauver les voûtes de l'abbaye de Westminster d'une
honteuse profanation?

— Pour vous répondre d'abord comme poëte... Bien
vains seraient mes discours si mon poëme lui-même venait plus tard les démentir! J'espère cependant, si je
suis exaucé par l'esprit saint et non par la muse païenne,
que je pourrai encore chanter dignement les merveilles
de Dieu sans scandaliser mes frères. Peut-être y par-
viendrai-je en évitant de donner aux figures de mes
songes une forme trop matérielle, en décrivant plutôt le
symbole que la substance, en ne soulevant qu'à demi le
voile du mystère pour laisser à l'imagination de chacun
une part dans mes tableaux. Mais il est dans vos dernières paroles une tentation à laquelle jadis j'aurais plus
difficilement résisté! Elvood, mon disciple chéri, vous

n'êtes plus là pour me dire si l'étrangère a toujours des ailes... Vous ignorez vous-même, madame, tout ce qu'il y a de magie pour mon oreille dans votre voix, et pourquoi, si votre offre était sérieuse, j'aurais besoin pour fuir de me rappeler la fatale ressemblance qui existe entre Alcine et Logistille. Hélas! j'ai déjà résisté à une voix semblable alors que mon cœur, plus facile à séduire, conspirait avec elle contre moi. Aujourd'hui ce cœur, refroidi par l'âge et les épreuves de la vie, ne bat plus que par souvenir. Je n'ai plus aucun mérite à rester fidèle à la foi de mon père; et quant au beau soleil d'Italie, comparé à celui qui perce à peine de ses faibles rayons les brouillards de ce climat septentrional, qu'importe à mes yeux éteints? Je suis ici pauvre, oublié, proscrit; mais on s'affectionne aux lieux où l'on a souffert. J'avais autrefois rêvé qu'un marbre m'était destiné à Westminster, sous les voûtes de notre panthéon gothique; mais je saurai me contenter d'une tombe plus modeste dans l'asile obscur où reposent les auteurs de mes jours.

— Adieu donc, dit l'étrangère après un moment de silence, comme si elle avait eu besoin d'essuyer une larme et de raffermir sa voix; adieu. Moi aussi, je le sens, il est difficile de rompre le lien qui nous attache au sol natal, et surtout quand on y a déjà vécu de longs jours. Je retourne sur cette terre féconde dont vous vous rappellerez les couleurs brillantes et les brises embaumées quand vous peindrez votre Éden. Les chants de la muse septentrionale auront des échos sur les bords de l'Arno. Adieu, poëte d'*Adam exilé*, votre gloire fera l'orgueil de l'autre Éléonore :

> Canto del mio buon popol non inteso,
> E'l bel Tamigi cangio col bel Arno.

A ce nom, à ces vers qu'il adressa jadis à Léonora, Milton crut que le nuage de sa cécité s'écartait de ses yeux, et qu'il reconnaissait près de lui celle qu'il avait aimée. Mais vainement il tendit les bras, ce n'était qu'une apparition aperçue avec les yeux de la poésie : il ne saisit que le vide, car avec la Léonore de sa jeunesse venait aussi de disparaître celle qui tout à l'heure complétait l'illusion par sa présence et le son de sa voix.

Milton était désormais seul avec la muse anglaise : quelques jours après, son ami, le docteur Paget, qui lui avait amené Elwood pour disciple et pour lecteur, lui présenta une jeune fille sans fortune qui devint la troisième compagne du poëte aveugle; mais ce n'était pas Léonora Baroni.

Six ans plus tard parut la première édition d'un poëme intitulé LE PARADIS PERDU.

L'Angleterre salua Milton comme son Homère.

ÉPILOGUE

L'idée première de cette esquisse me fut suggérée par deux sonnets du poëte W. L. Bowles : MILTON IN YOUTH (*Milton dans sa jeunesse*), et MILTON IN AGE (*Milton dans son âge avancé*); mais je dois dire que j'avais conçu le tableau de cette vie poétique sur un plan plus large que celui que j'ai définitivement adopté ici. Je me suis aperçu trop tard qu'il m'eût fallu faire un volume au lieu de cent pages, et une histoire au lieu d'un *conte*. J'avais rêvé un portrait, je n'ai fait qu'un profil, tout en conservant quelques accessoires un peu trop étendus, je le crains, pour les proportions réduites du cadre. La critique raisonnée de ce prodigieux génie, assez mal jugé parce qu'il n'a jamais été étudié que sous une de ses formes multiples, n'est pas une tâche légère. Quant à sa vie proprement dite, on a singulièrement abusé de quelques anecdotes plus ou moins exactes [1].

Je n'avais pas terminé la seconde partie de cet essai un peu poétique, mais aussi vrai qu'une fiction peut l'être, lorsque je lus une suite de fragments en vers intitulés MILTON, par le spirituel auteur de *la Famille Caxton*. Quoique sir E. Bulwer Lytton y ait évoqué Milton et Léonora dans une espèce de nuage fantastique, il m'a forcé de modifier ma conclusion, que j'avais d'abord imaginée dans le sens de la sienne. Comme lui je faisais venir Léonora en Angleterre lorsque LE PARADIS PERDU était publié : pour éviter une ressemblance fortuite, j'ai préféré naturellement placer ce voyage dans la première année de la restauration. Mais il ne faut pas croire que j'aie exagéré la renommée du poëte avant son grand ouvrage. Ce n'était pas seulement pour celle que l'amour rendait solidaire de sa gloire que l'auteur de COMUS était déjà autre chose que le scribe latin de Cromwell, comme il n'est pas vrai non plus que, plus tard, *le* PA- RADIS PERDU soit resté oublié chez le libraire.

---

[1] Dans un de ses éloquents essais biographiques et littéraires, lord Macaulay a surtout apprécié la politique de Milton. Je lui dois la comparaison entre la Liberté et la fée Manto.

Sir Bulwer Lytton a fait revenir encore Léonora après la mort de Milton pour attacher une guirlande à son tombeau : voici cette conclusion, où, comme dans les autres fragments, le titre seul de l'ensemble donne la clef des *pronoms*, IL et ELLE.

« Sous le sanctuaire d'une église on avait déposé les
» restes mortels d'un grand homme, — et lorsque la foule
» se fut éloignée, une femme âgée, vêtue de deuil, resta
» pour pleurer près du marbre sacré. Personne ne savait
» ni son nom ni son pays ; sa voix était douce avec l'ac-
» cent mélodieux d'une langue étrangère ; trois fois on la
» vit penchée au même lieu, trois fois ses guirlandes re-
» nouvelées furent suspendues sur le tombeau. Le qua-
» trième jour elle ne vint pas, et les fleurs se flétrirent en
» perdant leur parfum odorant : si je ne me trompe, ce
» jour-là une âme qui avait aimé jusqu'à la mort avait
» quitté ce monde [1]. »

[1] Un poëte anglais, mort jeune en laissant quelques ouvrages où il y a du talent, M. O'Neel, a composé aussi un conte en prose sur le voyage de Milton en Italie. Autant que je puis m'en souvenir, il rend le poëte jaloux, et donne à Léonora un frère qui veut le poignarder, etc. M. O'Neel a été quelquefois mieux inspiré.

POPE

PROLOGUE

—

Si vous allez à Londres, il est une partie de dimanche
que je vous recommande : rendez-vous, le matin, à Ri
chemond, par terre ou par eau, n'importe, car vous
aurez encore le choix pour le retour. Montez jusqu'à la
porte du parc : quand l'appétit vous le dira, entrez à
l'enseigne de l'ordre de LA JARRETIÈRE (*Star and Garter*) ;
vous y déjeunerez dans une salle grandiose, d'où vous
jouirez d'un panorama qui eût ravi Claude Lorrain : puis
descendez aux bords de la Tamise, dix bateliers se dis-
puteront l'*honneur* de vous conduire jusqu'à Twickenham. Je suppose que le ciel est pur et bleu, l'air limpide
et doux, que c'est un beau dimanche de mai ou de juin :
trois fois je l'ai trouvé tel. Le batelier vous décrira tous
les sites qui ont un nom ; et lorsqu'il vous montrera du
regard la *villa* d'Alexandre Pope, deux cygnes, les génies
du lieu, viendront jouer autour de votre nacelle jusqu'au
rivage. Sonnez : un honnête serviteur, à qui sans doute
cette visite a été annoncée le jour où il demanda quels

"

seraient ses gages, viendra vous ouvrir la barrière. Suivez-le, mais soyez discret, car il ne vous perd pas de vue, et son air défiant semble vous avertir que, chez son maître jaloux, le larcin d'une rose vous coûterait plus cher qu'il ne coûta au père de Zémire dans le conte de Marmontel. Mais soyez sans regret, ces roses et toutes ces fleurs ne servent qu'à parer un sacrilége ; ce saule qui penche sur votre passage ses branches aux feuilles effilées, ce n'est pas celui de Pope : tout le jardin a été bouleversé, la maison a été abattue et rebâtie ; le poëte ne reconnaîtrait ni sa maison ni son jardin ; mais on a respecté sa grotte, incrustée de cristaux et de coquillages. A ma dernière visite, j'y remarquai un ornement nouveau dans le goût anglais... une tête de mort ! On me dit qu'en creusant la terre du côté de la tombe de Pope, les ouvriers avaient exhumé son squelette, et qu'avant de le restituer à son caveau, le propriétaire de la villa avait fait mouler son crâne. J'en examinai toutes les protubérances en disciple dévot du docteur Gall ; j'essayai de démontrer pourquoi le cerveau contenu jadis dans cette boîte osseuse avait doté la littérature anglaise de satires, d'épîtres et de lettres en prose qui rappellent tour à tour Horace, Boileau et Voltaire, de l'héroïde *d'Héloïse*, qui eût fait pleurer Racine avant que Racine se fît dévot, d'une Iliade que Perrault et Lamothe eussent préférée à celle de l'aveugle grec, de *la Boucle de cheveux enlevée*, épopée de boudoir, type du gracieux et du joli, de *l'Essai sur l'Homme*, qu'on prétend avoir été dicté par lord Bolingbroke, etc. Dans ma verve crânologique, je commençais à expliquer par la même science la vie privée du poëte après ses ouvrages, toutes les qualités de son esprit et toutes celles de son cœur, sa finesse et sa sensibilité, sa tendresse respectueuse pour sa mère et ses fidèles amitiés, sa défiance de lui-même et ses timides ou malheureuses amours. Mais le cicérone, qui n'était pas payé pour m'écouter jusqu'au bout, m'interrompit par un trait *d'humeur* britannique qui eût déconcerté un phrénologiste plus intrépide que moi : — « Monsieur, me dit-il, parmi toutes ces bosses vous en oubliez une qui eut certainement plus d'influence qu'aucune autre sur le talent et le caractère de Pope : celle qui trahissait la déviation de sa colonne vertébrale. » Je l'avais en effet oubliée. Le cicérone me parut un peu impertinent, et le digne serviteur d'un maître capable d'arracher le saule du poëte et de bouleverser sa villa. Je lui donnai mon shelling d'assez mauvaise grâce. Mais malgré moi je me souvins de son mot quand je cherchai un second titre aux deux esquisses qu'on va lire.

PREMIÈRE PARTIE

Le Malheur d'être Bossu ou la Femme diplomate.

> « Yet mark the fate a whole sex of queens !
> Power all their end, but beauty all their means.
>
> POPE, Epistle II. »

Dans un café de Russell-Street, près de Covent-Garden, qui était depuis quelque temps fréquenté par les

auteurs et les politiques de Londres, trois hommes de
lettres semblaient très-occupés de la lecture et du commentaire d'un livre latin. C'est dire d'avance que mon
histoire remonte au siècle précédent, car dans les maisons appelées encore *coffee-houses*, on ne rencontre guère
aujourd'hui cette classe d'habitués, qui se réunissent
plus volontiers dans l'enceinte privilégiée des « clubs, »
des « institutions scientifiques ou littéraires, » et autres
cercles par souscription. Les cafés de Londres sont devenus généralement des hôtels garnis et des espèces de
restaurants, où l'on prendrait une triste idée de la socia-
bilité anglaise. Chaque convive ou chaque groupe de
convives y déjeune, dîne ou soupe isolément derrière
une petite barrière en boiserie, avec un grillage à rideaux, sans communication entre les tables voisines,
sans avoir à craindre aucune interruption importune. Il
n'y a plus, je crois, de ces tavernes comme celle de la
Sirène, du temps d'Élisabeth, où Shakspeare, Ben Jon-
son, Beaumont, Fletcher, etc., allaient régulièrement
parler théâtre en vidant quelques bouteilles de xérès; il
n'y a plus de ces coffee-houses du dix-huitième siècle,
assez semblables à notre café Procope, tels que celui de
Saint-James et celui de Will, où le vieux Dryden voyait
tous les jeunes auteurs se presser autour de lui pour entendre ses arrêts en matière littéraire, et d'où Addison
et Steele ont daté plus d'un numéro de leurs feuilles
périodiques.

Le café de Russel-Street, où j'introduis mes lecteurs,
était tenu par Daniel Button, et rivalisait avec le café
de Will, depuis que M. Ironsides (nom fictif de Steele.

comme fondateur du « Guardian ») y avait placé la
boîte de son journal, cette TÊTE DE LION, non moins re-
doutée des beaux esprits et des cockneys de Londres que
l'était la fatale gueule du lion de Saint-Marc des politiques de Venise.

C'était donc chez Daniel Button qu'un après-midi de
l'année 1721, puisqu'il faut aujourd'hui une date, exacte
ou non, à la moindre histoire, trois hommes de lettres
discutaient quelques passages difficiles d'un poëte latin.
Arrêtés par le sens douteux d'un vers, ils exprimèrent assez
haut leur embarras pour qu'il n'y eût aucune indiscrétion de la part des auditeurs à se mêler d'une espèce de
débat classique qui, sous cette forme ou une autre, se
reproduisait fréquemment chez Daniel comme chez Will.
Un jeune enseigne aux gardes avait jusque-là naïvement
pris plaisir à écouter une conversation soutenue par les
trois interlocuteurs, tantôt avec science, tantôt avec
esprit. Soit réminiscence encore fraîche de quelque ver-
sion de collége, soit que, sous le costume des fils de
Mars, il fût resté fidèle au culte des muses universitaires,
le jeune officier se flatta tout à coup d'avoir l'intelligence
du texte déclaré si obscur par ces trois autorités. Il s'approcha modestement, et, demandant pardon, non sans
rougir, de donner son avis : « Messieurs, dit-il, il me
» semble que le sens de ce vers serait facile à saisir si,
» comme je le crois d'après ce qui précède, la phrase, au
» lieu d'un simple POINT qu'a mis l'imprimeur, devait se
» terminer par UN POINT D'INTERROGATION : — ? »

Il se trouva que le jeune officier avait raison : les trois
hommes de lettres se regardèrent en se mordant les lèvres,

un peu confus de recevoir cette leçon d'un écolier. Mais le plus piqué des trois fut celui qui tenait le livre, et qui le dernier avait proclamé le vers intraduisible. C'était un petit homme aux yeux vifs, à l'air railleur et fin, mais malheureusement remarquable par cette conformation disgracieuse qui rend l'esprit une arme d'autant plus nécessaire à celui qui en est affligé, qu'il a souvent à se défendre contre les méchants quolibets qu'elle lui attire. Le petit homme était bossu. Il sembla, d'ailleurs, prendre exclusivement pour lui la leçon du jeune officier. En effet, il était, pour ainsi dire, traducteur classique de son métier. Ses traductions n'étaient pas ses uniques titres littéraires, sans doute, mais ceux qui lui avaient rapporté le plus :

Il avait traduit *la Thébaïde* de Stace.

Il avait traduit les *Métamorphosès* d'Ovide.

Il avait traduit les *Épîtres* et les *Satires* d'Horace.

Il avait surtout traduit Homère tout entier...

Ce petit homme, en un mot, était le célèbre Alexandre Pope, entre ses deux amis Congrève et Parnell : « Monsieur le savant, dit-il avec un air de vanité méprisante au jeune officier, savez-vous seulement ce que c'est qu'un POINT D'INTERROGATION ? — ? »

Le jeune officier s'attendait à un petit triomphe, ou au moins à une de ces paroles bienveillantes, à un de ces serrements de main familiers que le vieux Dryden, tout satirique qu'il était, témoin *Macflecnoe*, distribuait, dit-on, si volontiers aux jeunes gens qui venaient l'écouter au café de Will. Piqué à son tour, il ne se déconcerta pas, et, faisant succéder à sa timidité cette impertinence que l'écolier oppose aussi quelquefois aux remontrances de ses pédagogues : « Monsieur, répondit-il après avoir toisé la taille contournée de Pope d'un air significatif : un point d'interrogation — ?..... c'est une petite chose crochue qui fait des questions. »

Cela dit, le jeune enseigne se retira.

Les rieurs ne furent pas pour Pope, qui, grommelant quelques mots entre ses dents, ferma son livre, dit adieu à ses amis, sortit tout rouge de colère, et disparut dans son carrosse, car il était du très-petit nombre des poëtes de ce temps-là dont le génie n'allait plus à pied.

De trois jours au moins on ne vit plus reparaître Pope au café de Daniel Button : pendant trois jours il resta triste et solitaire dans sa délicieuse retraite de Twickenham.

Mais ici un enthousiaste de la gloire littéraire m'interrompra peut-être pour se récrier sur l'excès de susceptibilité que j'attribue à un homme qui était déjà proclamé alors le premier poëte de son époque. — « Quoi donc ! vous nous représentez comme inconsolable d'une pointe contre sa taille celui que son pays plaçait de son vivant sur un piédestal si élevé ? Les lords recherchaient Pope comme leur commensal, et souscrivaient magnifiquement à ses œuvres ; les ladies admiraient la grâce et l'harmonie de ses poésies légères ; les critiques les plus difficiles vantaient la profondeur de sa pensée et la noblesse de son style dans ses poésies morales ; c'était en carrosse qu'il allait et venait de Londres à Twickenham, à Twickenham, dans cette *villa* plus élégante que le Tibur d'Horace ; Pope, en un mot, avait non-seulement toutes

les jouissances de la gloire, mais encore celles de la richesse, et une épigramme aurait pu le rendre malheureux pendant trois jours!... Eh bien! oui, Pope avait la
conscience de son talent et de sa réputation ; Pope était
l'enfant gâté des grands, le poëte le plus goûté des dames;
il était l'auteur admiré de *la Forêt de Windsor*, de l'*Essai
sur la Critique*, de *la Boucle de cheveux enlevée*, des
Épîtres morales, de l'épître d'*Héloïse à Abailard*, de cette
traduction de *l'Iliade* surtout que l'enthousiasme un
peu exagéré de son siècle mettait à côté de l'original :
mais Pope eût donné sa gloire, il eût donné sa fortune,
prix de ses veilles, pour n'être pas bossu...Apprenez que
Pope était jeune encore, et que Pope était amoureux !

Et maintenant mettez-vous à sa place, vous qui avez
été jeune, vous qui l'êtes aujourd'hui, vous qui avez
aimé, vous pour qui l'amour est tout encore, la vie dans
ce monde, le ciel dans l'autre ! — Celle qui vous occupe
pendant le jour, celle de qui vous rêvez la nuit, celle pour
qui vous faites aussi des vers si vous vous croyez poëte,
elle vous attend, vous allez la voir, être vu d'elle, lui
déclarer votre passion, implorer un regard qui vous encourage à espérer... Dites, pour toute la gloire et toute
la richesse de Pope, consentez-vous à ressembler à Pope ?
Pour moi, je l'avoue, — devrait-on en conclure que je
suis en ce moment amoureux comme Pope... — il me
semble que je ne voudrais jamais, pour tout l'éclat de sa
renommée, que dis-je? pour la renommée d'Homère lui-
même, m'offrir à certains yeux avec la taille de son traducteur!

Cette pensée amère poursuivit Pope dans son carrosse

lorsqu'il quitta brusquement le café de Daniel Button, et
au lieu de se rendre chez lady Mary Wortley Montague,
où il avait eu d'abord le projet d'aller, il porta sa tristesse dans la solitude de sa *villa*, sur les bords de la
Tamise.

« Hélas ! se disait-il à lui-même, tu t'étonnes que tout
ton esprit, que tous tes beaux poëmes ne puissent t'obtenir l'aveu sollicité depuis si longtemps de lady Mary ;
mais il faudrait d'abord la rendre aveugle pour lui dissimuler que si tes vers rappellent Homère, ta taille rappelle
plus fidèlement encore Scarron. Ta vanité eût en vain
voulu te persuader qu'on ne pouvait plus voir en toi que
ton génie, et qu'en te regardant passer, le public en admiration disait tout bas : « Voilà Pope le poëte ! » Malheureux ! quand on chuchote à ta vue, c'est pour dire :
— « Voilà Pope le bossu ! » — Et tu as pu espérer qu'une
femme aurait pour ton corps chétif d'autres yeux que le
vulgaire ! Si tu veux être aimé, écris, mais ne te montre
pas... Cependant, si je me ressouviens des dernières paroles de lady Mary, de son sourire quand j'ose lui baiser
la main, de la facilité avec laquelle j'ai obtenu qu'elle se
laisserait peindre pour moi par sir Godfrey Kneller ; —
et quand je relis ses lettres... N'est-ce donc là que de
l'amitié?... L'amitié d'une femme pour notre sexe n'est-
elle pas un autre nom pour l'amour? —- Hélas ! oui, sans
doute, si j'étais fait comme tous les hommes ; mais les
faveurs qui compteraient pour un autre sont insignifiantes
pour moi... »

Tous ces lieux communs de l'amour-propre qui tour
à tour se dépite et se flatte troublèrent, pendant plusieurs

jours, le malheureux Pope; mais, enfin, un peu de confiance lui revint; sa susceptibilité s'endormit, et la muse,
cette sirène qui sait si bien nous enivrer de nos propres
paroles, lui dicta des vers si harmonieux et si purs qu'a-
près les avoir fait parvenir à lady Mary, le poëte pensa
qu'il la trouverait plus disposée que jamais à l'écouter
favorablement, quand bien même elle aurait entendu
parler de l'aventure ridicule du café de Button.

Voici ces vers, qui, dans l'original, il est juste d'en
prévenir, ont une douceur comparable à celle des plus
tendres de Virgile; ils étaient adressés à Gay le fabuliste.
J'essayerai de les traduire comme je pourrai. J'ai dit tout
à l'heure que je consentais à passer pour amoureux
comme Pope; mais je ne me suis pas vanté d'être poëte
comme lui:

A MON AMI LE POETE GAY.

Amoureux comme moi, tu pourras me comprendre :
Ma villa s'agrandit; je vois au loin s'étendre
Ce Tibur dont le fleuve, en ses limpides eaux,
Réfléchit les gazons, les factices coteaux.
Mais tout cela fait-il le bonheur de la vie?.....
Le bonheur n'est qu'aux lieux habités par Marie.

— Que sont-ils ce bocage et ce riant jardin,
Ce portique du soir, ce berceau du matin?
Un asile discret, où, seul avec lui-même,
L'amant confie aux airs le nom de ce qu'il aime.

Tel le cerf imprudent qu'a blessé le chasseur
S'échappe au fond des bois, la flèche dans le cœur,
Tombe loin des regards, et voit, sous l'ombre amie,
S'épuiser goutte à goutte et son sang et sa vie.

Lady Mary avait aussi une habitation à Twickenham,
mais elle était à Londres depuis quelques jours.

Pope, en quelques heures, fut dans Cavendish-Square devant l'hôtel de l'honorable lord Wortley. Le boudoir bien connu de lady Mary, où, en visiteur habitué, il se fit introduire tout d'abord, était décoré d'un de ces tapis de Perse plus rares alors en Europe que de nos jours. Ce n'était pas le seul meuble qui rappelât qu'on se trouvait chez un seigneur récemment revenu de l'ambassade de Turquie : un riche sofa de drap rouge à franges d'or y était garni de ces coussins en soie brodée « qui, disait lady Mary dans une de ses *lettres*, l'avaient à jamais brouillée avec les chaises. » Les lambris de cet appartement étaient peints en arabesques, et, entre les croisées, des vases de fleurs naturelles ou des urnes contenant des aromates exhalaient leurs parfums confondus. Sur le meuble de toilette si gracieusement décrit dans *la Boucle de cheveux enlevée*, au lieu de la Bible de Belinde, un exemplaire du Koran attestait que lady Mary avait appris une langue de plus à Constantinople.

Un enfant de cinq à six ans jouait seul dans cet élégant boudoir, se roulant sur le magnifique tapis, comme il eût fait à Twickenham sur une pelouse. Déjà célèbre à cet âge, comme étant le premier Européen qui eût subi l'épreuve de l'inoculation, cet enfant devait faire plus tard, devenu homme, assez de bruit dans le monde par sa prédilection pour les usages de l'islamisme, par ses dettes, ses querelles avec sa famille, et sa vie aventureuse. C'était Édouard Montague, le fils de l'ambassadeur. Après avoir reçu les caresses de son *bon ami* M. Pope avec une docilité affectée, le méchant espiègle se mit à s'enfuir en lui faisant la grimace, et haussant une de ses épaules. Le poëte ne vit pas, heureusement, cette pantomime moqueuse; car ses yeux se tournèrent du côté d'une porte où il crut reconnaître l'approche d'un pas qui faisait battre son cœur : c'était en effet lady Mary Montague, qu'on venait sans doute de prévenir de la visite du poëte.

Dans ce boudoir rempli de trophées de son voyage d'Orient, lady Mary entra plus semblable elle-même à une sultane d'Achmet III qu'à une de ces grandes dames de la cour britannique dont les portraits peints par Van Dyck, sir Pater Lily, et sir Godfrey Kneller, ornent encore aujourd'hui les palais de Windsor et d'Hampton-Court.

Entre autres idées nouvelles qu'elle avait rapportées en Angleterre de son séjour à Constantinople, la belle ambassadrice de Georges Ier ne dissimulait pas son antipathie pour le costume des dames anglaises tel que nous le voyons dans les tableaux que je viens de citer, tel que le critiquent si spirituellement Addison et Steele dans le *Spectator* et le *Guardian*. Elle aimait à se parer chez elle de ce vêtement plus gracieux des odalisques qu'elle nous a décrit dans ses admirables *Lettres*. Déjà même quelques femmes, entre autres lady Fanny Shirley, avaient osé l'imiter; mais la nationalité britannique résista aux essais de cette mode hardie, et, pendant longtemps encore, les ladies de Londres, comme les dames de Paris, devaient rester emprisonnées dans ces raides *vertugadins* que nos aïeux estimaient comme les garanties insurmontables de la vertu de nos aïeules.

Ce jour-là, milady Montague avait eu une raison particulière pour adopter le costume d'Orient. Ce costume était celui dont lui avait fait présent la belle Fatime. Elle portait un *caftan* à manches pendantes de brocart d'or, avec des fleurs d'argent, admirablement adapté à sa taille, que serrait une ceinture de diamants ; un léger tissu de gaze laissait voir la beauté remarquable de son sein ; ses pantalons roses lui descendaient jusqu'à la cheville, et faisaient ressortir ses pieds enfermés dans des pantoufles de satin blanc brodé d'or ; ses bras demi-nus avaient des bracelets de pierres précieuses ; ses cheveux, au lieu d'être cachés sous une des lourdes perruques rondes du temps, sortaient en nombreuses tresses d'une toque de velours bleu fixée avec un mouchoir brodé et surmontée d'une aigrette en pierreries. En la voyant si belle et ainsi parée, Pope aurait bien pu la comparer à une fée des contes arabes, devant laquelle il venait se prosterner, lui, trop semblable, hélas ! à ces nains qui se trouvent presque toujours dans le cortége de la magicienne.

« Vous voyez, dit milady au poëte en lui offrant sa main à baiser, que je suis fidèle à ma promesse : je quitte il n'y a qu'un instant sir Godfrey Kneller, à qui j'ai donné une dernière séance avec la parure que vous avez désirée.

— Que de grâces j'ai à vous rendre de tant de complaisance ! répondit Pope. Mais quoi ! ce portrait est déjà fini ! que je vais être heureux de l'emporter en triomphe dans ma villa !

— En vérité, sir Godfrey Kneller est un peintre expéditif, dit lady Mary, et surtout un original fort amusant.

Je rirai longtemps encore des naïvetés de son amour-propre ; il me racontait, avec le plus grand sérieux du monde, comment il avait reçu naguère son tailleur qui osait lui proposer de faire un peintre de son fils : — « Mon ami, lui dit sir Godfrey, il n'y a que Dieu tout-puissant qui puisse faire un peintre ! »

— La dernière fois que je sortis avec lui, dit Pope, qui aimait à répondre à une anecdote par une autre, sir Godfrey s'arrête tout à coup dans la rue, en entendant un homme du peuple se servir du juron anglais *Dieu me damne !* « En vérité, lui dit-il, coquin ! tu as bien de l'orgueil ! Que Dieu s'amuse à damner le duc de Malborough ou peut-être sir Godfrey Kneller, cela se conçoit ; mais un drôle de ton espèce, crois-tu donc en valoir la peine ? »

— Je lui demandais, continua lady Mary, pourquoi un peintre qui avait son génie ne faisait point de tableaux d'histoire. « Madame, m'a-t-il dit, les peintres d'histoire font vivre les morts, et ils ne commencent à vivre eux-mêmes que dans l'autre monde. Je travaille pour les vivants afin de vivre dans celui-ci. »..... Est-il vrai, monsieur Pope, que sir Godfrey soit d'une voracité digne d'Hercule ?

— Madame, reprit Pope, on exagère un peu tous ses défauts, et sir Godfrey se prête merveilleusement aux bouffonneries qu'on lui attribue. Mais croyez qu'il est un de ces personnages complexes qui, mêlant la goguenardise à la naïveté, consentent à laisser rire un peu à leurs dépens, pour rire beaucoup aux dépens des autres. Il commence par s'exécuter lui-même de bonne grâce sur son avarice, sur sa vanité; puis, tout en ayant l'air de mettre ses ridicules en relief, il parodie les ridicules de ceux qui le raillent, sans qu'on puisse se fâcher de ces représailles légitimes. Son origine étrangère (1) ajoute alors à sa causticité : son accent et le double sens que son inexpérience prétendue de la langue semble donner à ses mots, aiguisent encore la pointe de ses épigrammes…. C'est un habile comédien !

— Et un excellent personnage de comédie que vous devriez indiquer à Congrève, continua lady Montague, à moins de le garder pour une de vos satires.

— Ah! madame, quelle idée ! Me croyez-vous assez ingrat pour désigner à la moquerie celui à qui je vais devoir votre image? Nous autres, catholiques, nous tenons trop aux tableaux de nos temples pour traiter si cruellement l'artiste qui reproduit les dieux de notre idolâtrie.

— En effet, je me reproche une mauvaise pensée, dit lady Montague; et comme vous pourriez croire que c'est pour me venger de ne pas me trouver assez belle dans mon portrait, venez le voir, et vous avouerez que sir Godfrey aurait plutôt à se reprocher de m'avoir un peu flattée. »

Pope passa dans une autre pièce avec lady Mary, que sir Godfrey, à la prière de son ami, était venu peindre chez elle, faveur qu'il n'accordait qu'aux têtes couronnées.

Pope admira en silence l'ouvrage du peintre. « Eh

---

1 Il était de Lubeck.

bien, vous ne dites rien ? lui fit observer lady Mary en rentrant dans le boudoir : ne trouvez-vous pas le portrait ressemblant ? »

Pope ne s'était tu, sans doute, que pour exprimer sa satisfaction en poëte. — « Madame, répondit-il, sir Godfrey, comme tous les peintres, a quelquefois flatté les dames, mais ce n'est pas lady Mary. » Et Pope ajouta ces vers qui n'avaient guère que le mérite d'être improvisés :

> C'est bien là de son front la calme majesté,
> Et son charmant sourire et sa douce gaieté.....
> Que ne puis-je en mes vers, rival heureux d'Apelle,
> Peindre aussi quelques traits de ce divin modèle :
> Sa grâce, son esprit et sa sincérité,
> Son merveilleux savoir exempt de vanité !
> Digne, mais sans orgueil ; sage, mais non sévère,
> Le ciel lui prodigua ses trésors les plus doux.....
> De la peindre jamais ma muse désespère,
> Je brise mes crayons et tombe à ses genoux.

— Votre galanterie et votre verve sont inépuisables, dit lady Mary ; mais les poëtes sont encore plus flatteurs que les peintres ; vous voilà forcé d'en convenir, monsieur Pope.

— N'attribuerez-vous jamais à un autre sentiment qu'à la galanterie les vers que vous m'inspirez ? dit le poëte.

— J'aurais dû dire votre amitié.

— Le sentiment dont je veux parler est plus tendre encore.

— Mais, mon cher monsieur Pope, prenez garde, c'est presque une déclaration, et nous parlons en prose.

— Pourquoi feindre si longtemps de ne pas me comprendre? Pensez-vous que je puisse rétracter de vive voix une seule ligne de ces lettres où je me suis plus d'une fois, peut-être, expliqué trop clairement? Que vous refusiez de croire aux allusions de mes poëmes, je le veux bien, quoique j'aie eu quelque raison de dire, en terminant l'héroïde d'Héloïse, que pour faire ainsi parler l'amour, il fallait l'avoir éprouvé (1) ; mais avez-vous pu traiter de fiction cette tristesse, ce désespoir qui, pendant votre absence, faillit plus d'une fois me faire courir sur vos traces ? Vous le savez, je n'attendais qu'un mot de vous pour aller grossir votre suite dans vos classiques pèlerinages. Combien de fois j'enviai la mort de ce Geoffroy Rudel qui alla expirer aux pieds de la princesse de Tripoli pour le seul bonheur de lui baiser la main, et d'obtenir une de ses larmes sur sa tombe !

— Je me souviens, en effet, dit lady Mary, de la lettre charmante où vous me racontiez la romanesque histoire de ce troubadour provençal, et je l'admirai comme très-poétique; mais si j'ai refusé jusqu'ici de comprendre le véritable sens de vos tendres aveux, vous n'auriez pas dû, vous, monsieur Pope, en homme d'esprit, refuser de comprendre que je voulais éluder jusqu'à la fin une explication qui pouvait interrompre votre songe de poëte; car j'aime à croire que vous vous trompez vous-même, et que votre amour n'est pas autre chose. Toutefois, puisque vous l'exigez, je dois vous répondre plus directement et avec le langage d'une amicale franchise. « Ce qui me console d'être femme, ai-je dit une

1 He best can paint them, who shall feel 'em most.
Eloisa to Abelard.

5.

fois, c'est la certitude que je n'en épouserai pas une. »
J'étais plus jeune alors ; j'avais commencé par mépriser
mon sexe : je lui devais quelque réparation; je ne voulus
pas qu'il m'accusât d'avoir passé à l'ennemi, et mon
ambition se trouva bientôt d'accord avec l'intérêt général que j'avais à défendre. Heureusement, de toutes les
vertus dont votre imagination s'est plu à me parer, il en
est une, si c'est une vertu, que je ne saurais m'attribuer,
la sensibilité : celle, du moins, qui peut entraîner à la fois
la tête et le cœur. De très-bonne heure je l'ai regardée
comme une faiblesse qu'il fallait accuser du rôle insi-
gnifiant que les femmes jouent dans ce monde, se con-
damnant, la plupart, à aimer un mari ou un amant pendant la première partie de leur vie, et Dieu pendant la
seconde. Je me suis fait une autre vocation; depuis l'âge
où je pus me connaître, j'aspirai, j'aspire encore à
prouver à mon sexe qu'il peut avoir autant d'action que
le vôtre sur les affaires politiques, et réclamer une part
des avantages que vous vous êtes tous réservés, messieurs, en faisant les lois. On vous a dit que mon mariage fut le résultat d'un caprice : eh, mon Dieu, non,
c'était un premier calcul; malheureusement, je me
trompai sur l'homme. En dix ans de temps je n'ai pu en
faire qu'un ambassadeur; ce n'est pas assez, je ne vous
le dissimule pas. Si je pense sérieusement à faire adopter par le Parlement le divorce à la turque (1), c'est
contre l'indolence de M. Montague que mon mémoire

---

1 « Ce fut d'après un usage turc que je conçus l'idée d'un *bill septen-
nal* en faveur des gens mariés. » « Le *bill* de lady Montague, dit Spence
(*Anecdotes of books and men*), expliqué dans un mémoire bien écrit,

est dirigé. Croyez-vous, dites-moi, que l'amour, tel que vous le rêvez, puisse entrer dans un cœur si ambitieux?

— Hélas! dit Pope, qui avait d'abord baissé les yeux, et qui, en les relevant sur lady Montague, semblait presque s'attendre à la voir grandie du double de sa taille, — que puis-je répondre, si ce n'est que mon cœur vous a souvent placée sur le plus beau des trônes? mais l'ambition étouffe-t-elle tout à fait l'amour?

— Mon cher poëte, vous le voyez, si je vous laisse parler, après m'avoir fait monter sur un trône dans vos songes, vous allez déjà m'en faire descendre pour m'enfermer dans le cercle étroit de quelque nouvelle pastorale. J'ai fait des églogues comme vous, je m'y connais. Permettez-moi de vous ramener à la réalité de ce monde prosaïque, même à propos de poésie. L'ambition une fois satisfaite, qu'on pense à l'amour, je le conçois : qu'on en fasse un moyen de parvenir, je l'admets encore; je vous l'avouerai sans pruderie, et vous n'êtes pas

tendait à faire passer en loi que tous les sept ans, toutes les personnes mariées auraient la liberté de déclarer si elles voulaient continuer de vivre ensemble pendant sept ans encore. »

Il faut lire les lettres où elle stimule l'indolence de son mari, et où elle lui répète que l'*impudence*, puis l'impudence et toujours l'impudence, est le seul moyen de parvenir au ministère. « Jamais homme modeste ne fit et ne fera sa fortune. Votre ami lord Halifax, Robert Walpole et tous les autres hommes remarquables par leur rapide avancement ont été *impudents* au suprême degré. Le ministère est comme une représentation dramatique à la cour. Il n'y a qu'une porte étroite pour entrer, et une grande foule au dehors, où chacun écarte les autres pour arriver le premier. Celui qui rudoie ses voisins du coude méprise un coup de pied au derrière qui le pousse, il va toujours et il est sûr d'une bonne place. Votre homme modeste reste à la queue; tout le monde lui passe sur le corps; on lui déchire ses habits, on l'étouffe, et il voit passer avant lui mille drôles qui ne le valent pas, etc. » *Lettre à M. Wortley, 1714.*

le premier à qui je le déclare : si je ne prends pas un amant, c'est moins de peur de passer pour en avoir un que pour éviter d'être sa dupe. Vous me demandiez vous-même un jour, en riant, s'il était vrai que je n'avais pu pénétrer dans le sérail qu'en acceptant le mouchoir du sultan ; je me contentai de vous répondre que la cérémonie du *mouchoir* était un conte de voyageur ; j'ajouterai aujourd'hui que si Achmet III avait mis un prix aux priviléges qu'il m'accorda, ces priviléges m'étant nécessaires, je les aurais payés ce qu'il eût fallu. Achmet est, d'ailleurs, un monarque fort aimable, je vous jure, tout Turc qu'il est ; un monarque qui gagne à être comparé à notre roi protestant.

— Une femme ambitieuse, dit Pope, qui, un peu étourdi d'abord, voulut essayer de plaisanter, ne devrait pas mal parler du roi Georges.

— Mais je parle à un catholique et à un jacobite, reprit lady Montague.

— Serait-ce le motif de mon exclusion de votre cœur ? — demanda Pope, qui se fût peut-être consolé d'être en amour une victime de la politique plutôt que de sa taille!... notre amour-propre a de ces retours-là.

— Je ne suis pas whig à ce point, poursuivit lady Montague ; mais vous êtes poëte, monsieur Pope, et j'ai encore l'ambition de prendre ma part de la gloire d'auteur ; or vous savez combien l'envie se plaît à nous disputer, à nous autres pauvres femmes, le droit de mettre aussi quelques feuilles de ce laurier dans notre couronne. Il est déjà bien dangereux à moi de vous avoir pour ami : vous accepter comme amant, ce serait m'exposer à faire dire un jour que mes lettres datées de Constantinople ont été faites à Londres. Il n'y aurait aucun de mes vers qui ne serait corrigé par vous ; en un mot, excusez ma *jalousie* littéraire ; si jamais un homme peut se vanter de mes faveurs, je ne veux pas que son indiscrétion soit plus éloquente que mon démenti. »

Ce langage d'une franchise excessive se rapprocherait du cynisme si nous voulions le rendre littéralement conforme à celui que les mémoires du temps et les auteurs dramatiques contemporains attribuent à la société du règne de Georges Ier. Dans toute autre bouche, ce langage n'eût sans doute pas choqué Pope, qui avait bien aussi sa licence quelquefois, quoiqu'il fût un des écrivains les plus châtiés de son époque ; mais dans la bouche d'une femme aimée, quel désenchantement! Le voile commençait à tomber de ses yeux, et lui qui citait naguère la tradition de Geoffroy Rudel, lui qui, bien que poëte classique, ne lisait pas avec moins de charme le vieux Chaucer que le vieil Homère, les vieux fabliaux que les églogues de Virgile, il dut se rappeler ici la belle Mélusine et sa fatale transformation.

Peut-être aussi lady Montague s'aperçut-elle alors, avec plus de regret qu'elle ne s'en croyait susceptible, qu'elle avait trop brutalement détruit le prestige des illusions du poëte. Quelle femme, quelque froide qu'on la suppose, n'éprouve un peu de dépit de se voir dépouillée tout à coup de cette auréole dont notre imagination se plaît à entourer l'autre sexe? Toujours est-il vrai qu'après cette explication, à l'intimité qui, depuis des années, rapprochait si souvent ces deux personnes assises si familièrement à côté l'une de l'autre sur un divan de boudoir, succéda tout à coup un sentiment de gêne, ce premier instinct d'une défiance qui devait nécessairement devenir un jour de l'hostilité. Quand les yeux de lady Mary cherchèrent ceux de Pope, elle sentit que, pour conserver l'attitude de supériorité qu'elle avait voulu prendre sur cette âme faible de poëte, elle avait besoin d'armer ses regards d'une sorte de dédain. De son côté, Pope s'étonna de pouvoir si tôt secouer le poids de la tristesse dont l'avait accablé cette bizarre explication. Les avantages de la beauté d'une part, les désavantages d'un corps disgracié de l'autre, disparurent également dans cette lutte entre deux âmes qui venaient en quelque sorte de se mettre à nu. Ce fut même Pope qui renoua le premier la conversation après un moment de silence.

« Madame, dit-il, non sans un léger accent d'ironie, je ne savais pas que la gloire du poëte coûtât si cher.

— Mon cher monsieur Pope, répondit lady Mary sur le même ton, avouez que votre rivale en poésie est bien généreuse de ne pas vouloir vous rendre infidèle aux neuf sœurs.

— Je vous ai trop souvent invoquée comme une dixième muse, reprit Pope ; et, pour changer, vous voulez être maintenant ma Minerve.

— Vous ne rimerez jamais *malgré ma défense*, je l'espère bien. Il n'est pas besoin de rappeler le proverbe à un poëte tel que vous.

— Que ne me défendez-vous d'écrire? il me serait bien plus facile de vous obéir que lorsque vous me défendez d'aimer, dit Pope, mais d'un air qui indiquait assez que ces paroles n'étaient plus pour lui qu'un lieu commun de galanterie. Lady Montague, qui le devina sans doute, répondit avec quelque sécheresse :

— Mais c'est ce que je n'ai le droit de défendre à personne.

— L'auriez-vous déjà permis à quelqu'un?

— Monsieur Pope, dit lady Montague en appuyant sur le mot, voilà une de ces QUESTIONS qui exposent à des réponses sévères.

— Elle sait ce qui m'est arrivé chez Button! pensa Pope, que cette réplique déconcerta. — Madame, dit-il, je vois que je deviens indiscret, et que vous désirez être seule.

— Seule, non; mais j'attends une visite.

— Recevez mes humbles adieux, madame; » et, oubliant cette fois de lui baiser la main que lady Montague oublia de lui tendre, Pope se retira. Dans l'escalier, il fut heurté par quelqu'un. « — Je demande pardon à M. Pope, » — dit une voix. Pope regarde... Damnation! c'était le jeune officier du café de Button!

Ce jour-là même, le poëte ajouta quarante vers à sa satire contre les femmes.

DEUXIÈME PARTIE

—

L'Avantage d'être Bossu ou la Prude.

> « How oft, when press'd to marriage, have I said,
> Curse on all laws but those which love has made! »
>
> *Eloisa to Abelard.*

« N'est-il pas singulier que ce pauvre Pope, qui était si peu fait pour l'amour, ait voulu être amoureux toute sa vie !... » — C'est une réflexion qui n'est pas de moi, je vous jure, mais d'un de ces biographes commentateurs, de ces hommes de lettres à la suite, qui montent en croupe sur le pégase d'un poëte, qui se parent de la livrée d'un grand homme, et, semblables aux valets raisonneurs du théâtre, critiquent ou louent leur maître, à tort ou à travers, sans le comprendre, tantôt l'exaltant de leur admiration sotte, tantôt le rabaissant aux proportions de leur imagination étroite. » Pourquoi Pope s'avisait-il d'être amoureux? N'était-ce pas à lui bien ridicule? » Et, cela dit, on fait le procès à Pope, au lieu de le plaindre.

Heureusement Pope n'était pas aussi à plaindre qu'on le suppose ; ils ignorent, ces esprits froids, tout ce qu'il y a de charme pour le poëte dans un amour même malheureux,—dans ses rêveries, quand cet amour est encore un secret pour tous, même pour celle qui l'a fait naître, dans son timide espoir quand il a osé parler, dans sa

mélancolie quand il est repoussé ou trahi, et enfin.....
dans les consolations d'un autre amour, car c'est la loi
de notre nature que l'amour seul console de l'amour.

« Pauvre Pope !... » Et toi aussi pauvre Jean-Jacques,
qui as livré toi-même à ces censeurs ta vie de valétudinaire
amoureux, toi aussi tu es venu leur apprendre tout ce
qu'il y avait de ravissements pour toi dans la plus faible
espérance et dans la plus légère faveur, depuis ta promenade à Toune avec mademoiselle Galley, que tu ne
devais plus revoir, jusqu'à ce baiser de madame d'Hou-
detot pour lequel chaque jour tu recommençais si joyeux
le trajet de l'Ermitage à Eaubonne ! Toi aussi, ils t'ont
trouvé ridicule, et dans tes passions ambitieuses pour ces
grandes dames qui riaient de leur ours apprivoisé, de
leur philosophe malade, avec un amant mousquetaire, et
dans le fatal aveuglement qui, hélas ! te fit descendre à
Thérèse.

Lady Wortley Montague n'était pas le premier amour
de Pope : elle ne devait pas être le dernier.

Pope avait connu, pendant son séjour dans le comté
d'Oxford, la famille Blount, catholique comme la sienne,
et avec laquelle cette conformité de religion ne pouvait
que resserrer ses liens de voisinage. Edward Blount, le fils
aîné, resta toute sa vie son ami et son correspondant.
Mistress Blount, la mère, devint veuve, et ayant quitté
l'Oxfordshire pour habiter Londres avec ses deux filles
Theresa et Marta, Pope continua de visiter assidûment
la famille Blount dans la capitale comme en province.
Lorsque le nom de Pope devint un des grands noms de
la poésie anglaise, lorsqu'il y eut de la vanité à pouvoir

dire : « Ce M. Pope dont vous parlez, ce grand poëte, il est depuis longtemps notre ami ! il vient familièrement à la maison, nous l'avons vu naître.... » M. Pope, le grand poëte, ne démentit pas cette prétention de la bonne mistress Blount. Conservant pieusement les souvenirs plus modestes de ses premières années, il rappelait lui-même volontiers le temps où son génie, rêve encore incertain d'un enfant précoce, était, par anticipation, proclamé comme une réalité dans le cercle de sa famille et de ses amis... sphère étroite où plus tard l'ambition du jeune homme étoufferait faute d'air et d'espace, mais où la muse naissante peut du moins essayer ses ailes, sans crainte d'être arrêtée dans son essor par cette morgue brutale avec laquelle la critique rudoie si souvent les noms inconnus;... théâtre de ces premiers triomphes dont on jouit sous les yeux d'une mère, et plus doux que les lauriers de Denain, s'il faut en croire le maréchal de Villars parlant de ses couronnes du collége. Mistress Blount continua donc à s'identifier à cette gloire qu'elle se vantait d'avoir prédite, parce que Pope continua de son côté à solliciter cette admiration affectueuse, et à s'en montrer en apparence tout aussi flatté que de l'admiration plus retentissante des critiques et des grands. Avec tous les défauts de son humeur irritable et susceptible, Pope, comme on sait, avait toujours été un fils tendre ; mistress Blount était l'amie de sa mère : quand il eut perdu celle-ci, il lui sembla retrouver quelque chose d'elle dans mistress Blount, dans ses gestes et dans l'accent de son langage. Et puis, dans ce ménage bourgeois, dans cette maison patriarcale qui

contrastait avec le luxe et les manières de ces hôtels et
de ces châteaux dont il était devenu le commensal recherché, il pouvait, disait-il, *détendre* son esprit et se
reposer de la nécessité d'être toujours en représentation
chez ceux qui ne l'invitaient que comme poëte célèbre.
Ailleurs l'attendaient des égards plus respectueux, ici des
égards plus tendres; ailleurs il trouvait des honneurs, ici
ses aises; chez mistress Blount on ne lui imposait pas
un caractère conventionnel; on le prenait tel qu'il voulait
être, avec ces caprices, avec toutes les vicissitudes de son
humeur, variable comme sa santé. Les prévenances dont
il était l'objet n'entraînaient pour lui aucune gêne, parce
qu'elles étaient une habitude. Sa place était réservée
à table sur une chaise faite exprès pour lui, sans qu'on
eût besoin de l'exhausser comme partout pour que sa tête
fût à la hauteur de celles des autres convives. Son fau-
teuil était toujours au coin du feu sans qu'on eût besoin
de dire tout bas à personne qu'il était le plus frileux des
hommes. S'il s'y endormait, ce qui lui arrivait quelquefois, n'importe en quelle compagnie, on respectait son
sommeil, et, quand il rouvrait les yeux, ni un air bou-
deur ni un rire malin ne lui révélaient qu'il venait d'être
impoli. Pope était un peu gourmand, comme tous les es-
tomacs délicats, et il était sûr, en allant dîner chez mistress Blount, d'y trouver les mets de son goût, et
entre autres ce plat de lamproies qui lui valut, dit-on,
plus d'une indigestion dans sa vie, mais dont il n'est pas
vrai qu'il soit mort. Enfin il était sujet à ces migraines
qu'il a personnifiées sous la forme d'un gnome toujours
au chevet de la déesse du Spleen. A peine passait-il une

main sur sa tête en fronçant le sourcil, qu'on lui apportait ces décoctions de café dont l'arome avait la vertu de débarrasser son cerveau. Telles étaient les attentions, tels étaient les petits soins qui devaient aussi attirer Pope chez mistress Blount, et je regrette que ses biographes l'aient oublié. Toutes ces prévenances d'une famille amie, Pope les reconnaissait non-seulement par quelques lectures confidentielles, ou, dans la conversation, par des saillies que l'intimité lui rendait plus faciles, mais encore par une suite rarement interrompue de ces petits présents dont on a dit si souvent qu'ils entretiennent l'amitié. Les plus belles fleurs de son jardin de Twickenham décoraient maintes fois la cheminée de mistress Blount, et les plus beaux fruits sa table. On dit qu'un jour même il envoya une corbeille de pêches qui étaient enveloppées une à une dans les feuillets du manuscrit de *l'Iliade;* il priait seulement qu'on voulût bien lui renvoyer ce papier d'enveloppe, n'ayant pas d'autre copie de ses vers ?

C'était donc une amitié toute fraternelle que Pope avait ressentie d'abord pour Theresa et Martha, les deux filles de mistress Blount, et sa familiarité avec elles ne devait surprendre ni leur mère ni personne. Mais un sentiment plus vif l'attacha ostensiblement à Theresa. C'était l'aînée, brune piquante et rieuse, qui s'aperçut elle-même, trop tard, qu'elle avait laissé prendre sur elle les avantages que donnent toujours à l'autre sexe les privautés d'une amitié d'enfance. Sa légèreté apparente, sa gaieté, qui autorisait sous une forme de badinage l'échange des noms les plus tendres, avait permis

à Pope de les employer tous à son égard. C'était une
sorte de droit qu'il était difficile de lui enlever désormais sans éclat; il en jouissait depuis si longtemps qu'il
y avait prescription. « Puis, se disait-elle, si je m'abusais, si cet accent d'un cœur agité, si ce regard qui me
semble un commentaire si clair du nouveau sens qu'il
prête à des mots naguère sans conséquence, n'étaient
qu'une plaisanterie nouvelle, combien ma vanité serait
ridicule !... Si j'étais encore, après tout, plus émue
moi-même qu'il affecte de l'être, une explication si sérieuse ne ressemblerait-elle pas de ma part à une déclaration? » Et Theresa remettait au lendemain de
s'expliquer avec Pope, et Pope ne cessait de se pré-
valoir de tous ses priviléges d'ami d'enfance, sans se
douter peut-être encore de tout le trouble qu'il causait
dans ce cœur de femme étourdie et folâtre, sans s'être
rendu bien compte à lui-même de tout ce qui se passait
dans le sien; car il est en nous de ces pensées mal dé-
finies que nous évitons d'analyser, de peur de ne pas
les trouver d'accord avec notre conscience; il est de
ces projets dont nous ne voulons pas voir le but, de
peur de découvrir un précipice où nous nous repro-
cherions d'entraîner volontairement quelqu'un avec
nous.

Theresa, cependant, sentait parfois le besoin de venir
au secours de sa gaieté naturelle par une gaieté factice; il lui fallut inventer plus d'un prétexte pour justifier maint accès soudain de mélancolie au milieu de
ses conversations les plus innocentes et les plus frivoles
avec Pope. Avez-vous vu quelquefois une perdrix ap-

privoisée jouer dans un salon avec le chien du logis,
qui la guette, la poursuit, l'atteint et la laisse fuir pour
la poursuivre encore? La perdrix se prête à ses joyeux
caprices, et pousse à peine un faible cri lorsque le
chien la roule sous ses pattes ou la porte dans sa
gueule à son maître; mais si elle venait à penser que
ce chien généreux et caressant, emporté par son instinct
naturel, pourrait d'un seul coup de dents terminer
d'une manière tragique cette chasse, jusque-là sans
péril... quel serait l'effroi de la pauvre perdrix! C'était
certainement une réflexion semblable qui venait de
temps à autre jeter un nuage sur le caractère insouciant naguère de Theresa, et cette explication, tant dif-
férée par elle, ne pouvait l'être plus longtemps, lorsque
Pope devint peu à peu moins assidu chez les dames
Blount, et elles apprirent que, si on le voyait plus rarement, c'était que lady Montaigue le traînait en triomphe
à son char.

C'est à un cœur de femme qu'il faudrait demander
ce qui dut se passer alors dans le cœur de Theresa:
une femme seule nous pourrait dire si elle ne fut pas
obligée de dissimuler un peu de dépit; car elle n'en
fit rien paraître; ou, si elle l'exprima, ce fut encore par
une raillerie sans amertume et par quelques allusions
malicieuses, bien permises contre ce nouveau caprice
du poëte, qui lui faisait négliger *l'amitié* pour un sentiment plus jaloux et plus exclusif.

Après sa rupture avec lady Mary, Pope crut donner
le change à son désappointement secret en s'accusant
d'avoir écouté sa vanité plutôt que son cœur, pour aller

chercher un bonheur incertain lorsqu'il lui eût été si
facile d'être heureux auprès de miss Blount. Par un de
ces subterfuges dont nous aimons à couvrir nos faiblesses, il appelait presque un remords généreux son
retour à celle qu'il avait délaissée sans remords ; mais
cette fois, Theresa, mûrie par l'expérience du passé,
sut mieux se défendre, et, pour se venger, elle eut recours à cette légèreté même qui avait failli la compro-
mettre.

Vainement Pope se dit repentant et malheureux, elle
feignit de ne croire ni à son malheur ni à son repentir,
et le désespéra par son impitoyable gaieté. Vainement
il voulut faire entendre le langage passionné d'un
amour véritable, elle persista à lui répondre sur le ton
d'un persiflage frivole. Pope s'aperçut enfin qu'il per-
dait auprès d'elle sa rhétorique et ses vers.

Mais, à côté de la sœur aînée, la sœur plus jeune, qui
n'avait point de rancune à satisfaire, sembla plus disposée à plaindre en lui un amant malheureux. Martha,
dont trois années de plus avaient développé la personne
et le caractère, était en tous point le contraste de Theresa. J'ai dit que Theresa était une brune piquante : sa
taille svelte et flexible, ses gestes animés, ses yeux noirs
et sa bouche souriante, répondaient à la vivacité de son
esprit. Martha, blonde aux yeux bleus, avait dans son
attitude habituelle, comme dans tous ses mouvements,
une sorte de gracieuse indolence, et, dans sa physionomie, une expression pensive en harmonie avec la réserve de ses manières et la réflexion qui semblait pré-
céder ses moindres démarches. Autant la première

paraissait étourdie, autant la seconde paraissait prudente. Quoiqu'il n'y eût peut-être rien d'excessif, après tout, dans la pétulance de l'aînée ni dans le calme de la cadette si on les étudiait isolément, leurs caractères recevaient un relief inévitable de leur opposition ; et comme entre sœurs on répond volontiers à une exagération par une autre, quand Martha reprochait en riant à Theresa d'être une folle, Theresa lui reprochait d'être une prude.

Les innocentes querelles des deux sœurs avaient souvent Pope pour témoin et pour arbitre : impartial d'abord, il devait à la longue se laisser séduire par celle des deux parties qui captivait le mieux son juge, et Martha eut bientôt raison auprès de lui plus souvent que Theresa. Les plus petites choses ne sont jamais indifférentes en amour : Martha devint alors la confidente de Pope, et cette préférence, conquise sur son aînée, devait d'autant plus la flatter, que Pope louait surtout en elle ce caractère réfléchi que Theresa essayait de tourner en ridicule, mais qu'il attribuait, lui, à la rectitude de son jugement. Il n'est pas d'éloge qui touche plus une jeune sœur que celui que vous faites de sa raison supérieure. La vanité de Martha ne pouvait pas non plus rester insensible à ces vers dont elle reçut désormais l'hommage direct, et où Pope proclamait tout haut les qualités qu'il appréciait en elle[1]. Ces vers, par lesquels un grand poëte exalte les perfections d'une femme, ne sauraient manquer de produire, sur son amour-propre et sur son

---

[1] C'est à Martha Blount que Pope adressa l'*Épître sur le Caractère des Femmes*, terminée par un éloge si flatteur pour elle.

cœur, quelque chose de la satisfaction qu'inspiraient jadis aux dames des chevaliers ces défis publics dans lesquels un champion déclarait envers et contre tous sa princesse la plus belle du monde. Il y a plus : le défi du poëte retentit jusqu'à la postérité. Il n'est pas de démenti à opposer à cette voix du génie. Le chevalier mort, un lâche pouvait venir arracher l'écusson du brave ou en effacer le nom que ne défendait plus sa lance; le nom de la beauté, une fois prononcé par la muse, est consacré par la mémoire des siècles et sans cesse reproduit avec les vers qui l'ont célébré.

Quoiqu'on ait dit, non sans raison, que le principe de l'amour chez le sexe le plus faible était l'instinct de cette faiblesse même qui le rapproche du sexe le plus fort, il faut admettre aussi dans l'amour de la femme cet autre principe, plus conforme à sa nature angélique, qui appelle sa tendre pitié partout où elle est invoquée par une souffrance ou une infortune. Or, c'étaient des consolations que Pope, se disant malheureux, demandait aux deux sœurs. La gaieté d'une amie comme Theresa apporte plutôt des distractions. Une amie plus sérieuse et plus aimante, comme Martha, sait mieux nous plaindre et mieux nous consoler. Pope pouvait donc se bercer de l'espoir qu'il avait trouvé, enfin, celle qui consentirait à lier sa destinée à la sienne. Cependant sa susceptibilité, sa défiance de lui-même, quand il réfléchissait à son corps contrefait, lui faisaient reculer sans cesse le moment d'exiger d'elle un aveu direct et décisif. Sa position était d'autant plus délicate qu'il s'était prononcé d'une manière formelle contre le mariage, contre tout mariage public du moins. Au titre de mari son imagination associait tous les ridicules, avec l'impossibilité de discontinuer un jeu, disait-il, où il craignait d'être triché jusqu'à la fin de la partie, sans avoir le droit de se plaindre de l'inégalité des chances.

Mais le jour de l'explication arriva, et Pope ne put se souvenir sans trembler de l'épreuve analogue qui avait si brusquement brisé tous ses liens avec lady Mary, au lieu de les resserrer. Sa joie fut grande lorsque Martha, avant de s'engager par aucune promesse précise, exigea que les lettres de Pope à lady Montague et celles de lady Montague à Pope lui fussent communiquées.

« Cette curiosité m'est bien permise, dit-elle. Cette lady va désormais être mon ennemie tout autant que la vôtre. Pour savoir jusqu'à quel point je dois la haïr, il faut que je sache jusqu'à quel point vous l'avez aimée.

— Ces lettres m'ont été mainte fois redemandées par elle, dit Pope.

— Mais vous vous êtes refusé à les rendre ? Ainsi vous les avez. Hésitez-vous à me les confier ?

— Ne pourrions-nous pas les lire ensemble ?

— Vos commentaires inévitables distrairaient mon attention.

— Vous voulez donc les lire seule ?

— Puisque vous me le demandez, je suis trop franche pour vous laisser ignorer que ma sœur n'est pas moins curieuse que moi de les connaître.

— Je m'en doutais : elle veut y lire le passé, et vous l'avenir. Comment pourrai-je résister à deux curieuses liguées contre ma discrétion ? Demain je vous apporterai la copie de mes propres lettres et l'original de celles de Sapho.

— Pourquoi la désigner par le nom qu'elle porte dans vos satires? Je voudrais vous voir plus indifférent quand on parle d'elle; ce serait plus généreux à vous et plus rassurant pour moi.

— Est-ce le moment de la ménager, lorsque je suis à la veille de mettre sous vos yeux des lettres où vous allez puiser contre moi des armes funestes peut-être?

— Je vous promets de relire la date à chaque phrase. » Et ces mots furent accompagnés d'un sourire qui acheva de décider Pope au sacrifice qui lui était demandé.

Ce jour même Martha reçut cette correspondance, et Pope ne reparut chez les dames Blount que le surlendemain, à l'heure où il savait que Martha serait seule. En entrant, il reconnut une de ses lettres dans ses mains : « Eh bien! dit-il, avais-je raison d'hésiter? Le fameux Laubardemont ne demandait que trois lignes de l'écriture d'un homme pour y trouver de quoi le faire pendre. Quel supplice sortira pour moi de tout ce papier noirci d'une encre fatale?

— Ah! monsieur Pope, reprit Martha d'un air ému, quand il y aurait un arrêt de mort contre vous dans chacune des autres lettres, en voici une qui vous vaudrait mille fois votre grâce.

— Que contient-elle donc de si extraordinaire?

— Quelque chose de très-simple, mais de si touchant que je veux vous la lire à vous-même, puisque vous l'avez oubliée. Asseyez-vous et écoutez-moi. »

Prosateurs et poëtes, mes maîtres ou mes amis, vous

n'avez pu oublier l'émotion du jeune homme qui se voit, pour la première fois, imprimer sur ce beau vélin et avec ces lettres ornées que notre bon et modeste Delangle ne marchandait pas aux auteurs. (Pauvre Delangle! notre ami bien plus que notre libraire, le malheur t'a laissé à pied, et nous ne faisons l'aumône qu'aux éditeurs qui viennent la solliciter en tilbury!) Mais ce plaisir, dont on se lasse si vite, qu'est-il... comparé à celui d'entendre lire son manuscrit, inédit encore, par celle qu'on aime? Pope goûta ce bonheur, assis auprès de Martha, et suivant des yeux le mouvement de ses lèvres pendant qu'elle lui relisait ce fragment :

« J'ai envie de terminer cette lettre par le récit d'un
» événement qui vient d'arriver sous mes yeux, et qui a
» fait une grande impression sur moi. J'ai passé une
» partie de l'été dans un vieux château pittoresque du
» comté d'Oxford, que lord Harcourt m'avait prêté. Il
» domine une prairie communale, où, à l'ombre d'une
» meule de foin, étaient assis deux amants aussi tendres
» qu'aucun de ceux que les romans nous montrent sous
» le feuillage d'un hêtre. L'un s'appelait (que les noms
» soient un peu durs, n'importe) John Hugues et l'autre
» Sara Drew. John était un garçon bien fait, âgé de
» vingt-cinq ans ; Sara une brune de dix-huit. John
» avait, pendant plusieurs mois, supporté le travail du
» jour dans le même champ que Sara. Chaque matin et
» chaque soir, lorsque c'était l'heure de traire les vaches,
» c'était lui qui les lui conduisait. Leur amour était un
» sujet de conversation, mais non de scandale pour le
» voisinage ; car ils n'avaient pas d'autre pensée que de

» s'unir en mariage légitime. Le matin même, John
» venait d'obtenir le consentement des parents de Sara,
» et ils n'avaient plus que la semaine à attendre pour
» être heureux. Ce jour-là, peut-être, dans les intervalles
» de leurs travaux, ils parlaient de leurs habits de noces ;
» et John faisait des bouquets de pavots et d'autres
» fleurs pour assortir au teint de Sara les nuances d'un
» nœud de rubans dont il voulait lui faire présent la
» veille de leur mariage. C'était le dernier jour de juillet.
» Tout à coup un orage éclate, un orage terrible, mêlé
» d'éclairs et de tonnerre, qui force les paysans à chercher
» un asile sous les arbres ou le long des haies. Sara
» tombe effrayée, hors d'haleine, sur un tas de foin ;
» John (qui ne la quittait jamais) s'assied à son côté,
» après avoir disposé deux ou trois bottes de manière à
» lui servir d'abri. Au même instant, on entend un coup
» de tonnerre si violent qu'on eût dit que la voûte du
» ciel se partageait en deux ; les paysans inquiets
» s'appellent les uns les autres ; ceux qui étaient le plus
» près de nos deux amants ne les entendant pas répondre,
» vont à l'endroit où ils s'étaient réfugiés. On aperçoit
» d'abord une légère fumée au-dessus du foin, puis le
» couple fidèle.... John avait passé un bras autour du
» cou de Sara, et étendu l'autre sur son visage, comme
» pour la protéger contre la flamme de l'éclair..... ils
» étaient morts, déjà raides et froids dans cette tendre
» attitude; mais leurs corps conservaient encore les
» couleurs de la vie; on remarquait seulement que Sara
» avait un de ses sourcils un peu brûlé, et une petite
» tache entre les deux seins. Ils furent ensevelis le

6.

» lendemain dans un même tombeau de la paroisse de
» Stanton-Harcourt, où milord Harcourt, à ma prière,
» leur fit élever un monument. Je me chargeai de
» l'épitaphe, dont je ne suis pas content. Je regrette
» que vous n'ayez pas été en Angleterre. Vous auriez
» mieux réussi que moi à la faire ; car vous ne vous y
» seriez pas refusée, si je vous l'avais demandée, pour
» une circonstance si touchante.

» A tout prendre, je ne puis trouver ces deux amants
» malheureux. Le plus grand bonheur pour eux, après
» celui de vivre comme ils auraient vécu, était de
» mourir comme ils sont morts. La plus grande gloire à
» laquelle ils pouvaient prétendre était d'avoir un monu-
» ment pour consacrer leur souvenir ; à moins que vous
» ne leur en accordiez une autre..... celle d'être hono-
» rés d'une larme des plus beaux yeux du moude...... »

« Et cette larme fut refusée par celle à qui vous la
demandiez, » dit Martha, après avoir elle-même essuyé
ses yeux. « Elle vous répondit par une froide raillerie ? [1]

— Elle n'aimait pas, répondit Pope.

— Croyez-vous donc qu'il soit nécessaire d'aimer pour
ne pas être insensible ? reprit Martha.

— Non, sans doute ; mais je serais si heureux d'interpréter ainsi les larmes que vous venez de répandre !

---

[1] La réponse de lady Wortley Montague (1er novembre 1716) est
l'expression de la moquerie. Elle envoie à Pope une épitaphe qui n'est
que la parodie de la sienne, et où elle dit qu'en effet, « John et Sara
» furent très-heureux de mourir avant le mariage, car probablement
» au bout de l'année ils auraient été, elle une femme battue, et lui un
» mari dupé :
> » For had they seen the next year's sun
> » A beaten wife and cuckold swain, » etc.

— Voici ma mère et ma sœur, monsieur Pope...

— N'allez-vous pas demain toutes les trois au théâtre pour profiter de la loge de Congrève?

— Pour ma part, rien de moins sûr.

L'entrée de mistress Blount et de miss Theresa interrompit cet entretien ; mais Pope crut avoir compris que Martha, afin de le continuer, trouverait quelque prétexte pour rester seule le lendemain.

Le lendemain, en effet, à l'heure du spectacle, il se rendit chez mistress Blount. La servante était sur la porte et lui dit que miss Martha n'avait pu accompagner sa mère et sa sœur, parce qu'elle se plaignait d'un commencement de migraine. Pope courut au salon, très-peu alarmé de cette indisposition subite ; mais, en ouvrant la porte, il lui sembla que sa présence causait à Martha une sorte d'embarras, car son premier mouvement fut d'aller à un tiroir et d'y glisser un papier. Une pensée de soupçon et de jalousie s'éveilla dans l'esprit de Pope :

« Serais-je indiscret? » demanda-t-il en fixant les yeux sur le tiroir à demi fermé.

Il était évident que Martha désirait éluder de répondre, et que cette préoccupation excusait dans son esprit ce qu'il y avait de peu courtois dans cette froide question.

« Vous voyez, dit-elle avec autant de douceur que si Pope l'eût abordée avec moins de défiance, vous voyez qu'il n'était pas bien sûr que je profiterais du *billet* de M. Congrève pour aller voir jouer *Love for love* [1] (Amour pour amour).

---

[1] *Love for love* (Amour pour amour) est peut-être la meilleure comédie de Congrève. Valentin, l'amant d'Angélique, se fait passer pour

— Ce n'est pas, j'espère, le titre de la comédie qui vous a fait peur?

— En vérité, dit-elle avec un sourire qui aurait dû émousser vingt soupçons comme celui qui avait traversé le cœur de Pope, le titre, peut-être, est ce que je trouve de plus séduisant dans la pièce.

— Vous approuvez donc l'indulgence d'Angélique pour Valentin?

— Valentin lui fait de si belles promesses!

— Et puis, elle lui doit quelques dédommagements pour l'avoir fait si longtemps attendre.

— Fort bien, messieurs, il nous est défendu de vous éprouver : Angélique a tort lorsqu'elle vous accuse de manquer de persévérance.

— Angélique aura mille fois raison si vous voulez plaider pour elle; mais daignerez-vous aussi l'imiter en tous points aujourd'hui?

— Je vous comprends, dit Martha, qui cherchant toujours à éloigner Pope du tiroir vers lequel il tournait encore les yeux de temps en temps, le laissa s'asseoir auprès d'elle et lui abandonna sa main..... Mais vous ne prétendez pas que nous jouions la comédie, j'espère?

— Quelle preuve de ma sincérité vous faut-il encore? Il ne me reste plus qu'à devenir fou comme Valentin.

— Dieu vous en préserve! tout poëte que vous êtes.

— Près de vous, je ne suis pas toujours bien sûr de ma raison.

fou pendant une grande partie de la pièce; Angélique, après l'avoir longtemps éprouvé, consent à lui donner sa main. Il y a quelque ressemblance entre *Love for love* et *le Joueur* de Regnard.

— Souvenez-vous, pourtant, qu'Angélique ne consent à dire à Valentin qu'elle l'aime que lorsqu'il redevient sage. »

Mais, comme il arrive souvent dans un tête-à-tête, il paraît que cette recommandation de sagesse n'était pas faite d'un air assez sévère ; car ce fut au même instant que Pope cueillit son premier baiser, sans témoin, sur les lèvres de la jeune prude. Effrayée elle-même d'avoir justifié ainsi le vers où le poëte déclare que la femme n'est qu'une continuelle contradiction, Martha tressaillit tout à coup, se leva et s'enfuit dans une pièce voisine en cachant son front dans ses mains.

Pope, troublé lui-même un moment de son propre bonheur, hésitait encore à le suivre, lorsque son regard rencontra le tiroir où il avait, en entrant, vu cacher le papier, objet de son indéfinissable inquiétude ; il y courut, l'ouvrit et s'empara de cet écrit mystérieux..... Il contenait des vers ; le poëte les parcourut des yeux : c'était une satire contre lui, cette fameuse satire adressée à lui-même par lady Mary Montague, et qui se termine par cette apostrophe virulente :

« ..... Oserais-tu contester la justice de ce monde qui
» te laisse ainsi seul comme un proscrit? Si, en droit, il
» faut avoir tué pour être homicide, en équité le meur-
» tre existe déjà dans l'intention de le commettre. Ainsi,
» puisque ta lâche main poignarde un nom et tente d'as-
» sassiner au moins notre réputation, que l'arrêt du pre-
» mier homicide soit le tien ; que jamais l'oubli ni le
» pardon n'effacent ta méchanceté ! Autant que tu hais,
» sois haï ; avec l'*emblème de ton âme difforme em-*

» *preinte sur le dos*, comme Caïn avait sur le front
» l'emblème de la sienne marquée de la main de Dieu,
» sois, comme Caïn, maudit et vagabond [1]. »

De pareils vers trouvés chez Martha! Était-ce une trahison? Ne s'était-elle depuis quelque temps montrée si tendre en apparence avec Pope que, d'accord avec ses ennemis pour lui arracher des serments et en rire, pour lui dérober tous ses secrets et les leur livrer? Et ces lettres vainement redemandées par lady Montague, puis si facilement obtenues par Martha, qu'en avait-elle fait? Quelle coïncidence! L'imagination du poëte soupçonneux ne savait à quelle supposition s'arrêter. Il était en proie à la plus cruelle torture, lorsque Martha rentra, et, apercevant le fatal papier à sa main, devina ce qui venait de se passer. Un peu confuse elle-même, elle resta d'abord muette, et Pope rompit le premier ce triste silence :

« Et vous aussi, dit-il, vous, Martha, vous vous seriez fait un jeu barbare de ma crédulité; vous aussi, vous vous seriez associée à la haine qui me poursuit de ses lâches outrages?... Oui, sans doute, vous aviez le droit de repousser une passion sur laquelle j'ouvre enfin les yeux. J'étais un amant ridicule, je le sens; mais j'étais aussi un ami, un frère pour vous, Martha, et à ce titre je méritais peut-être votre pitié. »

[1]   And with the emblem of thy crooked mind
        Marked on thy back, etc., etc.

Verses addressed to the imitator of Horace.

On croit que lord Hervey fut le collaborateur de lady Montague dans cette satire.

Si, au lieu de ce reproche si mélancolique, Pope eût fait parler la colère et l'indignation qui avaient d'abord soulevé son âme, Martha eût pu trouver plus facilement le langage de la dignité offensée pour lui répondre et le faire rougir d'un pareil soupçon ; mais les larmes coulèrent de ses yeux lorsqu'elle lui dit :

« Quoi donc ! je vous répéterai à mon tour, c'est un frère, un ami qui me soupçonne et m'accuse ! Que l'amant soit injuste, j'en suis moins surprise ; mais comment l'ami et le frère n'ont-ils pas trouvé une supposition plus honorable pour l'amie et la sœur ? Moi, servir la haine de vos ennemis ! Vous n'avez pas senti que c'était mon repos bien plus que le vôtre qu'ils voulaient troubler en me révélant les outrages dont leur rage vous accable ; ou s'ils ont cru qu'en vous représentant sous ces noires couleurs ils effrayeraient mon dévouement, ils connaissent bien mal le cœur d'une femme ! Vous auriez plutôt à les remercier, monsieur Pope : en voulant vous rendre à mes yeux si méchant et si ridicule, ils n'ont réussi qu'à me faire mieux comprendre que vous pouviez quelquefois être à plaindre de leur persécution, et que c'était à moi, votre sœur, votre amie, qu'il appartenait de vous consoler... Monsieur Pope, continua-t-elle, j'aurais voulu vous épargner la lecture de ces vers, qui venaient de m'être remis par un valet inconnu, lorsque vous êtes entré. Vous étiez sincère tout à l'heure, je le pense, remerciez-les donc, vous dis-je ; si ce n'eût pas été pour vous faire oublier ce maudit papier, je n'eusse probablement pas encore ce soir cessé de mériter ce titre de prude, que ma sœur me donne quelquefois en riant.

— Ah ! s'écria Pope, je suis en effet un amant bien ingrat et bien coupable ! comment expier mes injustes soupçons ? comment pourrai-je mériter ma grâce ?

— Vous le pouvez encore, dit Martha, qui n'attendit pas pour sourire que toutes ses larmes fussent essuyées, vous le pouvez, en jurant que vous ne serez désormais ni trop curieux, ni trop indiscret, ni trop jaloux, quelles que soient les apparences.

— Si le passé m'est pardonné, je vous réponds de l'avenir.

— Monsieur Pope, voici l'heure où va finir le spectacle. Je suis bien forcée de terminer cette scène en même temps que la pièce. Avouez que votre folie égalait celle du Valentin de M. Congrève.

— Je vous promets de mériter mieux que lui le pardon d'Angélique.

— La première fois qu'on jouera *Amour pour amour*, je veux que nous y allions ensemble, dit Martha.

— Je m'en souviendrai, répondit Pope ; ce sera désormais ma pièce favorite.

ÉPILOGUE

Une Conversation de garnison

La scène se passe à Louisbourg, en 1744, vingt-deux ans après la
date des événements qui précèdent. Les officiers d'un régiment for-
mant la garnison du Cap Breton, conquête nouvelle des Anglais en
Amérique, viennent de déjeuner tous ensemble, lorsqu'on leur
apporte les journaux d'Angleterre; le major s'en empare et en fait
la lecture.

LE MAJOR.

Attention, messieurs, voici les nouvelles d'Europe. —
Allemagne, 22 mai 1744. La nouvelle se confirme que
le roi de Prusse, qu'on croyait résolu à rester neutre,
depuis qu'il tenait la Silésie, vient de contracter une
alliance plus étroite avec le roi de France et l'empereur.
— *Flandre*, 20 mai. Sa Majesté le roi de France est entrée à Courtray le 18, et se prépare à investir Menin et
Ypres. C'est l'abbé de Saint-Germain-des-Prés qui com-
mandera le siége d'Ypres.

UN OFFICIER IRLANDAIS.

Il paraît que les généraux sont devenus rares en
France, puisque le roi Louis XV quitte madame de Cha-
teauroux pour se mettre en campagne, et que ce sont
les abbés qui commandent les troupes.

LE MAJOR, *continuant.*

France, Paris, 28 mai. Le prince Charles-Édouard est
parti pour les côtes de Picardie, afin d'activer par sa présence l'expédition qui doit le transporter en Angleterre,
sous les ordres du duc de Richelieu.

UN CAPITAINE.

Si le Prétendant appelle l'invasion étrangère au secours de la rose blanche, autant d'auxiliaires français de
plus, autant de partisans anglais de moins. Voyons ce
qu'on dit en Angleterre.

LE MAJOR.

Nous y voici. *Grande-Bretagne*, Édimbourg , 28
mai. On remarque depuis quelque temps une grande
agitation parmi les montagnards. Des émissaires jacobites
ont parcouru les highlands et les îles prêchant l'insur-
rection. James Mac-Gregor a été arrêté à Inverness pour
avoir crié : *A bas le roi Georges !* et *Charlie Stuart for
ever !* (*A un officier écossais :*) Lieutenant Macdonald ,
voilà votre Écosse qui s'attirera de mauvaises affaires.

UN OFFICIER ÉCOSSAIS.

« Griffes contre griffes, comme dit Conan à Satan, et
le diable emporte les plus courtes. »

LE MAJOR.

Au diable vos proverbes gaëliques ou jacobites, auxquels on ne comprend rien, monsieur Macdonald ! Mais
voici le correctif des nouvelles d'Écosse aux nouvelles de
Londres. — Londres, 1er juin. *Chambre des lords.*
Leurs Seigneuries ont discuté le bill adopté par l'autre
chambre, qui prononce la peine de haute trahison contre
quiconque correspondra avec les princes de la famille
exilée. Le lord-chancelier a proposé d'étendre le crime
de haute trahison à la postérité des coupables, tant qu'il
existera un petit-fils de Jacques II. On croit que cet
amendement sera adopté.

L'OFFICIER ÉCOSSAIS.

Si cette loi passe, je risque d'être fusillé en Amérique,
par la seule raison que mon grand-père se sera fait
pendre en Écosse ; admirable logique de l'esprit de parti !

LE COLONEL.

Allons, messieurs, point de commentaire politique.

LE MAJOR.

Je passe alors aux nouvelles littéraires. — Les dernières lettres que les amis de lady Wortley Montague
ont reçues d'elle sont datées d'Avignon. Cette dame se
loue beaucoup des égards du jeune vice-légat. Ils ont
fait ensemble un pèlerinage à Vaucluse et un autre à
Saint-Rémy pour visiter l'arc de triomphe de Marius.
— On a joué hier au théâtre de Drury-Lane un drame
en trois actes : *Love the cause and cure of grief,* qu'on
attribue à M. Thomas Cooke. Le public l'a justement
sifflé.

UN OFFICIER.

Ce qui veut dire, peut-être, que l'auteur a été victime
d'une cabale ; j'ai sifflé pour ma part plus d'une bonne
pièce quand j'étais à Londres.

LE MAJOR.

Avant-hier, 30 mai, Alexandre Pope est mort à
Twickenham, après avoir reçu tous les sacrements du
papisme. Miss Martha Blount, son amie depuis vingt
ans et plus, lui a fermé les yeux..... .. » Messieurs,
L'Angleterre a fait une grande perte.

UN VIEUX LIEUTENANT.

Un poëte papiste !

LE MAJOR.

Un grand poëte, monsieur : le traducteur d'Homère,
l'auteur de l'*Essai sur l'homme,* de l'*Essai sur la criti-*
que, et de tant d'autres poëmes qui vivront autant que la
langue dans laquelle ils sont écrits.

UN CAPITAINE.

Je l'ai connu, moi, messieurs, chez lord Oxford... Un
petit homme, d'une figure assez agréable et fine, mais
bossu et avec des jambes grêles comme celles d'une
araignée : si faible et si frileux qu'il mettait trois paires
de bas, se matelassait avec de la flanelle ou des fourru-
res, et avait besoin de soutenir sa taille au moyen d'un
corset. Vous devez vous le rappeler, commandant, car
vous l'avez vu aussi chez milord, avec son habit noir et
sa petite épée au côté?

LE COMMANDANT.

Si je me rappelle M. Pope! J'ai des raisons pour cela.
Croirez-vous, messieurs, que ce petit bossu avait été
mon rival?

TOUS.

Et votre rival heureux, peut-être?

LE COMMANDANT.

A vrai dire, messieurs, si je l'emportai sur lui une
fois, je fus forcé de battre en retraite une autre.

TOUS.

Ce doit être une singulière histoire.

LE COMMANDANT.

Elle me parut telle alors ; mais, hélas! elle est un peu
vieille aujourd'hui.

L'OFFICIER IRLANDAIS.

Racontez toujours.

LE COMMANDANT.

M. Pope et moi nous faisions tous deux la cour à la même lady, qui le congédia en ma faveur, quoiqu'il fût le premier en date. Depuis, nous apprîmes qu'il était consolé de sa défaite par une jeune provinciale qui vivait sous le charme de ses vers. Fier de mon premier avantage, je m'avisai, en franc étourdi, de parier que je le supplanterais là encore; mais j'eus beau me mettre en frais d'œillades et de soupirs, suivre partout la belle au spectacle et à l'église, je finis par aller m'avouer vaincu à milady, qui, s'il faut tout dire, ayant conservé quelque rancune contre M. Pope, m'avait elle-même poussé à cette folle aventure.

L'OFFICIER IRLANDAIS.

Voilà bien les femmes; mais elle dédommagea son champion, fidèle malgré lui.

LE COMMANDANT.

C'est ce qui vous trompe, monsieur Glamorgan. Milady, lui dis-je, miss Martha Blount, car c'était elle-même, celle qui d'après la gazette a fermé les yeux à M. Pope, miss Martha Blount est une vertu farouche et ridicule; M. Pope se vante s'il se dit aimé de ce petit dragon; j'ai perdu mon latin avec elle. — Une vertu ! me répondit milady; croyez bien que ce n'est qu'une prude trop heureuse d'abriter sa prétendue sagesse derrière la bosse de son amant. J'en suis fâchée; mais vous me donnez une triste idée de votre persévérance.

Il faut se défier des jeunes galants aussi bien faits que vous; ils tournent trop facilement le dos à l'ennemi. Trouvez bon que je cherche un chevalier plus brave et moins fort en latin. Milady faisait allusion à une autre anecdote que je veux aussi vous conter...

LE MAJOR.

Après la parade, commandant ; car j'entends le tambour.

On entend le roulement du tambour. Tous les officiers se lèvent et sortent.

COWPER

I

INTRODUCTION

Il est des villes dont le vieux nom nous reporte à un
passé si loin de nous, que la tradition seule peut en
justifier l'étymologie historique. Si vous visitez jamais
la petite cité d'Huntingdon (*pays de chasse*), capitale du
comté du même nom en Angleterre, vous y chercheriez
en vain les traces de la forêt giboyeuse, au milieu de
laquelle quelques chasseurs fondèrent ses premières
maisons avant la conquête normande. Sa belle rivière,
l'Ouse, n'arrose plus d'autres arbres que les rares
saules de ses bords; sa grande plaine, où broutaient
jadis le cerf et le daim, verte prairie au printemps, ma-
récage souvent inondé pendant l'hiver, n'offre plus
guère au chasseur d'autre gibier que le canard, la sar-
celle et les diverses espèces d'oiseaux qui se plaisent
dans les contrées humides.

Vous aimez peut-être les ruines : vous avez lu dans
la *Britannia* de Camden et dans la chronique d'Henry,
qu'Huntingdon avait autrefois quinze belles églises, un

prieuré de chanoines, un couvent de dominicains, une
léproserie, un hôpital richement doté, un château bâti
primitivement par les légions romaines, puis restauré
au moyen âge par un prince d'Écosse, qui prenait le
titre de comte d'Huntingdon, etc., etc. Hélas ! pas plus
de vestiges des églises, des monastères, des hospices et
du château, que des chênes de l'antique forêt !

Toutes ces choses, que regrettent l'artiste et le poëte,
sont fort indifférentes aux habitants actuels d'Huntingdon, occupés, la plupart, de la fabrication de leur
excellente bière. Cependant cette industrie n'est plus
ce qu'elle fut du temps de Cromwell, dont on sait que
la famille de croyait pas déroger à sa noblesse en vivant du produit de sa brasserie d'Huntingdon. Les compatriotes du Lord Protecteur vous montrent encore,
avec une certaine vanité, le site de sa maison paternelle ; c'est leur monument, le seul. Je ne sais si c'est
par respect pour cette grandeur de l'histoire ou par
amour du comfort que cette maison a été trouvée trop
petite par un des derniers propriétaires : elle a été
convertie en une habitation plus vaste et plus commode
sans doute ; mais il est bien permis de déplorer que cet
honnête Anglais de notre siècle n'ait pas laissé subsister
au moins la simple chambre où la femme du *brasseur*
mit au monde celui qui devait trôner à la place des
Stuarts dans les palais de la Grande-Bretagne ; cette
chambre où l'enfant prédestiné vit un jour un spectre
ouvrir brusquement les rideaux de son lit, pour lui dire,
comme à un autre Macbeth : *Tu seras roi !*

En l'année 1765, Huntingdon n'avait guère, comme

de nos jours, qu'une population de deux mille âmes :
c'était donc une *petite ville* où tous les habitants se
traitaient de voisins, où le moindre événement faisait
époque, et où il était impossible qu'un étranger pût
venir se fixer sans provoquer autour de lui les mille et
une questions de la curiosité. « Rome ou le désert! »
s'écriait je ne sais plus quel ancien (1) : il n'y a que
dans les grandes foules ou dans une solitude complète
qu'on peut passer inaperçu. Cette réflexion n'avait pas
été faite sans doute par un jeune homme venu depuis
quinze jours à Hintingdon avec le projet d'y vivre dans
la retraite, de fuir le monde pour se livrer à l'étude, de
ne fréquenter d'autre réunion que celle de l'église, et
de borner ses distractions à une paisible promenade sur
les rives de l'Ouse. Il avait retenu une chambre gar-
nie, où il était servi par un domestique qui l'avait
accompagné, et qui, presque aussi silencieux que son
maître, éludait toutes les interrogations qu'on lui adressait. Il en résulta bientôt une extrême envie de savoir
qui ce pouvait être. Livré aux conjectures du prochain,
le modeste inconnu passa successivement par tous les
degrés de l'échelle sociale, tour à tour proscrit et prince
déguisé, suivant le caprice de ceux qui voulaient à tout
prix avoir deviné son histoire. En général, cependant,
toutes les suppositions lui étaient favorables, tant son
air souffrant et résigné, tant sa physionomie, plus timide que sauvage, intéressaient tous ceux qui le ren-
contraient. Son assiduité aux offices, l'attitude de sa

---

1 N'est-ce pas saint Augustin?

7.

prière, indiquaient un chrétien pieux. Or, quoique les familles d'Huntingdon ne fussent pas ennemies des plaisirs mondains, elles eussent peu estimé quiconque n'aurait pas rempli ses devoirs de bon protestant; et le révérend pasteur, M. Hogdson, n'avait pas à se plaindre que la danse et le jeu détournassent aucune de ses ouailles les jours où sa parole les rassemblait autour de sa chaire.

Dans cette congrégation de fidèles, qui formait la majorité des sages habitants de la petite ville, on distinguait quelques familles animées encore d'un zèle plus ardent pour leur salut, et qui, écartant toute récréation profane, suivaient plus rigoureusement ce que, dans la langue du catholicisme, nous appellerions les pratiques de la vie dévote. La famille Morley-Unwins aurait pu être citée comme le type de ces saintes maisons, toutes parfumées du baume des bonnes œuvres, et où la parole la plus insignifiante semblait faire partie d'une prière ou d'une exhortation chrétienne. Cette famille se composait de son chef, M. Morley-Unwins, patriarche par ses années, et respectable ecclésiastique, qui préparait des élèves pour l'Université. Sa femme était plus jeune que lui, et, quoique mère d'un fils de vingt ans et d'une fille de dix-huit, la douce sérénité d'une vie dont la piété réglait toutes les émotions lui avait conservé une fraîcheur de jeunesse qui la faisait prendre souvent pour la sœur aînée plutôt que pour la mère de ses enfants. Il y avait dans le caractère de M. Morley-Unwins quelque chose de la simplicité du vicaire de Wakefield; et le jeune William, destiné par lui à l'état ecclésiastique, ne ressemblait pas mal, par sa candeur, à cet excellent Moïse, que Goldsmith a donné pour second fils à son héros. Mais M. Morley n'avait pas à combattre chez lui ces petites vanités, qui ne contribuèrent pas peu aux infortunes de la famille Primrose. Dans leur toilette des dimanches, sa sage moitié et la jeune miss Unwins laissaient voir qu'elles se paraient pour le Seigneur et non pour les hommes. Aussi jamais un fat sémillant, comme le squire Thornill, n'eût attiré leurs regards; il n'aurait pas même eu l'honneur de leur inspirer de l'antipathie en cherchant à se faire remarquer d'elles; il serait resté inaperçu, ou tout au plus il fût parvenu à exciter ce genre de curiosité froide que nous éprouvons pour un être d'une nature tout à fait différente de la nôtre.

Mais le pieux étranger d'Huntingdon ne pouvait manquer d'intéresser au plus haut degré la famille Morley-Unwins. Par une attraction mystérieuse, ce fut là surtout que la charité chrétienne s'émut pour lui, et devina qu'il était envoyé providentiellement à Huntingdon par quelque ange consolateur. Une sympathie fraternelle le rapprocha tout d'abord du jeune Morley-Unwins; et, chaque fois, le même hasard plaçait dans l'église, à côté l'un de l'autre, ces deux hommes qui, avant de s'être parlé, se regardaient comme s'ils se fussent déjà rencontrés ailleurs. Enfin, triomphant d'un reste de discrétion, un matin que l'étranger se rendait, après la prière, sous une allée d'ormeaux, où, depuis son arrivée, il avait plusieurs fois porté ses rêveries, William Morley l'y suivit, l'aborda, et lui demanda son amitié. Un quart d'heure d'entretien leur suffit pour s'ouvrir leurs cœurs. En se quittant, ils se serrèrent la main avec une étreinte qui équivalait aux plus solennelles protestations d'un attachement inaltérable.

Le jeune Morley-Unwins rentra sous le toit paternel avec un air de bonheur inaccoutumé qui frappa sa famille. « Je connais enfin l'étranger, s'écria-t-il, et je vous le présenterai dimanche. Ce n'est ni un grand personnage qui garde l'incognito, comme le prétend le voisin Ratcliffe, ni un joueur ruiné, comme le disait hier encore le voisin Merwin ; mais si rien d'illustre ou d'extraordinaire dans sa vie n'est capable de contenter la curiosité qu'il a tant fait parler dans Huntingdon, tout justifie cet amour de frère que j'ai ressenti pour lui ; c'est un vrai chrétien qui a beaucoup souffert et que Dieu a éclairé providentiellement par la souffrance : il s'appelle Cowper, et, comme moi, William.

— Nous le recevrons de notre mieux, dit M. Morley le père, et vous auriez dû, mon cher William, lui offrir de partager notre dîner du dimanche.

— J'y suis à temps encore, mon père, car je le reverrai demain. »

Le lendemain, l'invitation fut faite et acceptée. Le dimanche suivant, l'étranger passa la plus grande partie de la journée dans la famille Morley-Unwins, et il ne la quitta qu'après avoir promis de fréquentes visites.

Quinze jours à peine s'étaient écoulés, on eût dit qu'il avait renoué, dans cette sainte maison, les liens d'une ancienne parenté ; mais quelque obscur que soit encore William Cowper, comme ce nom doit être un jour celui de l'un des plus grands poëtes de la Grande-Bretagne, et que notre but est de révéler à nos lecteurs les sentiments les plus intimes de ce génie, qui s'ignorait alors lui-même, c'est lui qui va continuer son histoire : nous allons citer les fragments d'un journal où il enregistrait les pensées et les actes de sa vie, espèce de confession adressée à une amie d'enfance, ou plutôt à une muse mystérieuse, dont il évitait de prononcer le nom devant les hommes.

JOURNAL ÉCRIT A HUNTINGDON [1]. — Huntingdon, année 1765.

J'avais renoncé à vous voir et même à vous écrire, Théodora ; mais vous m'approuverez d'obéir à la voix de ma conscience, qui me crie de rétracter une coupable malédiction, et de justifier à vos yeux, comme il est justifié aux miens, celui que dans mon cœur j'avais accusé d'être un mauvais père.

Oui, Théodora, j'avais maudit celui que je croyais l'aveugle ennemi de sa fille, celui qui lui avait défendu d'être à moi, celui qui avait pu vous dire que votre amour ferait votre malheur, celui qui n'avait que trop

[1] Ce n'est qu'en 1824 que la mort de Théodora Cowper a permis aux nouveaux biographes du poëte d'expliquer le mystère d'une foule d'allusions dans ses premiers vers et dans quelques-unes de ses lettres. Théodora mourut âgée de plus de quatre-vingts ans, fidèle à la mémoire de son cousin, et ayant tenu le serment de n'aimer jamais que lui. Elle avait autrefois confié son histoire à une dame française, Mlle Éléonore de Rollonfort, jetée en Angleterre par la tempête de la révolution, et qu'une situation analogue y rendit son amie. Dans notre histoire de *M. de l'Étincelle*, que nous avons publiée en 1838, le lecteur pourra connaître Mlle de Rollonfort, et deviner facilement que c'est d'elle que nous avons reçu ce fragment, qui n'a pas été publié encore à Londres, et qui n'y sera probablement pas publié.

raison, celui dont la prudence sévère vous a préservée d'être la compagne d'un insensé....... Il avait raison ; qu'il me pardonne, et pardonnez-moi vous-même, vous, sa fille, vous qui m'aimez toujours, je le sais, mais que je délie de vos serments, et à qui je ne demande plus qu'un peu de pitié.

Voici trois mois que je suis sorti de Saint-Albans, de la maison des fous, Théodora ! Voici trois mois que je suis calme, mais non guéri, car toute ma raison consiste dans la force de dissimuler ma démence, de mentir à tous, excepté à vous, de peur que, généreusement imprévoyante comme vous l'êtes, vous ne persistiez à vouloir consacrer votre vie à votre William, pour être pauvre avec lui et malheureuse avec lui, ainsi que vous le disiez à votre père lorsqu'il masqua de prétextes charitables son refus d'approuver notre amour. Je lui dois la réparation de me montrer à vous tel que je suis, et de vous laisser entrevoir le cercle fatal où j'ai failli vous emprisonner, en vous faisant partager l'espèce de double existence que je mène au milieu des hommes, existence affreuse qui me livre à l'incessante lutte de mon imagination et de mes sens, de l'illusion et de la réalité.

Si encore je n'avais à combattre que les erreurs de la vue ou de l'ouïe ! mais non, c'est avec les yeux de l'âme que j'ai d'étranges visions, c'est une voix intérieure qui me parle pour me dire si je suis abusé ou non par ma vue et mon ouïe. Cependant je parais calme, je me mêle à la conversation tel qu'un interlocuteur paisible et raisonnable qui voit et entend comme tout le monde.

Ah ! si l'on savait ce que me coûtent ce calme, ce sang-
froid, cette logique, on ne s'étonnerait pas que je sois
quelquefois tenté de m'écrier : « Qu'on me ramène à
Saint-Albans ! je suis fou, je veux retourner au milieu
des fous pour me reposer des efforts de ma prétendue
raison ! Là, du moins, je pourrai pousser le cri du désespoir qui m'étouffe ici ; je pourrai, sans contrainte,
faire connaître ce que j'entends dire ou crois entendre,
ce que je vois ou ce que je crois voir, répondre tout
haut à mes amis ou à mes ennemis visibles et invisibles.

Mais déjà, Théodora, ce langage ne vous paraît-il
pas appartenir à la démence ?... Me comprenez-vous,
Théodora, vous qui me disiez, vous en souvient-il ? que
toutes mes pensées vous étaient connues par divination,
et que, dans notre silence même, vous saviez interroger
mon âme, lui dérober ses pensées une à une et la forcer
de se révéler à la vôtre ? Hélas ! je m'en souviens, moi :
vous deviniez souvent juste, et je me rappelle, entre
autres, ce soir où, remplaçant votre pédagogue, je dic-
tais une leçon à votre sœur et à vous. Quoique vos
deux grandes pages continssent à peine une phrase du
livre, je fus obligé de convenir que votre copie n'était
pas moins exacte que celle d'Henriette, avec cette différence qu'elle avait rendu la lettre et vous l'esprit de la
dictée du professeur.

Mais alors, Théodora, votre William était encore
semblable aux autres hommes ; il n'avait de secrets que
ceux de notre amour ; aujourd'hui je ne sais si votre
perspicacité ne serait pas mise en défaut par le masque
d'impassibilité dont je couvre mon visage ; je ne sais si

vous ne seriez pas abusée la première par la sérénité de
mon regard et l'intonation naturelle de ma voix. Apprenez donc de moi-même ce que je suis devenu, et bénissez
la prévoyance de votre père. Sans doute, Henriette vous
aura communiqué les lettres que je lui ai écrites ; cette
excellente cousine se sera empressée de vous confirmer
la nouvelle de mon entière guérison. Vous savez donc
que mon frère m'avait trouvé ici un appartement garni
où le fidèle Robert a voulu m'accompagner. Après
quinze jours d'isolement complet, je me suis vu tout à
coup recherché et accueilli par la famille Morley-Unwins
comme un parent qui arriverait d'un pays lointain.

Toute cette famille est sainte ; c'est une maison où
habite la paix du Seigneur ; et lorsque j'y suis entré la
première fois, l'ordre qui régnait dans l'arrangement intérieur, l'ameublement simple, mais brillant de pro-
preté, le petit jardin parfaitement cultivé dont j'apercevais les plates-bandes régulières de la fenêtre du parloir,
la tenue décente de la servante, et jusqu'au chien qui,
au lieu d'aboyer à l'inconnu, s'était levé pour venir me
lécher la main avec une prévenance respectueuse ; tout
me pénétra d'un sentiment de bien-être que je n'éprouve
plus qu'à de longs intervalles depuis longtemps. Je ne
sais, me disais-je, quelle douce confiance m'inspire cette
maison, à moi, timide comme je le suis ordinairement,
et tourmenté d'une si pénible incertitude quand je vais
rendre la visite la plus insignifiante. Serait-ce enfin ici
le port après la tempête, où je pourrai me livrer à ces
affections douces qui doivent peu à peu me rattacher à
la vie et au commerce des hommes ?

Ainsi préparé par l'aspect des lieux, que vous dirai-je de l'effet que produisit sur moi la vue des personnes? Il n'y eut pas entre nous un moment de gêne ni d'embarras, lorsque mistress Morley descendit et commença avec moi une conversation à laquelle vinrent successivement se mêler son fils et son mari.

Depuis je fus leur hôte assidu, l'hôte de chaque jour, mêlé à tous les détails de leur vie, et attiré vers eux comme par une ancienne habitude. Je ne vous raconterai pas toutes les prévenances dont je me vis l'objet; on semblait ne s'occuper que de moi, et à quelque heure que j'arrivasse, à quelque travail, à quelque plaisir que je vinsse m'associer, ma place était toujours prête, ma présence toujours attendue. Je me demandais par quelle secrète influence je me trouvais prévenu dans mes désirs : tantôt c'était le vénérable M. Morley qui me proposait de me conduire à Cambridge dans sa petite voiture, et justement j'avais écrit la veille à mon frère que je ne tarderais pas à aller le voir; tantôt c'était mon homonyme, mon ami William, qui venait me chercher pour aller nous baigner ensemble dans l'Ouse ou monter à cheval; et cela, lorsque je terminais à peine le billet par lequel je lui demandais s'il ne pensait pas comme moi que la chaleur de la matinée nous invitait à cette partie favorite de l'après-midi. Mais vous ne sauriez vous imaginer toutes les attentions délicates de mistress Morley, la mère, avec quelle ingénieuse industrie elle inventait chaque jour une nouvelle distraction innocente ou un sujet nouveau d'entretien. Et moi, que la souffrance a rendu égoïste, je m'apercevais toujours bien tard que j'abusais indiscrètement peut-être de l'intérêt qu'inspirent sans doute mon reste de pâleur et mon titre de convalescent. Mais, en vérité, il y a dans la causerie de mistress Morley un charme irrésistible; c'est un délicieux mélange d'onction et d'esprit, participant à la fois de sa charité toute chrétienne et d'une gaieté naturelle que sa dévotion éclairée modère peut-être, mais n'étouffe pas.

Il ne me manquait plus qu'une chose, c'était de resserrer les liens d'une sympathie si intime en obtenant la faveur de vivre tout à fait sous le même toit que cette famille, et bientôt la Providence accomplit encore ce vœu. Pourquoi, me disais-je, ne deviendrais-je pas le pensionnaire de mistress Morley, puisqu'elle a justement une chambre destinée à être occupée par un des élèves que M. Morley prépare aux études de Cambridge? Celui à qui elle était louée vient de partir, et son retour paraît bien incertain. Pendant trois jours je demandai, avec une sollicitude particulière, des nouvelles de ce jeune élève, sans oser encore annoncer mon espoir de lui succéder; enfin, le facteur apporte une lettre, on la lit tout haut devant moi : elle annonçait que le jeune élève donnait congé de sa chambre. — Eh bien, dit mistress Morley en me regardant, notre nouveau locataire est trouvé déjà. — Quand venez-vous vous y installer? demanda M. Morley sans attendre que j'eusse répondu au regard de sa femme. — J'irai demain matin, si vous voulez, préparer avec vous votre déménagement, ajouta mon frère William.

Nous avions tous, depuis trois jours, la même pensée.

Maintenant je vais vous dire, Théodora, comment
se passent à peu près toutes nos journées. Nous déjeu-
nons entre huit et neuf heures; jusqu'à onze nous lisons
l'Écriture ou les sermons de quelque fidèle interprète
de la sainte Parole; à onze nous assistons au service
divin, qui se célèbre ici deux fois par jour; de midi à
trois heures, nous nous séparons pour nous amuser
chacun de notre côté comme il nous plaît. Pendant cet
intervalle, je lis dans ma chambre, ou je me promène,
ou je monte à cheval, ou je travaille au jardin. Nous
dînons, et, après le dîner, si le temps le permet,
nous nous rendons au jardin, où généralement je goûte
avec la famille Morley le plaisir d'une conversation religieuse jusqu'à l'heure du thé. S'il pleut ou s'il fait du
vent, nous causons dans le parloir ou nous chantons des
hymnes, et, grâce à la harpe de mistress Morley, nous
formons un concert dans lequel nos cœurs sont plus
d'accord que nos voix. Après le thé, nous sortons pour
nous promener tout de bon. Mistress Unwins est une
excellente marcheuse, et nous ne faisons guère moins de
quatre milles dans la campagne; pendant les jours
courts, cette excursion a lieu entre l'heure de l'église et
le dîner. Quand vient la nuit, nous lisons et continuons
l'entretien du matin jusqu'à ce que le souper soit sur
la table; habituellement nous terminons la soirée par
des hymnes ou la lecture d'un sermon; enfin, au signal
de M. Unwins, chacun se tait, la servante vient se joindre à nous, on s'agenouille, et toute la famille fait la
prière en commun. Vous le voyez, dans une journée
ainsi remplie, le temps nous manque pour aller cher-

cher ce que le monde appelle des amusements : nous en
trouverions facilement à Huntingdon, il est peu de
maisons où l'on ne se livre à la danse et aux jeux de
cartes ; mais nous avons toujours refusé de prendre
part à de pareils plaisirs : aussi nous appelle-t-on mé-
thodistes.

Telle est ma vie, Théodora ; dans cette douce retraite, dans ce sanctuaire religieux, je pouvais espérer
de rencontrer la paix qu'un catholique va chercher dans
un cloître : eh bien ! ici encore l'ennemi de mon repos
me poursuit de ses chimères ; ici encore, à côté de cette
vie régulière et tranquille, je suis condamné aux fréquentes distractions d'un songe qu'il me faut suivre tout
éveillé et dont l'image fantastique, mais palpable, vient
sans cesse exercer cette *seconde vue* dont je suis fatale-
ment doué.

Vous voyez, Théodora, par quels détours j'arrive à
cette confidence que je dois vous faire ; vous voyez combien j'hésite à vous dire que je suis hanté par une apparition, un spectre, un esprit, comme vous voudrez l'appeler, car moi je renonce à définir ce qui a un corps et
cependant n'est aperçu que de moi. Avant de continuer
ce récit, je vous assure que j'ai mis un doigt sur mon
artère ; mon pouls est régulier, je ne suis point malade,
et je pourrais vous répéter demain comme j'aurais pu
vous écrire hier mot pour mot ce que je vais vous écrire
aujourd'hui.

En vous parlant de tous les membres de la famille
qui m'a adopté à Huntingdon, je n'ai presque rien dit
de miss Fanny. Miss Fanny ressemble à sa mère ; mais

c'est le portrait à côté de l'original. Chez la mère et la fille, c'est le même air, la même taille, la même attitude; mais l'une parle et l'autre écoute. Une excessive réserve, surtout en présence de la mère, impose à la fille un silence presque continuel. Sa physionomie ne s'anime que par le reflet de celle de mistress Morley. Vous diriez la Perdita de Shakspeare à côté de son Hermione; la même élégance de formes, la même voix, la même douceur; mais cette élégance est froide, cette voix manque d'accent, cette douceur est plus résignée que caressante. A dix-huit ans, Fanny n'appartient plus à l'enfance et n'est pas femme encore. Tout en elle est habitude, imitation; rien de spontané, rien de réfléchi; c'est sa mère, en un mot, moins son âme.

Jugez de ma surprise lorsque je me suis avisé tout à coup que cette jeune fille, s'ignorant elle-même, douée tout juste du mouvement et de la parole comme un automate et comme un écho, prête à son insu son corps à un esprit qui vient, sous cette forme usurpée, m'imposer sa présence pour me surveiller de son regard et me dominer de son geste. C'est Fanny et ce n'est plus Fanny, à moins que ce corps auquel je refuse une âme en ait deux; mais comment expliquer alors que ce corps puisse être à la fois présent et absent, ou qu'il ait la conscience de l'une de ses deux intelligences et pas de l'autre? Je me perds à chercher l'explication de ce mystère, et je doute quelquefois moi-même de cette singulière dualité, quand je n'ai plus que la mémoire de ma sensation; mais comment la nier quand je la subis?

Maintenant, Théodora, vous faites-vous une idée de

ma situation et de la force dont j'ai besoin pour m'enve-
lopper dans une continuelle réticence? Toute la famille
est rassemblée : mistress Morley dit à sa fille d'aller
donner quelques ordres dans une autre partie de la maison, ou c'est Fanny qui, d'elle-même, sort et s'absente.
Eh bien ! un moment après je tourne la tête du côté de
la place que Fanny a laissée vide, et qu'y vois-je? Fanny
revenue sans bruit, et qui, un doigt sur les lèvres, me
fait signe de ne pas trahir son retour; car c'est moi seul
qui l'aperçois; elle ne redoute que l'expression de ma
surprise, et, une fois sûre de ma discrétion, la voilà
établie à son poste et entrant avec moi dans un singulier échange de gestes et de coups d'œil. Peu à peu réconcilié avec cette apparition, si j'ose l'examiner plus
attentivement, cette Fanny, naguère si indifférente à
tout ce qui se passait autour d'elle, a changé, non de
visage, mais de physionomie : ce corps si froid est doucement illuminé et animé par son nouvel esprit, comme
une statue d'albâtre dans laquelle l'artiste aurait ménagé
la place intérieure d'une lampe. Enfin, elle disparaît
comme elle était venue, et lorsque la véritable Fanny
revient, elle trouve toujours sa place inoccupée et la re-
prend avec sa figure impassible qui brave à son tour
mon examen attentif par sa calme innocence, comme la
Fanny de tout à l'heure le bravait avec la douce ironie
d'un sourire intelligent.

C'est un songe de mes sens, n'est-ce pas, Théodora?
une hallucination, l'illusion d'un fou? Ce fou, ayez-en
pitié, et cependant félicitez-le de n'avoir plus entre lui
et le monde, tel qu'il est pour tous, excepté pour lui,

qu'un fantôme, gracieux du moins, au regard bienveillant, presque tendre, qu'il prendrait volontiers pour son
ange gardien descendu à ses côtés, afin d'y disputer la
place à quelques-uns des fantômes horribles qui le con-
duisirent, il y a dix-huit mois, à Saint-Albans.

CONTINUATION DU JOURNAL. — Quinze jours après.

Je ne sais si c'est un bon ou un mauvais ange ; mais
il exerce sur ma pensée une singulière fascination ; toutes
les fois que son apparition est là, je n'ai plus ma volonté
à moi ; je dépends de son regard et du moindre signe de
sa main. Cette servitude me révolte, et je n'ose m'en
affranchir. Une vive curiosité me tourmente : Fanny
a-t-elle la conscience de l'espèce de possession à laquelle
son corps est livré ? Il me semble que sa simplicité s'al-
tère, et que tout son être s'est peu à peu modifié ; j'ai
surpris dans ses yeux une étincelle de la flamme dont ils
sont illuminés lorsque c'est l'esprit qui vit en elle, et,
hier, un moment j'ai pu croire que ses deux âmes s'é-
taient réunies, car elle m'a parlé avec une émotion inac-
coutumée. Nous étions seuls ; deux fois j'ai été sur le
point de l'interroger sur sa double existence, au risque
de lui révéler ma folie, si c'est bien une folie ; mais sa
mère est survenue.

Sa mère aurait-elle quelque soupçon de cet inexpli-
quable commerce qui existe entre mon esprit intérieur
et l'esprit dont est possédée Fanny... si, dans cette
transfiguration, Fanny est encore sa fille ? Quelques
mots jetés adroitement ou peut-être sans intention, dans

nos récents entretiens, par mistress Morley, m'ont fait craindre qu'elle ne se doutât de quelque mystère. Le révérend M. Morley lui-même... Mais, non ; il est, quant à lui, préoccupé, je pense, d'une autre idée, d'un projet qu'il médite dans sa conscience de père, et sur lequel il cherche l'occasion de s'ouvrir à moi. Quoi qu'il en puisse être, ma préoccupation du spectre me tient dans une défiance continuelle; je tressaille chaque fois qu'un mot à double entente semble y faire allusion.

Je dois vous raconter une promenade que j'ai faite hier tête à tête avec mistress Morley. Nos environs ne sont pas riches en sites; le pays est plat; l'Ouse et ses bords en font le principal charme. Nos excursions les plus fréquentes nous conduisent au joli village d'Hertford. L'église est pittoresquement située sur une éminence qui descend en pente douce jusqu'à la rivière, dont l'eau baigne les murs du cimetière. J'aime ce cimetière, et je comprends qu'un lieu semblable ait inspiré à Gray sa mélancolique élégie. Hier, mistress Morley et moi, après avoir prié dans l'église, nous nous sommes avisés de lire les épitaphes des tombeaux; il en est une sur laquelle j'avais plus particulièrement appelé l'attention de ma pieuse et aimable compagne, comme exprimant avec bonheur les regrets de l'amour conjugal; c'est une veuve qui s'adresse à son époux :

THOU WAST TOO GOOD TO LIVE ON EARTH WITH ME,
AND I NOT GOOD ENOUGH TO DIE WITH THEE.

Tu fus trop bon pour vivre ici-bas avec moi,
Et je l'étais trop peu pour mourir avec toi.

— N'admirez-vous pas comme moi ce sentiment qui a dicté ces deux vers? dis-je à mistress Morley.

— Si la femme qui les fit graver sur ce tombeau, me répondit-elle, a persisté dans ce deuil religieux, le ciel n'a pas pu rester longtemps fermé à ses regrets et à ses prières. Combien la mort a dû lui être douce! il est si rare, pour nous autres pauvres femmes, de n'avoir pas à regretter un choix que nous avons fait à l'âge où nous étions incapables de choisir!

— Mais, lui dis-je en souriant, pensez-vous donc que la sagacité supérieure que vous supposez aux hommes sans doute ne soit pas trompée quelquefois?

—Oh! je sais, William, reprit-elle, que vous avez beaucoup de préventions contre le mariage.

— Vous savez? lui demandai-je, ne comprenant pas quelle pouvait être son idée.

— Oui, je le sais, continua-t-elle, et je suis loin de vous en blâmer, quoique votre manière de voir à ce sujet ne soit pas approuvée de tout le monde; croyez-le, quoique vous parliez à une femme mariée, à une mère. Je conçois tout ce qui peut vous éloigner du mariage, vous, âme tendre et chaste, dont toutes les affections caressent une perfection idéale. Si vous avez aimé, William, aimé d'amour, veux-je dire, je doute que vous ayez été compris, et vous avez désespéré de toutes les femmes après cette première épreuve.

— En vérité, madame, répondis-je, voulant éluder toute allusion au passé de ma vie et à une passion qui doit rester ensevelie dans mon cœur, comme l'inutile trésor de l'avare; en vérité, vous m'attribuez des opi-

nions bien sévères sur les femmes, et en même temps
une opinion de moi-même par trop orgueilleuse. Permettez-moi de vous assurer que je ne suis convaincu que de
mon imperfection, et que je ne doute pas, au contraire,
de la perfection des femmes.

— Pour un solitaire, vous avez conservé encore trop
des expressions de la galanterie de ce beau monde de
Londres auquel vous avez renoncé, William. me dit mistress Morley en souriant; mais laissons de côté les perfections de votre sexe comme celles du mien, ou plutôt,
déclarons-le franchement, il en est peu qui résistent à
l'épreuve du mariage.

— C'est cependant une institution sainte, un sacrement
de toutes les églises chrétiennes...

— Oh! interrompit-elle, voulez-vous soutenir une
thèse? vous êtes battu d'avance; je suis la femme d'un
théologien; vous défendriez mal une cause qui n'est pas
la vôtre. Et puis, je n'attaque ni l'institution, ni le sacrement, mon ami : je veux vous justifier à vous-même
comme je vous justifiai l'autre jour auprès de mon mari,
car c'est lui qui vous blâmait d'avoir renoncé à unir votre
sort à une compagne digne de vous. Ah! si le mariage
n'était qu'un symbole, une consécration de l'union des
âmes! mais ce n'est pas ainsi que l'interprètent notre
nature corrompue et notre civilisation sans poésie.

— Les femmes ont un talent particulier pour soutenir
un parodoxe, dis-je à mistress Morley. Continuez, madame, je ne vous interromprai plus.

— Mais je vous parle sérieusement, William, reprit-
elle, car je tiens à vous prouver qu'en prenant votre

parti auprès de M. Morley, en le prenant contre une
proposition qui, d'ailleurs, devait, sous tant de rapports,
me sourire à moi-même, je n'ai fait que prévenir une
explication inintelligible pour lui. M. Morley est un excellent homme, un homme craignant Dieu et un homme
plein de savoir; mais sa simplicité ne saurait s'élever à
ces délicatesses, qui ne sont le partage que de quelques
natures plus épurées. Jamais M. Morley n'a voulu se
persuader que le mariage pouvait être une union toute
mystique. Pour vous faire mon entière confidence,
William, pour vous montrer combien je sympathise
avec vos vrais sentiments, je ne vous dissimulerai pas
que telle était mon aversion pour le mariage, qu'il m'a
fallu toute ma soumission à Dieu pour m'accoutumer
aux deux premières années de notre union, lorsque je
reconnus que je m'étais trompée en croyant qu'un mari
qui avait trente ans de plus que moi était autre chose
qu'un second père... Mais, mon ami, notre promenade
a été plus longue qu'à l'ordinaire; asseyons-nous au pied
de ce saule qui incline une partie de son tronc sur les
eaux de l'Ouse, et je vous conterai toutes mes infortunes
de jeune fille : vous n'en rirez pas, vous, William,
comme M. Morley se permit de le faire un soir avec
mon père. Celui-ci était un drapier d'Ely, honnête marchand, et tout occupé des détails de son commerce : ma
mère, heureusement, m'avait donné le goût de la lecture, et ce fut une grande ressource pour moi quand je
la perdis, dans le courant de ma quinzième année. Quoique vivant très-solitaire, voyant peu de monde, je fus
bientôt recherchée par un jeune homme que je vous nom-

merai Arthur, et mon père encouragea ses visites de
préférence à celles de deux ou trois autres soupirants
qui lui paraissaient moins convenables ou qui s'étaient
laissé devancer. Je ne vous cacherai pas qu'Arthur ne
m'était pas tout à fait indifférent. Doux, respectueux, attentif, il vivait heureux des soins qu'il me rendait, sa-
tisfait d'un sourire, et je ne sais combien de temps se
serait prolongé son innocent bonheur, lorsque, au bout
de six mois, mon père, qui méditait lui-même de me
remplacer auprès de lui par une seconde femme, s'avisa
de prendre Arthur à part, de le traiter d'enfant, de le
faire rougir en m'appliquant un mot plus dur que celui
de petite prude, et en prétendant que jamais cavalier timide ne plairait longtemps à une belle. Mon cher père
traduisait là en prose bourgeoise je ne sais quel couplet
de théâtre qu'il chantait quelquefois en ma présence,
sans égard pour la réserve de sa fille. Bref, j'ai su depuis
qu'il avait même monté la tête d'Arthur en vidant avec
lui, à la taverne, une bouteille de Xérès. Arthur, ce jour-
là, devait venir m'achever les *Aventures de Télémaque,
fils d'Ulysse*, le plus mondain de tous les livres que je
m'étais permis de lire. En le voyant entrer dans le parloir, son chapeau sur l'oreille, avec un air de hardiesse
fanfaronne, je baissai d'abord les yeux, sans savoir trop
pourquoi, et Arthur, se rappelant tous les sots propos
dont on venait de troubler sa tête de vingt et un ans,
n'hésita pas à achever son rôle de conquérant..... Sans
nulle transition, lui qui n'avait jamais baisé un seul doigt
de ma main, le voilà qui saisit ma taille dans ses bras et
presse de ses lèvres brûlantes mon cou rougissant :

— Fi donc, monsieur ! m'écriai-je, éprouvant un sentiment d'indignation, de honte et de dégoût, qui me donna la force de repousser l'audacieux. Je m'échappai du parloir, où je le laissai accablé de cette exclamation et du regard de ma méprisante colère.

Arthur alla raconter sa déconvenue à mon père, qui lui promit de faire sa paix et lui conseilla cependant de laisser passer un ou deux jours sans reparaître, prétendant que c'était encore un moyen parfait d'intéresser l'amour-propre d'une prude. Quant à moi, j'étais si honteuse, cette espèce d'attentat m'avait inspiré contre tous les hommes une telle horreur, que si une vieille servante ne m'avait pas révélé le secret de l'impatience de mon père, je lui aurais déclaré la première que je renonçais au mariage pour la vie; mais cette servante, qui avait fermé les yeux de ma mère et l'aimait avec une sorte de jalousie, me fit un tableau si affreux de l'esclavage où je serais réduite sous une marâtre, que je préférai quitter la maison paternelle. Je feignis de ne pas apercevoir les grimaces moqueuses de mon père; je ne relevai aucune de ses grossières allusions à la pruderie des filles dévotes; et quand, me trouvant sourde à tout ce qu'il put me dire pour excuser Arthur, il s'écria : — Il faut pourtant bien, ma fille, prendre un mari; celui-ci ou celui-là, peu m'importe; un mari riche si votre vertu peut l'espérer, un mari pauvre si les riches se retirent, un vieux si les jeunes vous font peur, M. Morley-Unwins, par exemple, notre ministre, qui vous admire de si bonne foi, quoiqu'il ait dix ans de plus que votre père.....

— Eh bien ! oui, lui dis-je, mon père; M. Morley,

plutôt que tous les autres est le seul qui puisse me rendre heureuse.

Mon père me prit au mot, et je devins la femme de M. Morley-Unwins, qui venait d'obtenir une cure à Norfolk, où nous allâmes nous établir, et d'où nous sommes venus habiter Huntingdon, parce qu'un incurable ennui s'était emparé de moi à Norfolk.

Cet ennui ne provenait pas du lieu que nous habitions, mais de la perte de mes illusions virginales. Ce n'est pas que j'eusse regret d'avoir épousé, plutôt qu'Arthur avec ses vingt ans et sa jolie tête blonde, un révérend ministre, parvenu aujourd'hui à son soixante-douzième hiver, et qui, à cette époque, en comptait déjà cinquante... Hélas ! non, William, j'aurais, au contraire, moins pleuré s'il eût été plus vieux encore pour rester tout à fait mon second père. Mais que voulez-vous, mon ami, tout en respectant M. Morley, tout en aimant sa vertu modeste et sa franchise un peu bourgeoise, je ne pus me dissimuler que mes rêves romanesques de jeune et chaste fille s'étaient créé un bonheur moins vulgaire que celui dont je jouissais avec lui. Mes émotions et mes devoirs de mère, mon expérience et ma raison de femme faite apportèrent enfin de véritables distractions à des chagrins qui ne pouvaient avoir de confident, parce que tout le monde les eût trouvés ridicules ; mais, mon ami, je ne sais comment, dès que je vous ai connu, votre rêverie, un je ne sais quoi dans vos yeux de vague et d'enthousiaste, le son de votre voix, la simultanéité de nos sympathies, tout en vous, enfin, a réveillé mes souvenirs de jeunesse, et j'ai cédé au besoin de les confier à votre amitié. Ne vous étonnez donc pas, mon cher William, si j'ai interprété jusqu'à vos réticences. Que j'ai attendu longtemps un ami tel que vous! et combien je remercie pourtant le ciel de ne me l'avoir envoyé qu'à un âge où non-seulement notre intimité ne peut être coupable, mais encore où elle ne saurait donner lieu à la médisance du monde! Je serais presque votre mère, William, a ajouté mistress Morley en me serrant la main.

A ce récit, qu'ai-je répondu? rien. Vous le dirai-je? il m'avait ému et même troublé, sans que je pusse trop définir cette émotion et ce trouble. Dans l'amitié d'une femme, il faut bien le dire, et dans la plus pure, dans la plus chastement chrétienne, il y a quelque chose de si tendre, que l'amour pourrait, à bon droit, en être jaloux. Hélas! Théodora, si je ne devais, à tout prix, vous guérir de votre funeste amour, je vous aurais, je crois, dissimulé ce nouvel attachement, qui est venu réchauffer mon pauvre cœur d'insensé, ou plutôt je l'aurais déjà rompu.

Après avoir essuyé quelques larmes, mistress Morley s'est levée en silence, et je l'ai suivie jusqu'à la maison, ayant oublié pour la première fois, pendant quelques heures, le spectre que ses premières paroles, encore inexpliquées, semblaient devoir évoquer.

En rentrant, nous avons trouvé la famille rassemblée pour la prière. Mon âme était merveilleusement préparée pour adorer Dieu. Vous voyez bien, Théodora, que l'amitié de mistress Morley est approuvée du ciel. »

Quelques paroles de mon dernier entretien avec mistress Morley ont dû vous paraître obscures. Je puis vous donner aujourd'hui la clef de l'énigme :

Il y a deux jours que **M.** Morley me proposa de l'accompagner à Cambridge. Je vis bien que cette fois ce petit voyage était un prétexte de sa part pour avoir à son tour son entretien avec moi. Cependant, en allant, nous ne parlâmes que de choses indifférentes, ou étrangères du moins à ce que mon vénérable ami avait sur le cœur. Le soir, après avoir passé la journée chacun de notre côté, M. Morley avec ses anciens collègues, et moi avec mon frère, nous remontâmes silencieusement en voiture, bien persuadés l'un et l'autre qu'il y avait une question à discuter entre nous qui ne tarderait pas à être entamée. Nous avions à peine franchi la porte de la ville, que je me reprochai d'imiter, à l'égard d'un vieillard, ces gladiateurs qui craignent de se livrer à leur adversaire en frappant le premier coup. Je pris donc la parole, et fis remarquer à **M.** Morley que nous ressemblions à deux duellistes, se rendant à un champ clos, bien plus qu'aux deux voyageurs si bien d'accord ce matin, ne discutant que pour avoir la courtoisie de se donner raison alternativement.

— Je vous remercie d'avoir rompu la glace, William, me dit-il ; je suis si contrarié de vous savoir opposé à un projet qui souriait à mes plans domestiques, que, malgré moi, j'ai comme une certaine rancune contre vous.

— En vérité, lui répondis-je, mon véritable ami, je

suis coupable sans le savoir, car c'est la première fois
que vous allez me parler de vos plans.

— Moi, oui, sans doute ; mais non ma femme, à qui
vous avez fait vos confidences et donné des raisons
qu'elle trouve sans réplique, je dois en convenir.

— Mais, mon cher monsieur Morley, que m'a-t-on
fait dire qui soit à la fois si cruel pour vous et si raisonnable ?

— Pourquoi tant de détours ? vous avez prononcé vos
vœux de célibat comme un moine catholique. Vous êtes
libre, mon ami ; et, quant à mon désappointement, je ne
dois m'en prendre qu'à moi-même, si je m'étais flatté,
sans vous consulter, de l'espoir de donner à ma fille un
mari que nous aimions d'avance comme un second fils.
Au reste, je serais bien injuste de vous en vouloir ; votre
refus n'a rien qui puisse blesser l'amour-propre de Fanny
et mon orgueil de père...

— Mais, monsieur Morley, lui dis-je, c'est vous, je le
répète, qui m'apprenez un refus qui n'a pu être fait par
anticipation.

— Justement, reprit M. Morley, voilà le mot : par
anticipation ! En vous prononçant contre le mariage
d'une manière générale, que vous eussiez deviné ou non
mon projet, vous m'avez épargné l'amertume d'un refus,
et je vous en remercie. J'ai pu, sans aucune réticence
fâcheuse, répondre à une demande qui m'agrée moins
sans doute, et qui peut-être me séparera à jamais de ma
fille.

M. Morlay poursuivait son idée avec tant d'obstina-
tion, qu'il m'était à peu près impossible de lui exprimer

ma surprise de voir ma conversation avec mistress Morley si singulièrement amplifiée. Voyez un peu comme
quelques mots vagues, auxquels je n'avais pu répondre,
parce qu'ils étaient d'un sens si obscur pour moi, étaient
devenus un texte fécond, grâce à l'imagination de mistress Morley. Je pris le parti de subir cette scène sans
trop répliquer, de peur d'être amené, par la vivacité de
ma justification, à en dire plus que je n'aurais voulu,
tant sur le passé de ma vie que sur cette hallucination,
qui suffirait bien, certes, à me faire renoncer à épouser
Fanny, si j'y avais jamais pensé.

Heureusement, le théologien vint à mon secours
contre le père sur la question du mariage; car, après
avoir dit sur sa fille tout ce qu'il pouvait en dire,
M. Morley se laissa aller au plaisir de me prêcher sur
ce texte de saint Paul, qui déclare que l'homme ne doit
pas vivre seul. J'étais trop aise d'éluder des explications
particulières, pour ne pas lui donner beau jeu sur les
généralités. Il eut tout l'avantage, et je lui fournis bien
volontiers les moyens d'être content de sa science.
Hélas! combien de prédicateurs se consolent, même
dans la chaire chrétienne, de ne pas convertir leurs
auditeurs, pourvu qu'ils aient la satisfaction de les étonner! M. Morley succomba à la tentation de briller aux
dépens de son interlocuteur, au lieu de chercher à le
convaincre; il me pardonna d'avoir contrarié ses plans,
lorsque je lui déclarai que jamais M. Hogdson, le ministre de notre église, n'avait parlé avec tant d'élo-
quence. M. Morley n'a qu'une petite vanité, celle de
remporter quelquefois ce genre de triomphe sur un col-

lègue plus jeune que lui, et qui de son côté peut-être l'a quelquefois provoqué à cette innocente rivalité.

Nous arrivâmes un peu tard à Huntingdon : c'était l'heure de la prière en commun, et nous n'eûmes pas le temps de parler beaucoup de notre voyage. Jamais je n'avais été plus distrait pendant nos dévotions, ne pouvant m'empêcher de chercher à deviner dans les yeux de Fanny si elle était dans la confidence de ce qui se passe depuis quelques jours dans la famille. Son recueillement aurait dû rappeler le mien; elle ne tourna pas une fois les yeux de mon côté; mais quand elle fut partie, car elle monte toujours la première dans sa chambre avec sa mère, je la vis revenir sur ses pas... Je veux dire, je vis son spectre, qui ne fit que traverser le parloir pour me jeter un regard plein de mélancolie et de reproche. Maintenant, je vous le demande, venait-elle me reprocher mes mauvaises pensées depuis quelques jours, mes distractions pendant la prière, ou la malice avec laquelle j'ai flatté la vanité de M. Morley, pour éluder ses reproches paternels? Depuis je n'ai plus revu l'apparition; mais je sens qu'elle est là, toujours là, à mes côtés, et peut-être en ce moment sa tête invisible, invisible même pour moi, se penche-t-elle sur mon épaule pour voir si je manque de franchise avec vous, Théodora, comme avec mon hôte vénérable.

CONTINUATION DU JOURNAL.

Je n'ai à redouter que le ressentiment du spectre, qui, comme le Brownie, esprit familier des maisons

d'Écosse, semble prendre les intérêts de la famille elle-
même. Il ne cesse de m'apparaître triste et presque
courroucé; quel pronostic tirer de sa tristesse et de ses
menaces muettes? Si c'est sur moi qu'il s'afflige, que peut-
il m'arriver de plus cruel que par le passé? Serait-ce la
pauvre Fanny qui doit être la victime de quelque malheur? Ah ! y aurait-il pour elle un malheur comparable
à celui dont votre père vous a préservé, Théodora, et
que l'instinct maternel de mistress Morley eût écarté
aussi de sa fille si, par impossible, j'avais pu entrer
dans les projets imprudents de mon hôte vénérable.

Du moins ma conscience fut rassurée dans le calme
de mes réflexions, et ce qui me rendrait toute ma sécurité, c'est que tous les membres *visibles* de la famille
me témoignent toujours la même confiance.

Rien de changé dans l'amitié si tendre de mistress
Morley, ou plutôt elle devient chaque jour plus affectueuse.

M. Morley m'appelle toujours son second fils.

William, qui n'a rien ignoré, me traite toujours en
frère. Fanny, enfin, la seule, il est vrai, qui, je le suppose, ne soit pas dans le secret, Fanny, de jour en jour
moins réservée avec son second frère, répond au nom
de sœur par un sourire qui commence à indiquer que les
mots ont un sens pour elle.

Voulez-vous une preuve du prix qu'on attache à
ma parenté d'adoption? Pour vous la donner, je vais accuser ceux à qui j'appartiens par le sang, mais, quoique
vous n'ayez pas assisté sans doute au dernier conseil de
famille, vous ne pouvez ignorer que notre cousin le co-

lonel a pris la parole pour se plaindre de mes prodigalités et conclure au retranchement d'une moitié de la pension qu'on ajoute aux revenus déjà si incertains du pauvre cousin assez *fou*... j'avoue encore cette démence... que n'est-elle la seule, Théodora!... assez fou pour se faire servir par un domestique dévoué comme Roberts, et pour se charger de l'éducation d'un enfant inconnu. J'ai remercié Roberts : ses soins, en effet, étaient superflus ici; mais l'enfant inconnu ne sera pas abandonné. Tant que je ne mendierai pas mon pain, je ne le rendrai pas à son père véritable; ce serait le rendre à l'enfer, auquel ce père le destinait [1]. Je regrette même de l'avoir laissé à Saint-Albans, si près de lui, et je veux aller le chercher, l'amener à Huntingdon et le mettre en apprentissage chez un ouvrier honnête. Alors que j'entendais encore la voix terrible qui m'a révélé mon exclusion du ciel, j'avais espéré racheter mon âme de l'éternelle damnation, et si cette voix s'est tue, si mes fantômes ont pris peu à peu une forme bienveillante, qui me dira que cet acte n'a pas contribué à cet adoucissement de mon supplice? qui me dira que cette adoption chrétienne ne m'a pas valu, en échange, l'adoption que j'ai trouvée dans la famille Morley? Continuez donc, mon cher cousin, mon redoutable colonel, à vous plaindre de ma prodigalité.

Cependant, en voyant approcher le terme du semestre, je n'étais pas peu embarrassé à l'égard de mes hôtes; car je remplace un pensionnaire qui payait bien,

---

[1] La famille de Cowper s'était réellement plainte de ses dépenses et de cette adoption charitable.

qui payait en fils de famille, et je tenais à payer comme lui. Je n'ai pas voulu attendre le dernier jour du mois pour prévenir mistress Morley que je serais probablement forcé de chercher une table plus économique que la sienne. Ah! comme j'ai été accueilli, Théodora! Comme mistress Morley serait grondée si elle dépendait d'un cousin colonel! Elle m'a positivement déclaré que son mari et elle avaient toujours entendu que je ne payerais que la moitié de la pension de mon prédécesseur?

Pour vous rassurer complétement sur mon budget annuel, il faut, Théodora, que je vous apprenne que ma prodigalité a encore une autre protection contre la sage opposition du colonel. Pas plus tard que ce matin, j'ai reçu de Londres une lettre anonyme; je n'ai pu reconnaître l'écriture, mais je serais bien étonné si vous ne connaissiez pas celle qui l'a dictée, car il n'est pas un mot qui n'ait fait battre mon cœur : « Tranquillisez-vous, me dit cette main mystérieuse; si les uns vous blâment, d'autres vous approuvent, et si votre pension est diminuée, la somme réduite vous sera envoyée par une personne qui vous aime [1]. » Mon cousin le colonel, que je vous remercie! je suis plus riche que vous! En conséquence, Théodora, je me dispose à aller payer mes dettes. Sous peu de jours je vais faire une absence de deux mois; cette absence a plus d'un motif : d'abord, je

---

[1] Depuis la mort de Théodora, il est avéré que c'était elle qui était venue ainsi en secret au secours de son cousin, mais sans jamais le lui avouer. Les papiers confiés à mademoiselle de Rollonfort nous en donnent la preuve.

sais qu'elle arrange M. Morley, quoiqu'il ne m'en ait rien dit, mais j'ai cru reconnaître qu'il attendait un visiteur auquel ma chambre serait nécessaire ; ensuite je désire consulter le docteur Cotton, à Saint-Albans, sur cette vision, ou plutôt savoir si elle me poursuivra ailleurs qu'ici. Vous le voyez, il n'y a plus que cette *ombre* sur mon bonheur, sur le seul bonheur qui me reste, depuis que j'ai renoncé à celui que nous avions rêvé ensemble. Si je suis menacé, je ne suis pas abandonné ; j'ai dû me sevrer de ma famille naturelle, mais j'en ai trouvé une autre. L'amour n'était pas fait pour moi, j'ai les consolations d'une amitié presque aussi tendre que l'amour. L'être mystérieux que je commençais à prendre pour mon bon ange me boude, un autre bon ange m'écrit la lettre la plus tendre... Ah ! Théodora, que cette lettre m'a donné de force contre ma démence même ! Quelles douces larmes elle m'a fait répandre ce matin ! et à présent elle réchauffe mon cœur d'un reflet de cette gaieté qui nous fit passer tant de délicieuses soirées à Southampton-Row [1] ; vous rappelez-vous que la grave figure de notre ancêtre le chancelier, elle-même, semblait rire dans son cadre gothique?... O mes visions de ce temps-là, qu'êtes-vous devenues ?

CONTINUATION DU JOURNAL, datée de Saint-Albans, et écrite dans la maison d'aliénés où le poëte avait naguère passé dix-huit mois.

J'ai prolongé mon absence d'Huntingdon et je la prolongerai encore de quelques jours, quoique M. Mor-

[1] C'est à Southampton-Row, chez le juge Cowper, que le poëte passait ses congés lorsqu'il était à Londres dans l'étude d'un procureur.

ley ne cesse de m'écrire que je suis attendu pour une
fête de famille qui, *selon ses premiers plans*, ajoute-t-il,
n'aurait pu se faire sans moi. J'ai trouvé, heureusement,
quelques prétextes pour masquer le véritable motif qui
me fait hésiter à m'y rendre. Fanny va se marier : elle
ne sera plus chez son père à mon retour; le docteur,
qui, seul, a le secret de ma superstitieuse folie, est d'avis,
puisque l'apparition ne franchit pas pour moi le cercle
du lieu habité par celle dont elle emprunte l'image, qu'il
est plus prudent de laisser éloigner Fanny et son ombre
ou son double corps.

Au reste, la distraction du voyage m'a fait du bien;
mais j'ai surtout à me féliciter d'être venu analyser ma
dernière hallucination avec le docteur. J'ai auprès de
lui une force d'âme qui m'étonne moi-même. Médecin
et poëte, chrétien croyant et homme du monde, le docteur Nathaniel Cotton, qui m'a déjà arraché une première fois à la plus sombre démence par ses consolations spirituelles encore plus que par ses remèdes
pharmaceutiques, exerce réellement sur moi une ma-
gnétique influence. Je comprends comment les démons,
alors que les démons s'emparaient d'un homme, se tai-
saient, tremblaient et prenaient enfin la fuite aussitôt
qu'un habile exorciste leur adressait sa redoutable allo-
cution. Le docteur Cotton n'est pas de ces médecins au
ton impératif qui attaquent de front les préjugés de leurs
malades. Il commence adroitement par admettre les
idées ou les impressions les plus absurdes; il a toujours
à vous citer un exemple de divagation plus extraordinaire que le vôtre, afin de capter votre confiance et de

ne pas humilier le peu de raison qui vous reste; puis,
peu à peu, il vous force à faire vous-même la part de
l'erreur et celle de la vérité. J'ai remarqué encore avec
quel art il exerce une tête faible à la fatigue du raison-
nement, comme il l'interrompt à propos lorsqu'elle touche à la pierre d'achoppement où son bon sens habituel
irait encore se heurter, et par quelle ruse il la ramène
sans cesse au point de départ jusqu'à ce qu'elle ait réussi
pas à pas à atteindre une conclusion logique. D'ailleurs,
il a pour chaque malade un traitement moral différent
et presque une nouvelle méthode, ce qui n'empêche pas
que tous ne profitent de l'excellent système général qui
préside à son établissement. Enfin, c'est un père au
milieu de ses enfants plutôt qu'un docteur ; il se prête
à leurs caprices, faisant des vers avec les poëtes, ou
mieux, en vrai connaisseur de cette folie, écoutant sans
ennui les vers qu'ils lui disent; musicien avec les musiciens; broyant des couleurs aux peintres, et respectant
les fresques bizarres dont ils badigeonnent ses murs;
argumentant avec les métaphysiciens, ou aidant les ouvriers dans leurs travaux les plus vulgaires, au point
que je l'ai vu se faire le manœuvre d'un ancien prédicateur occupé à aligner de lourdes pierres dans sa cour;
mais un peu surpris, toutefois, lorque ce grave personnage lui déclara qu'il venait littéralement de *paver
l'enfer des bonnes intentions de ses ouailles,* réalisant
ainsi le mot connu de je ne sais quel saint portugais.

Pour me montrer combien il avait confiance en
ma parfaite guérison, il m'a permis, ce matin, de renouveler connaissance avec tous mes anciens camara-

des d'infortune, à la seule condition de ne pas prolonger cette triste visite. Je n'en avais nulle envie, je vous
assure, et je ne la recommencerai pas. Quelle bizarre
différence entre ma démence et celle de tous ces malheureux! il n'en est pas un qui ne croie sa raison iné-
branlable, et je tremble sans cesse de la fragilité de la
mienne.

Continuation du Journal. — Huntingdon, juillet 1767.

> If solid happiness we prize
> Within our breast this jewel lies.
> And they are fool who roam;
> The world has nothing to bestow;
> From our own self, our bliss must flow,
> And that dear hut our home, etc.[1].

Ces vers si simples, que nous avons quelquefois lus
ensemble, Théodora, sont du bon docteur de Saint-Albans, et je les récitais en apercevant de loin les paisibles maisons d'Huntingdon, mais sans aller au delà de
la stance où le poëte se compare à la colombe de l'ar-
che, trop heureuse de retrouver son asile, imprudemment abandonné.

J'ai été reçu par ma famille adoptive comme l'enfant
prodigue de la parabole : on m'en voulait un peu de
mon absence prolongée; mais mon retour a suffi pour
faire oublier tous les reproches dont on s'était promis
de m'accabler. Il faut dire que ce retour venait à pro-

---

[1] « Si nous cherchons un bonheur réel, c'est dans notre cœur que se
trouve ce trésor. Bien fous sont ceux qui s'en vont bien loin courir
après. Le monde n'a rien à nous donner : de nous-mêmes dépend
notre bonheur. Il n'existe que dans cette modeste maison qui nous
sert de demeure. »

Le *Coin du feu* est le titre de ce petit poëme du docteur Cotton.

pos remplir en partie le vide qu'a laissé ici, depuis quelques jours, le double départ de Fanny, qui, devenue mistress Poley, est allée avec son mari habiter le York-Shire, et de mon frère William, qui est allé à Londres dans l'espoir d'y obtenir le vicairage de Mary-le-Bone. Vous êtes notre dernier enfant, m'a dit M. Morley en me serrant dans ses bras. — Vous ne nous quitterez plus, a ajouté mistress Morley en essuyant une larme. Et moi de promettre de ne plus les quitter, comme si j'étais maître de l'avenir. Je ne saurais me repentir de cette promesse; c'est une si triste situation que celle d'un père et d'une mère quand tous leurs soins pour l'établissement et le bonheur de leurs enfants les ont conduits eux-mêmes à une complète solitude en ce bas monde! C'est maintenant que je suis de nouveau proclamé le fils providentiel de mes hôtes. Quant à moi, je ne peux me défendre d'une certaine satisfaction en me voyant capable de payer une partie des dettes de ma reconnaissance, quoique je ne sois pas, vous le savez bien, de ces natures soi-disant susceptibles qui ignorent que, dans les véritables affections de la vie, l'avance d'une obligation ou d'un bienfait n'humilie jamais celui qui espère avoir l'éternité pour s'acquitter.

Mais il vous tarde surtout de savoir, je pense, Théodora, ce qu'est devenue la vision, qui n'a pas peu contribué à prolonger le séjour que je viens de faire à Saint-Albans, comme un voyageur qui se condamnerait de lui-même à recommencer sa quarantaine après être entré dans le port. Eh bien! ma cousine, soit que la présence seule de Fanny causât cette vision, soit qu'avec la grâce de Dieu dans le ciel, les derniers soins du docteur et ses bons conseils à Saint-Albans aient tout à fait raffermi ma santé, plus de vision depuis mon retour; il ne me reste qu'une vague inquiétude chaque fois que M. Morley me parle de sa fille, et me dit dans ses regrets : « Mon ami, je crois encore la voir... » Je regarde, je crois la voir aussi, mais comme lui, par le souvenir; et ce n'est plus son spectre visible me menaçant et me souriant tour à tour. Je ne sais si mistress Morley a surpris dans le temps quelque signe de l'émotion singulière que j'éprouvais parfois en voyant paraître Fanny, ou quand son nom frappait inopinément mon oreille; elle a la délicatesse de m'en parler plus rarement, et s'occupe plus volontiers de son fils.

A propos de celui-ci, je viens de lui envoyer une lettre *d'introduction* pour notre cousine, la femme du colonel. Vous comprendrez pourquoi j'ai préféré l'adresser à mistress Cowper plutôt qu'à lady Hesketh [1]. Je sais que votre sœur, avec sa franchise habituelle, craint, tout en rendant justice aux vertus de mes hôtes, que leur piété ne soit exagérée jusqu'au méthodisme, tandis que ce serait là justement ce qui recommanderait mon frère William à mistress Cowper. Et que je vous fasse un aveu qui vous montrera combien j'aurais besoin de tout ce qu'on a dit de mes vertus chrétiennes fût un peu plus vrai. Ma vanité est pour quelque chose dans cette lettre. Si le colonel n'est pas le plus généreux, il est le plus riche des membres de notre famille : or, je

---

[1] Lady Hesketh était la sœur de Théodora. Cowper lui reprochait d'être un peu mondaine, comparativement à son autre cousine.

ne suis pas fâché que William Morley ait vu les Cowper dans leur *gloire* mondaine, parce qu'il y a des gens ici qui, jaloux de l'amitié que les Morley ont vouée à un inconnu, se sont permis de représenter cet inconnu comme un pauvre diable sans feu ni lieu, faisant le malade pour se rendre intéressant, et plus amoureux de la bonne table que des saintes paroles de ses hôtes. *Ses hôtes*, il est vrai, ont haussé les épaules à ces méchancetés. J'ai feint, à mon tour, de les mépriser; mais le sang des Cowper s'est secrètement indigné en moi : au lieu de m'abaisser chrétiennement dans ce monde pour être exalté dans l'autre, je n'ai pas été fâché qu'une occasion s'offrît pour effacer toutes les mauvaises impressions que laisse toujours après elle la calomnie la plus grossière; et quand William reviendra, il pourra dire enfin : « J'ai vu la noble famille de l'inconnu, du pauvre diable, du parasite; il n'en est pas une à Huntingdon qui pût opposer son arbre généalogique au sien, et, dans la collection des portraits de ses ancêtres, l'armée, la jurisprudence et l'Église saluent quelques-unes de leurs plus hautes illustrations. » Ce sentiment d'orgueil ne vous semble-t-il pas aussi, Théodora, une autre preuve de mon rétablissement? Quand j'avais à combattre des ennemis dans le monde invisible, peu m'importaient ces ennemis du monde réel. Encore un autre symptôme : tant que mes visions persistaient, une fausse honte me faisait éluder toute allusion à ma démence; aujourd'hui, rejetant le passé bien loin, je ne cherche plus à dissimuler combien j'ai été humilié dans ma dignité d'homme raisonnable. Je veux retracer, pour mes hôtes comme pour vous, le récit des cruelles aberrations d'esprit par lesquelles il a plu à Dieu, dans sa miséricorde, de me ramener au pied de sa croix.

CONTINUATION DU JOURNAL. — Juillet 1767.

Hélas ! Théodora, par quel nouveau malheur la Providence vient de m'arracher à ma téméraire sécurité ! je m'accoutumais trop facilement sans doute aux doux loisirs de ma retraite, et ma confiance en ma *raison* serait peu à peu devenue de l'orgueil. Adieu le bonheur que javais trouvé à Huntingdon ! Nous avons perdu M. Morley; quelle perte pour nous! quelle mort pour lui ! Était-ce donc là ce que me prédisait l'apparition?

M. Morley, encore robuste malgré son grand âge, n'avait jamais cessé d'aller desservir, le dimanche, sa chapelle de Grimstone. Dimanche dernier, il monta à cheval de bon matin, selon son usage, et se mit en route. Au bout de trois heures, un paysan frappe à notre porte, me demande, et, d'un air effaré, m'apprend que mon vénérable ami est à une lieue de la ville, étendu sans vie dans sa chaumière, par suite d'une chute qui lui a fracassé le crâne; son cheval s'était emporté et l'avait violemment jeté sur le chemin. Je voulais dissimuler d'abord cette affreuse nouvelle à sa compagne, et courir seul au lieu indiqué; mais, pensé-je, comment lui expliquer mon absence, et à qui laisser le soin de l'instruire avec la précaution qu'exige un si fatal événement? D'ailleurs, peut-être M. Morley n'était-il pas mort; il pouvait avoir dans ses derniers moments quelque confidence à faire à sa femme. Je pris le parti de

dire une moitié de la vérité, pour la préparer doucement à l'autre. Je ne saurais vous peindre sa douleur.
— Partons, me dit-elle aussitôt; c'est à moi de lui fermer les yeux s'il en est temps encore. — Nous partî-
mes. Il n'y eut plus un mot échangé entre nous jusqu'à
l'endroit où le paysan nous dit: C'est ici. Mais, au moment ou je serrais la main de mistress Morley, sans
savoir encore par quelle parole je lui révélerais que
c'était un cadavre qu'elle allait voir, la femme de notre
guide vint à nous en s'écriant: *Il vit encore!* Nous nous
précipitâmes dans la chaumière. Il vivait encore, en
effet, mais d'une vie convulsive et sans en avoir la sensation distincte peut-être... ou, du moins, sans l'exprimer que par les cris étouffés de sa souffrance. Il ne
pouvait nous reconnaître ni nous répondre. Un chirurgien avait été averti en même temps que nous, et il arriva une heure après. A peine l'eut-il examiné, qu'il
hocha la tête. Il n'y avait plus que Dieu qui avait le
pouvoir de le rendre à nos larmes, et Dieu l'avait destiné à nous donner cet avertissement sévère qu'il nous
rappelle à lui au moment où nous y songeons le moins.
Une forte saignée calma ses tortures le premier jour,
mais le lendemain la fièvre le reprit avec une intensité
nouvelle, et, jusqu'à son dernier soupir, ce ne fut plus
qu'une agonie... Une agonie de quatre jours et de quatre nuits, Théodora! car il n'expira que le jeudi matin.
Quel spectacle pour nous dans cette chaumière, d'où
il fut impossible de le transporter à Huntingdon! Le
malheureux vieillard avait encore l'énergie d'un homme
robuste, et il eût vécu vingt ans encore, disait le chi-

rurgien, sans cet accident épouvantable. Il fallait le
voir, dans sa lutte contre la mort, se dresser tout à coup
sur son séant, promener autour de lui ses yeux hagards,
étendre ses bras violemment contractés, comme un
vieux gladiateur dont la colère jette un impuissant défi
à l'adversaire qui vient de le terrasser; pas une parole
articulée ne sortait de sa bouche, engorgée par les caillots de sang, et ses yeux étincelaient sans y voir. Où
était son âme? et quel horrible cauchemar subissait-elle dans cette angoisse de l'homme physique, prolongée jusqu'à l'épuisement du principe vital? William, à
qui j'avais envoyé un exprès, arriva le mercredi, et il
ramena sa mère, me laissant seul pour recevoir le dernier soupir du moribond. Je crus que j'expirais moi-même en voyant enfin ses yeux rutilants s'éteindre et sa
tête tomber sur l'oreiller pour ne plus se relever. Le
paysan et sa famille s'étaient éloignés. Malgré mon
respect pour le défunt, je me sentais saisi d'une indéfinissable horreur; car, me rappelant mes anciennes visions, je ne pouvais m'empêcher de penser qu'il venait
de soutenir l'assaut de quelque spectre, et je m'attendais
à voir l'invisible vainqueur se retourner tout à coup
contre le faible témoin du combat. Je fermais donc instinctivement les yeux; mais, en commençant sous cette
impression mon examen de conscience, je trouvais dans
mon cœur de si noires pensées, que j'eus peur de moi-même, comme le gouverneur d'une place qui, serré de
près par l'ennemi, verrait tout à coup ses propres soldats le menacer d'une émeute et l'accuser de trahison.
Il me sembla que j'avais je ne sais combien de torts à

me reprocher contre mon **ami**, mon bienfaiteur, et
que s'il avait pu articuler ses gémissements, c'eût été
pour m'accabler de mes remords. Aussi, quand je
relevai mes paupières, je me jetai à genoux au chevet du mort. En ce moment, soit que l'âme ne fût pas
encore sortie de ce cadavre tiède encore, soit que ma
terreur seule le ranimât, je le vis se dresser sur son
séant, je sentis sa main presser ma main, et j'entendis sa
voix qui me disait : « Adieu, William ; je te pardonne ! »

Quand on rentra dans la cabane, on me trouva
évanoui.

Depuis la cérémonie des funérailles, je suis resté
plus de quinze jours dans un état affreux, entendant
bourdonner sans cesse à mes oreilles ces mots : « Je te
pardonne…» Pourquoi ce pardon, ou plutôt ce reproche,
dont je ne me rends pas compte? Peu à peu la consolation de pouvoir mêler mes larmes à celles de mistress
Morley et de son fils a triomphé de cette superstition et
de ce remords menteur. Combien notre commune affliction a resserré encore nos liens! Cependant nous ne
nous sentons pas la force, mistress Morley et moi,
d'habiter Huntingdon. Quand William nous aura quittés,
nous sommes résolus à émigrer n'importe dans quelle
autre ville. William retourne demain au soin de son
troupeau ; car, grâce à la recommandation de notre
cousin, le voilà ministre à Londres.

Journal daté d'Olney. — 25 octobre.

Nous attendions les réponses des divers amis qui
avaient bien voulu se charger de nous trouver une

maison dans leur voisinage, lorsque nous reçûmes la visite du révérend M. John Newton, vicaire d'Olney, qui venait de Cambridge, et nous était adressé par le docteur Conyers, avec qui William Morley a fait ses études universitaires. M. Newton n'était personnelle‑ment connu ni de mistress Morley ni de moi, mais nous avions souvent ouï parler de son zèle pieux pour la foi évangélique, et nous estimions bien heureux les fidèles réunis autour d'un pasteur si saint et si élo-quent. Nous éprouvâmes tout d'abord l'influence de ses consolations, et nous eûmes lieu de regarder sa visite comme vraiment providentielle, lorsque, ayant appris que nous voulions quitter Huntingdon, il nous offrit un logement à Olney, dans une maison attenante à son presbytère.

Nous y voici installés depuis plus d'un mois ; nous bénissons le ciel de nous avoir conduits dans ce nouvel asile, où, jusqu'ici, rien ne manque à notre bien-être, où nous avons en outre le précieux avantage de vivre presque sous le même toit que M. Newton. Nous y avons déjà gagné que nous pratiquons plus régulière-ment nos exercices religieux, et cependant, grâce à une meilleure distribution de la journée, nous pourrions nous permettre encore plus de récréations qu'à Hun-tingdon, si c'était notre goût. Aussi ai-je trouvé le temps d'exécuter dans notre jardin des travaux dont je suis tout fier. Notre cousine, mistress Cowper, m'a fait parvenir un choix de graines et d'arbrisseaux de Park-House. J'espère que, grâce à mes soins, leur vé-gétation fera honneur au lieu de leur origine. Il est

surtout un plant d'épine blanche dont la fleur embau-
mée me rappellera, le printemps prochain, certain
massif où, en jouant avec nous sur la grande pelouse
du parc, une jeune espiègle s'obstinait à se cacher, et
s'étonnait d'être toujours découverte par un maladroit
cousin qu'elle semblait se plaire à provoquer par ses
défis. Place aux arbrisseaux du parc! je veux qu'avant
peu d'années ils soient des arbres dignes de Valom-
breuse, tant ils seront soigneusement labourés et arrosés.

Cherchez Olney sur la grande carte de votre père,
Théodora, vous verrez que nous sommes dans le comté
de Buckingham. Notre rivière est encore l'Ouse, mais
ici l'eau se plaît à retarder son cours dans une contrée
plus pittoresque. Elle y multiplie tant ses capricieux
détours qu'on dirait un écolier prenant le chemin de
l'école. Quant à la ville d'Olney, elle consiste presque
tout entière en une longue rue. Les maisons, bâties
en pierre, sont la plupart couvertes de chaume. L'église
est grande, avec un beau clocher dont l'aiguille se perd
dans la nue. Les habitants sont pauvres; race sédentaire qui préfère aux travaux des champs le paresseux
métier de tresser des galons de fil ou des nattes de
paille! Il faut à un pasteur un bien grand dévouement
pour conduire un pareil troupeau. M. Newton n'est
que le desservant de la cure, qui est à la nomination de
lord Darmouth; le titulaire, M. Moses Brown, ayant
beaucoup d'enfants et peu de fortune, cumule forcé-
ment ce bénéfice avec la chapelainie de Morden-College,
à Blackeath, où il réside. Son suppléant a tout juste
trente-huit livres sterling par an, y compris ce qu'on

appelle le droit de surplis, qui est de huit, et à peu près quarante livres de souscriptions volontaires. Je ne sais en vérité comment ferait M. Newton au milieu de tant d'indigents, si la Providence ne lui avait inspiré l'heureuse idée de s'adresser au plus charitable des hommes, M. Thornton, qui lui a ouvert un crédit dans sa maison pour toutes les infortunes imprévues de sa paroisse, et qui lui envoie de lui-même annuellement une somme de deux cents livres sterling comme aumône fixe. M. Newton a voulu m'associer à la distribution de ses bonnes œuvres, et je suis quelquefois le messager chargé de porter un secours inattendu au pauvre honteux et aux malades de la campagne. Comme vous voyez, je n'ai pas de peine à obéir aux médecins qui me recommandent de prendre de l'exercice. Il est vrai que je ne choisis pas toujours mes heures pour de semblables promenades, et mistress Morley me traite quelquefois d'imprudent ; mais je crois avoir besoin avant tout de m'aguerrir contre les intempéries des saisons, m'étant aperçu que mes accès de mélancolie dépendaient assez ordinairement de certaines influences atmosphériques qu'il s'agit de vaincre et de briser. J'ai beaucoup admiré dans le temps l'*Emile* de Jean-Jacques Rousseau ; je me reproche cette admiration stérile, et je veux mettre à profit ses conseils, s'il n'est pas trop tard. Puisque je n'ai pas eu le courage de prendre un *état* convenable à un gentilhomme sans fortune, il faut que j'apprenne un *métier* et deux au besoin. Le jardinage ne suffit plus à mon activité, quoique le jardin livré ici à ma bêche, à mon râteau et à ma serpe, soit plus étendu que celui d'Huntingdon. Je me suis imaginé de devenir menuisier, charpentier et vitrier. J'ai prié mon frère William de m'envoyer tous les instruments nécessaires, et entre autres un diamant pour travailler le verre, car je prétends construire sans aide une serre pour nos myrtes et nos orangers, qui jusqu'ici avaient passé l'hiver dans le parloir.

Vous voyez, Théodora, que, pour un philosophe contemplatif, je me donne assez de mouvement. Mais, hélas! ce n'est que par ces continuelles distractions que j'échappe à mes idées noires et peut-être à une nouvelle vision. Ni l'amitié et ses doux entretiens, ni la prière et ses émotions pieuses, ne peuvent toujours écarter une funeste image ou une pensée de désespoir. Si grand que soit le charme de nos entretiens, si sincère que soit ma prière, combien de fois une importune voix me dit que je cherche à abuser mon cœur avec un ami, mon âme avec Dieu, tandis qu'une marche forcée, un travail de mains qui me couvre de sueur, un obstacle matériel à vaincre, m'ont délivré maintes fois de la torture de cet incessant retour sur moi-même! L'instinct brutal alors domine cette sensibilité maladive, mais, surtout, cette conscience délicate et timide qui trahissent si perfidement mon intelligence et ma raison [1].

[1] Cowper écrivant, à la même époque, à son ami Hill, lui disait : « J. J. Rousseau aurait été charmé de me voir ainsi occupé, et il se fût écrié avec ravissement : J'ai trouvé l'Émile qui n'existait que dans mon imagination. »

Vous savez, Théodora, si mon amitié pour votre sœur, lady Hesketh, est sincère; il m'a été pénible de renoncer à lui écrire, et je regretterai toujours la privation de ses lettres; mais ce silence m'a paru préférable à une discussion qui risquait de se terminer en querelle. Nous avions cessé de nous entendre, et il ne me convenait pas de soutenir avec cette aimable cousine une thèse théologique. Elle se tromperait donc en croyant m'avoir blessé par ce *post-scriptum* où elle m'adressait en trois mots une question à laquelle je réponds en cinq :

Q. — *Êtes-vous marié ?*

R. — *Je ne suis pas marié.*

Elle aurait seulement dû réfléchir, et se dire que je n'aurais pas dissimulé un acte aussi important de ma vie à une amie comme elle; ou, si ces termes délicats exprimaient une calomnie, Henriette devait-elle oublier qu'il était par trop contradictoire de supposer une liaison coupable au même homme qu'on accusait de pousser sa religion jusqu'au rigorisme puritain?

Oui, Théodora, selon votre sœur, moi, faible, sans appui, sans famille, je devais me défier des barbares amis qui me sacrifient à leur dévotion fanatique. Selon elle, j'ai eu tort de refuser cette place de bibliothécaire et de lecteur de Lyons-Inn [1], que son patronage sans doute m'a fait offrir pour tenter de réveiller en moi

---

[1] Lyons-Inn, résidence de jeunes aspirants à l'exercice de la profession d'avocat.

l'ambition de ma jeunesse, et me ramener dans un monde pour lequel je n'ai jamais été fait. Je conviens que tous ces avis m'étaient donnés au nom d'une prudence désintéressée; on prenait toutes les précautions oratoires de peur de blesser une âme « qui est *trop tendre* pour se livrer impunément à tout ce qui ressemblerait à une *passion exaltée*. » On honorait, disait-on, la religion et les personnes religieuses, « mais Dieu ne nous demandait rien au-dessus de nos forces; la piété la plus pure pouvait égarer une imagination trop vive; il fallait se défier d'un zèle trop ardent, et mesurer sa dévotion à sa santé. » Tout cela était certes bien raisonnable, et je ne sais ce que j'aurais pu y répondre si, après une sortie contre les prières trop longues et les directeurs trop exigeants, on n'eût pas cité l'Évangile pour rappeler que notre Sauveur y parle contre « ces *pharisiens* qui, faisant parade de leurs scrupules, se montrent plus attachés à l'observance de la lettre qu'à l'esprit de la loi. »

Je ne pouvais, Théodora, accepter pour personne ce titre de pharisien, et défendre ceux que l'on me désignait ainsi, c'eût été les déclarer atteints par l'outrage. J'ai préféré, je le répète, négliger de répondre. Voilà ce que vous aurez compris et fait comprendre à Henriette, si elle s'est plainte à vous.

Hélas! Théodora, qu'allez-vous dire quand vous saurez toute la vérité; quand ce puritain, ce fanatique, ce méthodiste, vous avouera que ce n'est pas Henriette qu'il a voulu punir, mais bien lui-même, et que ces conseils sans arrière-pensée trouvaient dans son âme corrompue un fatal complice, qui, peut-être, à la longue, finira par l'emporter, mais qui, au lieu de l'entraîner dans ces distractions innocentes, si naturelles à qui vit, comme Henriette, au milieu du monde, le livrera une seconde fois au découragement et au désespoir des damnés ?

Vous frémissez, Théodora. Lisez, et vous verrez si ma raison ne doit pas repousser, avec le peu de force qui lui reste, toute supposition contre un ami que votre sœur n'est pas la seule à représenter sous des traits si noirs.

Cet ami, dont la discipline sévère contient la révolte de mes mauvaises pensées, ce gardien vigilant du temple, ce pasteur tout occupé du salut de ses ouailles, le révérend M. Newton, en un mot, eh ! bien, ce n'est que parce que j'ai appris à me défier tour à tour de mes sens et de mon intelligence qu'il est M. Newton pour moi. Une sensation que je ne puis définir à son approche, une terreur vague et une voix intérieure me crient : « Tes sens t'abusent, celui qui te parle n'est pas *celui* à qui tu réponds ; ce prétendu apôtre n'est qu'un loup qui a revêtu la forme du pasteur ; ce saint, toujours armé du texte évangélique, est un envoyé de Satan qui t'épie et te surveille comme une proie. Quand sonnera ton heure, il sera là pour interrompre ta prière ou ta pieuse exhortation par un éclat de rire ; il sait que toutes tes bonnes intentions sont repoussées comme le sacrifice de Caïn. Avec une joie maligne il attise le feu de ton inutile dévotion, qui ne te sauvera pas du feu de l'enfer. Certain que, sur le bord de la tombe, tu ne peux lui échapper, peu lui importe la voie par laquelle il t'y pousse.

Avec une préoccupation pareille au dedans de moi, je vous le demande, puis-je écouter ceux qui me dénonceraient M. Newton comme un ennemi ? Le jour où cette perception désolante l'emportera sur la réflexion qui la réprime, le jour où, fortifiée en conviction, elle s'exprimera tout haut par ma bouche, que deviendrai-je ? J'avais pensé à quitter Olney ; mais quel motif en donner à Marie ? Je me tais sur cette nouvelle hallucination, tant elle est étrange, tant j'ai droit d'espérer qu'elle se dissipera d'elle-même ; car elle n'existe qu'en la présence de celui qui la cause, et aussitôt qu'il n'est plus là, aussitôt que je puis me railler de ma folie, je courrais volontiers pour le rejoindre, le consulter lui-même sur ce bizarre soupçon et étreindre sa main dans la mienne... sa main, dont tout à l'heure le contact m'a fait frissonner comme si je touchais un reptile ! Et savez-vous à quel travail M. Newton daigne m'associer depuis quelques jours ? à la composition d'un recueil d'hymnes ! Il a découvert, je ne sais comment, que j'avais autrefois rimé, et qu'une disposition particulière de mon esprit me rendait propre à exprimer poétiquement les élans d'une âme pieuse vers Dieu. Aurait-il connaissance de ces vers qui n'ont jamais été lus que d'une seule personne ? Ah ! me suis-je dit, mon guide spirituel me demande-t-il d'expier, à l'égard du Créateur, mon ancienne idolâtrie pour la créature ?... J'ai promis d'essayer, et j'ai réussi ; l'inspiration n'est pas morte en moi. Vous m'aviez bien dit, Théodora, que j'étais poëte. Je l'avais cru comme vous, quelquefois, et, pour vous prouver que je n'avais point une ambition de gloire, j'avais juré de ne l'être que pour vous... Mais quand bien même notre adieu ne serait pas éternel... car, dans l'autre vie, vous serez parmi les anges, vous!... notre adieu ne serait pas éternel, que vous ne pourriez être jalouse de Dieu. Je vous envoie donc ce que j'ai déjà écrit pour notre pieux recueil ; vous y remarquerez que, par une innocente ruse, il est plus d'une de ces poésies où, sous prétexte de peindre les terreurs d'une âme pécheresse, je peins mes propres terreurs, espérant que M. Newton y devinera une partie de ce que je n'ose lui dire de mes fatales illusions. Voici l'hymne que je compte lui remettre demain, et que ma bonne Marie n'a pu chanter hier soir jusqu'à la dernière strophe, à cause des larmes qui ont étouffé sa voix, sa tendre sympathie ayant eu un vague pressentiment de ce qui se passait dans le cœur du poëte pendant qu'il écrivait :

LE CŒUR CONTRIT.

Au cœur contrit Dieu saura rendre
De sa grâce le premier don ;
Daigne, Seigneur, daigne m'apprendre
Si mon cœur est contrit ou non.

J'écoute..... Ta parole sainte
En vain parvient jusques à moi ;
Je ne sens que l'horrible crainte
D'être *insensible* et sourd pour toi.

Quelquefois mon âme attendrie
Se livre à des accents pieux,
Quand une pensée ennemie
Détourne son regard des cieux.

Tout mon courage me délaisse
Dès les premiers pas que je fais ;
Quand j'ai dit : « Soutiens ma faiblesse ! »
Je suis plus faible que jamais.

Dans la maison de la prière
L'élu fidèle est consolé ;
J'y porte aussi ma peine amère ;
Mais j'entre et je sors désolé.

Incertitude trop cruelle
Que toi seul, Seigneur, peux finir :
Brise mon cœur s'il est rebelle ;
Mais, brisé, daigne le guérir [1].

DEUX JOURS APRÈS.

Comme je m'y attendais, j'ai été compris en partie, et l'explication que j'avais timidement provoquée a eu lieu. Mais, hélas! soit parce qu'il n'est pas au pouvoir du plus savant théologien de ramener la sérénité dans l'âme où Dieu lui-même entretient la défiance, soit que, pour justifier mes horribles soupçons, au lieu d'un guide spirituel, les fidèles d'Olney aient été livrés à un envoyé de l'abîme qui se plaît à souffler sur eux l'esprit de démence en feignant de les consoler... M. Newton n'a fait que me citer un exemple, capable de me rappeler qu'en effet Dieu, dans son inscrutable justice, frappe ou guérit, condamne ou absout à son gré.

Je ne parle pas seulement sous l'immédiate influence de la prévention sinistre que je vous ai révélée, Théodora; mais, maintenant qu'il n'est plus là, présent, il me semble encore que M. Newton a faiblement combattu mon désespoir.

Ainsi il m'a rappelé l'histoire de Simon Browne. Connaissez-vous Simon Browne et son hallucination, non moins étrange que la mienne ? C'était un ministre dissident : ayant perdu, en 1723, sa femme et son fils

---

1 Cet hymne est le 60e du Ier livre des *Hymnes d'Olney*, recueil si estimé de la secte méthodiste.

unique, il fut saisi d'une mélancolie noire, et finit par
se persuader qu'il avait encouru le déplaisir de Dieu,
qui, après avoir détruit peu à peu son âme raisonnable,
ne lui laissait plus qu'une vie animale. Quoiqu'il con-
servât la faculté de parler d'une manière qui semblait
rationnelle et logique aux autres, il n'avait pas plus le
sentiment de ce qu'il disait qu'un perroquet; c'eût été
pour lui une profanation de prier et une inconvenance
d'assister aux prières des autres. Suis-je donc un autre
Simon Browne? dois-je donc aussi renoncer à manifester ma religion et ma foi, parce que je ne crois pas
à l'efficacité de mes prières? Voilà le sens ironique
attaché par moi à l'histoire que m'a faite M. Newton...
J'y penserai...

. . . .

Le lendemain.

Hier, Théodora, j'ai interrompu à propos ce que me
dictait un funeste accès de mélancolie. Je ne sais plus à
quelle inspiration du désespoir la plume m'est tombée de
la main. Que voulez-vous? mes pensées sont toujours
vêtues de noir, *comme la livrée d'un évêque anglican;*
et à la tête de la bande, il en est une qui, de temps en
temps, élève la voix plus haut que les autres pour me
crier : « C'en est fait de toi, Dieu t'a maudit ! » Quelquefois encore toutes mes pensées tourbillonnent comme
un essaim autour de ma tête, sans que je puisse traduire en langage humain leur obscur bourdonnement.
Puis, si je veux en saisir une pour l'interroger, il me

semble qu'elle s'introduit matériellement dans mon cerveau sous la forme d'une mouche, qu'elle s'engage dans le tissu de cet organe, et en mêle tous les fils comme elle ferait d'une toile d'araignée.

Ainsi, tantôt je subis une douleur purement physique et tout intérieure, tantôt la sensation s'exalte jusqu'à créer autour de moi un monde de fantômes d'autant plus effrayants qu'ils affectent des formes plus naturelles et plus difficiles à distinguer de celles des créatures de Dieu.

J'ai observé aussi que je suis sous une dépendance directe des saisons et sous l'influence continuelle de la révolution des astres. En toute saison, les vents d'est me sont peu favorables. La pleine lune m'est presque constamment fatale ; mais je redoute surtout le mois de janvier. C'est dans trois jours que je l'attends, et je suis persuadé qu'il m'apportera quelque malheur nouveau. J'ai beau me dire que Dieu ne se laisse pas gouverner par des causes secondaires, qu'il me tient dans sa main toute l'année : il en est des maladies de mon âme comme de certaines maladies du corps qui reviennent périodiquement.

CAMBRIDGE. — Mars.

Mes pressentiments ne me trompaient pas : le mois de janvier a failli m'être bien funeste ; c'était l'âme de mon frère qui était en péril. Je l'ai perdu ; mais que Dieu en soit loué ! sa vie chancelante s'est assez prolongée pour que je puisse croire avoir aujourd'hui un frère dans le ciel.

Ce fut dans le courant de janvier qu'un ami commun m'écrivit que le pauvre John s'était alité, plus sérieusement malade qu'il ne le pensait lui-même. Je partis pour Cambridge. Je frémis en le trouvant occupé à lire un recueil de comédies et autres compositions profanes. Comment l'avertir qu'il était grandement temps de songer à son salut? J'eus ce courage; mais sa réponse me glaça : mon frère m'avoua que, si depuis quelque temps il avait recours aux études profanes, c'était parce que la lecture des livres saints ne faisait que multiplier ses doutes : il n'avait jamais eu qu'une foi vague et il commençait à ne plus savoir que croire... Lui aussi il voyait un mur d'airain entre son âme et Dieu ; lui aussi il se croyait prédestiné à l'enfer, puisqu'il n'avait pu trouver dans sa piété sincère cette confiance toujours implorée qui lui manquait toujours. « Mon Dieu ! m'é-criai-je, qu'un seul de nous suffise à ta colère, et que ce soit moi ! » Cette exclamation spontanée fit couler ses larmes; il me tendit la main : « Mon frère, me dit-il, pourquoi Dieu ferait-il une distinction entre nous? Prions ensemble ; peut-être nos prières réunies parviendront-elles à toucher la miséricorde éternelle. »

Nous priâmes.

Le lendemain, John se réveilla plus serein : « Votre présence m'a fait du bien, me dit-il; mon sommeil a été calme, et ce matin je sens en moi une secrète espérance. » Le voyant ainsi disposé, je ne craignis pas d'entamer avec lui une discussion religieuse. Je m'aperçus que je devenais persuasif, éloquent même, à force d'affection et d'inquiétude.

« Mon frère, me dit John, vous qui étiez fait pour
mon ministère, je mourrais sans regret si vous pouviez
me succéder auprès du troupeau dont je me suis chargé
si imprudemment. Ah ! je vois maintenant pourquoi j'ai
désespéré de moi-même ; je dois en accuser mon orgueil.
Je m'étais approvisionné de latin, de grec, d'hébreu.
Inutile bagage ! j'aurais fait des miracles avec un peu
moins de science et un peu plus de charité. Voilà pourquoi Dieu m'a privé de sa grâce. » A compter de ce
moment ses forces semblèrent revenues, et je me flattais
que la guérison était encore possible ; mais Dieu voulait
seulement que son serviteur pût manifester le changement qui s'opérait en lui, et quand il eut hautement
déclaré à ses amis combien jusque-là il avait été dans
l'erreur, la maladie reprit le dessus. Quelle résignation
alors dans ses souffrances ! avec quelle ardeur il les sur-
montait pour remercier Dieu de lui avoir dessillé les
yeux, et pour me remercier moi-même d'être venu
verser le baume céleste sur son âme ! « Ah ! répétait-il
quelquefois, j'ai vécu trente-trois ans, et cependant je
puis dire que je ne suis né que depuis quelques jours. Je
puis mourir sans regret, puisque la grâce m'a visité ; je
puis vivre sans crainte, car rien désormais ne saurait me
détourner de la voie évangélique. Et vous, mon frère,
continua-t-il, vous voilà en faveur dans le ciel ; quelle
puissance ont eue vos prières ! j'espère que vous ne
doutez plus de la miséricorde de Dieu à votre égard ! »
Hélas ! je me gardai bien de le détromper, tout en gémis-
sant de ne pouvoir éprouver sur moi la vertu de ces
discours si efficaces sur un autre ; me comparant à ces

vases vernis qui ne sauraient s'imbiber de la liqueur précieuse qu'ils transmettent aux lèvres altérées.

Mon frère s'est endormi de son dernier sommeil, le sourire dans les yeux. Qu'une semblable mort est douce ! comme elle consolerait celui qui reste de ce côté-ci de la tombe s'il pouvait en espérer une semblable !

Olney. — Avril.

..... Me voici de retour à Olney depuis trois semaines. Ah ! que ma bonne Marie m'a rendu avec usure les larmes que j'avais versées avec elle quand nous perdîmes le vénérable M. Morley ! comme ces douleurs partagées resserrent tous les liens d'une amitié aussi tendre que la nôtre ! le chagrin le plus amer se change peu à peu en une mélancolie pleine de douceur et de charme. Je n'ai jamais connu, il est vrai, qu'à moitié ce bonheur vanté des poëtes, le bonheur de deux amants. Mais, Théodora, j'ai besoin de me dire que je l'aurais goûté avec vous pour le mettre au-dessus de la tristesse sympathique de deux amis.

Je vous avouerai que, par une mutuelle et tacite défiance, mistress Morley et moi, nous ne confions pas à notre pasteur toutes les voluptés de notre pieuse résignation : son autorité n'épargne pas des avis quelquefois assez durs à ma compagne et à moi. Cette austérité affecte volontiers des formes de rudesse, et si M. Newton n'était aussi sévère pour lui-même que pour les autres, il me confirmerait dans la superstitieuse supposition dont je vous ai parlé. Mais, aujourd'hui, ce que j'ai appris à Cambridge des antécédents de notre directeur spirituel m'explique quelques-uns des traits de son caractère. M. Newton est un des miracles les plus éclatants de la grâce. Avant d'être ministre de l'Évangile, il avait été contrebandier et puis négrier. Impie blasphémateur, comme Paul avant sa conversion, il fut la terreur des fidèles. Je me reproche d'avoir indiscrètement répété à mistress Morley ce qui a été dit de M. Newton; car la voilà maintenant qui tremble comme moi en sa présence : que serait-ce si j'avais achevé ma confidence en lui révélant la sensation affreuse que je ne puis surmonter moi-même que par un effort de raison? Je m'interrompis à propos en voyant qu'elle frémissait tout en admirant la miséricorde divine qui a racheté, dans M. Newton, une âme qu'on devait croire à jamais perdue pour le ciel.

Je comprends que M. Newton, homme de passions énergiques et violentes, ait conservé dans son ministère quelque chose du vieil homme, et changé en sévérité religieuse, en sainte indignation contre les pécheurs, son ancienne dureté de marin et de capitaine négrier. La terreur règne dans son église comme jadis sur son vaisseau. Hélas! la perversité de cette génération ne le justifie que trop souvent. Telle est la lâcheté des chrétiens d'Olney, que la peur de l'enfer en retient un plus grand nombre que la promesse du paradis. Cependant M. Newton oublie quelquefois peut-être qu'il y a quelques natures délicates que trop de sévérité peut décourager.

Vous voyez, Théodora, combien je me laisse facilement aller aux insinuations de votre sœur ! Il est vrai qu'hier encore, au milieu du sermon, une pauvre femme a été saisie de convulsions effrayantes, et que les ennemis de notre pasteur l'accusent d'avoir causé la folie de six autres femmes, dont trois sont enfermées encore à Bethnal-Green. Enfin, M. Newton lui-même, hier au soir, ne put s'empêcher de nous exprimer quelques doutes sur l'efficacité de sa prédication. Tout en attribuant la fréquence des cas de folie dans sa paroisse à la vie sédentaire que mènent ici les femmes, à leur indolence, à l'air malfaisant de leurs petites chambres, il a dit : « C'est cependant pour moi une cruelle épreuve quand j'éprouve parfois ce que dut éprouver David mécontent du Seigneur, et je me suis surpris en révolte contre CELUI qui permet ces maladies dont on cherche la cause dans l'excès de la piété. Mais, du moins, a-t-il ajouté par le besoin de se rassurer, si le Seigneur les conduit à travers le feu et l'eau à son royaume, quoi que les pauvres folles puissent souffrir sur le chemin, elles sont moins à plaindre que les insensés du monde qui se croient dans leur bon sens et en prennent occasion de railler l'Évangile, comme s'il n'était propre qu'à troubler la raison. Peut-être le Seigneur permet-il ces choses afin que ceux qui cherchent un prétexte pour tomber et pour railler les saints aient ce qu'ils cherchent..... J'espère, mistress Morley, qu'il n'y a rien dans ma prédication qui tende à abattre ceux qui ont besoin d'être relevés? »

Ici mistress Morley ni moi nous n'avons rien répondu.

« Si je ne savais, a poursuivi **M. Newton** sans faire attention à notre silence, si je ne savais que les justes d'Olney jugent mieux leur pasteur, j'abandonnerais cette terre ingrate. Les habitants de Sodome méprisèrent Loth, mais la vengeance du ciel ne tarda pas à tomber. Les croyants sont le sel des lieux où ils vivent. Par leur exemple et leur influence, ils arrêtent les progrès de la corruption, et, par leurs prières, ils empêchent que le vase de la colère se vide sur leurs concitoyens jusqu'à la lie. Quand une nation semble près de sa décadence, comme un chêne qui a perdu ses feuilles, dit Isaïe, les enfants du Seigneur sont comme la séve dans la racine ; grâce à eux, on peut espérer que l'arbre reverdira encore [1]. »

Nous n'osâmes pas contredire **M. Newton**, la bonne Marie et moi ; mais nous nous regardions de temps en temps avec des yeux qui disaient que notre silence était l'effet de cette terreur que nous ne pouvions approuver. Aura-t-il compris notre réticence ? Si cela est, je ne serais pas surpris qu'il se résolût à changer de paroisse. Ce matin déjà, il nous a annoncé qu'il devait faire un voyage.

CONTINUATION. — Août.

Il me semble que c'est à Dieu lui-même que je confesse ainsi toute ma vie, Théodora, mes bons sentiments comme mes faiblesses ; par cette confession, vous devenez, je vous l'ai déjà dit, une personnification de ma con-

____

[1] Lettre de M. Newton à Cowper.

science. Plus d'une fois j'ai pu étouffer à temps une pensée mauvaise, en me rappelant qu'il faudrait tôt ou tard la soumettre à votre tribunal. Quelle que soit ma franchise, cependant, je me demande si, pour en avoir tant avec vous, il ne m'était pas nécessaire de vous placer en quelque sorte dans un nuage. Pourrais-je ainsi mettre mon âme à nu devant la vôtre sous l'impression immédiate de votre regard? Ma langue serait-elle aussi confiante, aussi indiscrète que ma plume? Oh! je ne sais, ou alors l'amitié la plus intime fait d'autres réserves que l'amour; car je ne dirais pas à mistress Morley, à ma bonne Marie, tout ce que j'écris à Théodora. Peut-être aussi cela tient-il à la différence de nos âges : je vous avais bercée petite fille sur mes genoux, Théodora, avant de déposer tous mes priviléges à vos pieds, et, tel est l'orgueil de notre sexe, qu'alors même je me relevais de temps en temps pour braver vos semblants de caprice, et faire encore le Mentor ou du moins le cavalier protecteur, si quelque abeille insolente venait effrayer de son bourdonnement trop rapproché ma peureuse cousine. Ici, au contraire, dans mon éternelle convalescence, c'est Marie qui me protége ou me gronde. Elle est pour moi une sœur aînée, sinon une mère; et son malade, son protégé, n'a pas toujours le courage de s'exposer à être grondé.

Ne croyez pas toutefois que mon indépendance d'homme soit entièrement anéantie dans cette amitié où la femme gouverne : on a pour mon intelligence un respect aussi grand, plus grand même que celui de ma petite cousine pour son Mentor. Mes hymnes d'abord m'ont fait une renommée de poëte qui me place au niveau du roi psalmiste ; mes décisions de critique sont également irrévocables, et, enfin, mes études en droit ayant été mises à contribution par quelques voisins, enchantés de consulter gratis un homme qui a porté jadis la perruque sacramentelle, on me proclame dans notre cercle le premier des jurisconsultes, un autre chancelier Cowper [1].

Je suis beaucoup plus fier, cependant, de mes talents d'artiste ; ce sont ceux que je cultive avec le plus de goût et le meilleur effet pour la santé de l'âme et du corps. J'avais mainte fois envié au joyeux ouvrier, armé de son rabot, son insousiance et sa chansonnette : le rabot serait-il un talisman de gaieté ? Je chante tout naturellement quand je fais de la menuiserie ou de la charpente ; c'est qu'il faut voir avec quelle adresse je manie mes outils : sous mes habiles mains, le bois devient un meuble précieux. Ma serre est un édifice qui ferait envie à lord Bute. Nous voici au mois d'août, et nous en avons fait un salon d'été. Les murailles sont artistement tendues avec les paillassons qui ont servi à défendre mes pêchers des gelées de mars. Le soleil en est exclu par un auvent de nattes, excepté un rayon ou deux qui s'échappent par quelque fente et viennent jouer comme des feux follets sur les tapis en jonc dont nous avons couvert le plancher. Nous continuons à faire nos repas dans la salle à manger et à dormir dans nos chambres ; mais nous passons le reste de notre temps dans la serre,

---

[1] M. Newton lui-même le consultait sur des cas de jurisprudence.

occupés à écouter le vent qui murmure à travers les arbres et les oiseaux qui chantent autour de nous. Qu'il
faut peu de chose pour être heureux dans un ermitage
si charmant! Le recueillement n'y livre l'âme qu'à des
pensées gracieuses, et la conversation y est plus animée. M. Newton, l'austère M. Newton, qui ne dédaigne
pas de venir de temps en temps s'y asseoir avec nous,
laisse à la porte une partie de son austérité. Le reproche
s'adoucit en plainte dans sa bouche, et si quelque bon
mot de mon ancienne gaieté m'échappe, il sourit et se
laisse aller à répondre aussi par un bon mot. Je ne
comprends plus alors mon hallucination à son égard,
et je l'oublie même quand son front est tout à fait dé-
ridé.

Enfin, ma bonne Marie, voyant combien mon humeur et ma santé gagnaient à ces distractions, invite
de temps en temps quelques voisins à venir respirer le
frais avec nous dans notre salon d'été. Parmi ces connaissances en petit nombre, est mistress Jones, femme d'un
ecclésiastique de Clifton, à quelques milles d'Olney;
c'est une femme d'excellente compagnie et de mœurs
douces, que nous aimons de tout notre cœur.

15 août.

Telle est l'influence des saisons sur moi : depuis ces
derniers beaux temps, je me sens heureux jusqu'à l'en-
fantillage ; voilà pour mon humeur. Une séve nouvelle
circule dans mes veines; j'entreprendrais, je crois, des
promenades de vingt milles à pied, si je pouvais quit-

ter notre jardin, et surtout notre serre au delà de quelques heures ; voilà pour ma santé. Quant à ma tête, elle fermente encore comme toujours, mais c'est pour faire des vers. Je vous envoie quelques nouveaux échantillons de cette folie, qui ne me ramènera pas à Saint-Albans, quoiqu'elle m'excite à former quelquefois des rêves de gloire. Quand je me laisse aller aux conseils de ma bonne Marie, je me persuade qu'un libraire, à Londres, ne dédaignerait pas de publier ces poésies. Cependant j'attendrai un jugement moins partial pour me décider.

Ne pensez pas que cette exaltation poétique me fasse négliger mes humbles travaux d'ouvrier. Je construis en ce moment trois maisons ; oui, trois maisons. Je ne suis pas embarrassé pour les occuper ; j'ai trois locataires tout trouvés, ce sont trois lapereaux dont je veux faire l'éducation [1].

20 août.

Il est des jours où je crois que le révérend M. Newton n'a pas tort. On respire dans notre salon d'été un air trop doux pour que l'âme ne risque pas d'y contracter des habitudes de langueur et de mollesse. L'autre semaine, je m'en suis arraché avec peine lorsque M. Newton m'a fait prier de porter un secours d'argent et des consolations chrétiennes à un prisonnier que nous avions visité ensemble la veille. Ce matin, mistress Morley avait sa harpe, et nous avons d'abord chanté un hymne ; mais peu à peu et naturellement, à des airs religieux sa

____

[1] Nous supprimons ici l'histoire bien connue des lièvres de Cowper.

main faisait succéder quelques motifs d'airs mondains, et j'ai compris qu'avec une amitié moins sainte que la nôtre, le tête-à-tête serait parfois dangereux au milieu d'un jardin, avec le chant des oiseaux et le parfum de nos myrtes pittoresquement distribués devant la serre qui les a protégés cet hiver. Par moments, mon cœur battait avec violence, et moi, si heureux dans notre retraite, moi, si résigné au sacrifice des plus doux rêves de ma jeunesse, je faisais un retour mélancolique sur un passé moins paisible. L'amitié, la chaste amitié, ne suffirait-elle plus à ce cœur brisé par tant d'orages? N'est-ce plus assez des distractions que je me suis créées pour occuper ma tête ardente? Ai-je offensé Dieu par trop de confiance en moi-même? Faut-il invoquer la maladie au secours de ma faible sagesse?

Depuis quelques jours, je suis tout occupé d'une nouvelle liaison. Le solitaire d'Olney redeviendra homme du monde, pour peu que la Providence envoie encore une ou deux dames aimables partager sa solitude. Je ne plaisante pas, voici les faits.

D'un commun accord, ma bonne Marie et moi, nous venions de quitter la serre, et nous étions à la fenêtre donnant sur la rue, occupés à voir passer le monde, à entendre les enfants qui criaient, les chiens qui aboyaient, musique un peu moins poétique que le chant des oiseaux et le murmure de la brise dans le jardin. Tout à coup nous apercevons mistress Jones, se dirigeant de notre côté avec une autre dame dont j'avais remarqué la taille élégante avant de pouvoir distinguer ses traits. Est-ce une visite pour nous? pensai-je; et tout sauvage que je suis, je n'étais pas fâché que mistress Jones nous fît visite si bien accompagnée ; mais non ; arrivée sous notre porte, les deux dames se contentent de nous faire un léger salut, et entrent dans une *Foire de vanités* (comme dirait le vieux Bunyan), qui se tient dans la maison vis-à-vis, je veux dire dans un magasin d'étoffes, de rubans et autres articles destinés à la toilette du beau sexe. Nous les suivons des yeux à travers les vitres du marchand ; et quand elles disparaissent au fond de l'arrière-boutique, je me sens animé d'un sentiment de curiosité qui m'étonne moi-même.

— Qui peut être cette dame ? — Est-elle d'Olney ou de Clifton ? — Comment ne l'ai-je pas rencontrée encore ? Eh ! sans doute, elle n'est ni de Clifton ni d'Olney. — C'est une lady qui vient de Londres et non du village. — Cependant ses traits ne me semblent pas étrangers. — Je parie qu'elle est aimable. — Qu'en pensez-vous ?

J'adressais à Marie toutes ces questions et ces affirmations avec une volubilité qui la fît sourire ; elle qui aurait pu m'arrêter à la première phrase, elle attendit que j'eusse épuisé toutes ces suppositions pour me dire que la dame qui m'intéressait si vivement était une sœur de mistress Jones, lady Austen, veuve d'un baronnet.

— Puisque cette jeune veuve vous semble si aimable, voulez-vous, me dit-elle, que j'aille l'inviter, ainsi que sa sœur, à venir prendre ce soir le thé avec nous ? — Très-volontiers, lui répondis-je. Et ma bonne Marie, charmée de me procurer cette distraction, descendit au même instant pour faire son invitation, qui fut acceptée très-gracieusement, comme je m'en aperçus au second salut qu'on échangea avec moi en sortant du magasin.

Mistress Morley fut donc bien surprise lorsque, de retour, en me rendant compte de son heureuse ambassade, elle me trouva retombé dans ma sauvagerie, honteux même de la démarche que je lui avais fait faire.

— En vérité, lui dis-je, où avais-je la tête? Quel rôle vais-je jouer avec cette dame que je n'ai jamais vue? Tenez, ma chère amie, j'en ai d'avance la fièvre; je ne paraîtrai pas ce soir à la table du thé; vous m'excuserez auprès de ces dames. Je ferais une trop sotte mine.

— Et moi qui ai fait cette invitation en votre nom beaucoup plus qu'au mien! me dit Marie.

— Encore mieux! m'écriai-je; et, injuste par humeur, voilà que je reproche à mistress Morley de m'avoir pris au mot, elle qui devait me connaître et avoir du bon sens pour deux.

Enfin je me décidai, après bien des hésitations, à paraître au thé du soir, résigné à y être aussi maussade que possible.

Ces dames furent exactes à l'heure, et je fus présenté à lady Austen. A peine si d'abord j'osais lever les yeux vers elle; mais la jeune veuve, prévenue sans doute de mon humeur, se garda bien d'y faire attention. Elle ne s'inquiéta que de répondre aux douces avances de ma bonne Marie, qui n'épargnait rien pour empêcher qu'on s'aperçût de ma bouderie ridicule. Aussi réussit-elle à plaire à lady Austen et à lui inspirer un vif attachement dès cette première entrevue. Lady Austen, de son côté, si bien encouragée par la maîtresse de la maison, montra peu à peu tant d'esprit et de grâce, que le sauvage honteux finit par se dérider et par prendre part à une causerie qui devint charmante. Nous passâmes ainsi deux heures bien courtes ; et quoiqu'il fît un admirable clair de lune, je ne pus m'empêcher d'offrir mon bras aux deux sœurs pour les reconduire à Clifton. Pendant la route l'entretien de la table à thé fut continué avec la même verve des deux parts, et nous ne nous séparâmes qu'après être convenus d'une réunion prochaine.

Le lendemain, en effet, nous sommes allés, ma bonne Marie et moi, rendre à ces dames leur visite. Lady Austen nous a ravis par ses ingénieux propos. Rien de plus facile et de plus piquant que sa causerie ; de l'esprit et du bon sens, un grand usage du monde et un naturel qui fait paraître spontanées ses pensées les plus réfléchies. Elle a décidément fait ma conquête, et cela en s'occupant bien moins de moi que de mistress Morley. Je défierais un cœur de marbre de résister au charme de sa bienveillance. Sa gaieté est si communicative ! Elle a l'art de vous mettre de moitié dans chaque anecdote qu'elle vous raconte en vous donnant l'occasion de l'interrompre par quelque saillie ou par quelque moralité qui ressort de son récit. Il faut dire qu'elle a longtemps habité la France ; mais elle est revenue en Angleterre, toujours Anglaise de cœur ; elle a vécu dans le plus grand monde, mais elle n'en aime que davantage la campagne, la retraite, un petit cercle

d'amis. Enfin elle a conçu pour nous tant d'amitié, que,
ce matin, en revenant nous imposer la dette d'une seconde visite, elle a manifesté le désir de se fixer près de
nous. Nous en serions si enchantés, que nous n'avons pas
osé discrètement l'y engager beaucoup; mais elle a trouvé
tout de suite sa future résidence, et cela presque dans
la maison même où nous habitons. Quel bonheur si elle
persiste! Jusqu'ici rien ne semble y faire obstacle. Nous
avons un second corps de logis, vaste bâtiment que
nous abandonnions au jardinier, à sa femme, à ses enfants et à une légion de rats. Elle prétend expulser tout
ce monde, rats compris, nous a-t-elle répondu quand
nous avons essayé de lui faire peur de ces premiers oc-
cupants. Elle fera réparer cette grande masure, elle écrira
à Londres pour qu'on lui envoie de quoi la meubler. Je
croyais entendre une fée nous préparer à ce prodige, et
elle faisait une description si animée de la métamor-
phose architecturale qu'elle médite, que je m'attendais
à voir tout à coup son palais s'élever à côté de notre
humble maisonnette.

. . . .

Deux jours après.

Ce n'était pas une plaisanterie. Ce matin est venu une
espèce de maçon-architecte pour examiner les lieux et
prendre des mesures avec sa longue toise. Décidément
la jeune veuve veut devenir notre voisine. Admirez donc
cette rencontre providentielle! Comme notre retraite va
s'embellir! et, il faut en convenir, nous avions un peu
besoin de cette augmentation de société, ou plutôt de

famille. Plus d'une fois je me suis dit que, si mistress
Morley venait à tomber malade, les deux ou trois personnes de son sexe qu'elle connait icis ont si loin, ou si absor-
bées par les soins de leur ménage et de leurs marmots,
que je serais bien embarrassé et elle aussi. Il y a cependant quelque générosité à moi de n'être pas jaloux de
cette sœur qui lui arrive, et qui, je ne puis me le dissimuler, nous a été bien plutôt conquise par la douce sympathie de mistress Morley que par l'humeur inégale
de son malade. Mais je me sens très-disposé à être un
peu moins quinteux pour mon compte; combien je me
reprocherais de priver ma bonne Marie de cette compagne que le ciel lui envoie ! J'espère bien contribuer à
lui rendre ce séjour trop agréable pour qu'elle regrette
une décision en apparence si soudaine. Et puis elle est
si bonne qu'elle s'attachera d'autant plus à nous qu'elle
verra que sa présence est une bénédiction pour tous.
Justement M. Newton part demain et sera absent plu-
sieur mois. Nous aurions été par trop isolés sans lady
Austen dans notre grande maison, quoique le révérend
M. Scott, qui vient suppléer son collègue, doive habiter
le presbytère. Tout occupé des préparatifs de ce voyage,
M. Newton avait fait peu d'attention encore à la jeune
veuve, mais ce matin elle a séduit M. Newton comme
nous. Elle a fait plus, en le forçant d'être aimable; et
moi, j'ai bien oublié cette double nature attribuée naguère
par mon sens intérieur à notre pasteur, comme si le bon
génie avait tenu le mauvais à distance, comme si le démon n'osait se montrer devant l'ange.

Il paraîtrait, cependant, qu'avec toute sa bonté, l'ange

ou le bon génie n'a eu des yeux si doux pour notre directeur spirituel qu'avec le léger effort d'une petite dis-
simulation; car, lorsqu'il a été sorti, lady Austen n'a pu
s'empêcher de nous demander, avec un peu de malice,
si M. Newton était toujours d'aussi bonne composition
avec les dames. Évidemment, mistress Jones lui aura
parlé de la sévérité de M. Newton, et c'est par complaisance pour nous qu'elle a mis tant de coquetterie à lui
plaire.

QUELQUES JOURS APRÈS.

Ne croyez pas que lady Austen ne soit qu'aimable et
enjouée, elle a une instruction qui égale presque celle
de ma bonne Marie, quoique celle-ci soit douée peut-être
d'un sens critique plus droit et plus sûr. Mais elle a aussi
beaucoup lu, et elle sait par cœur nos meilleurs poëtes.
Quand mistress Morley, faisant les honneurs de mes
vers, m'a dénoncé à elle comme un auteur à qui il ne
manque plus que d'être imprimé tout vif, elle a voulu
être dans la confidence de mes rimes, et j'ai obtenu son
approbation, quoiqu'elle ait trouvé mes sujets bien graves. Ma foi! elle a un peu raison, et, malgré une belle
défense de la moralité de la poésie, que ses observations
ont provoquée chez mistress Morley, puisque j'ai deux
muses, je chanterai tantôt sur un ton, tantôt sur l'autre.
Déjà je suis presque en mesure de surprendre la dernière venue par une épître dans le goût de celles de
mon ami Lloyd. Je n'aurai pas impunément fait partie
du *Club de la Déraison* [1].

[1] Le *Non-Sense-Club* était une société de sept élèves sortis de

En attendant, les réparations du vieux bâtiment sont en train, et les maçons travaillent à leur aise, au son de la lyre, comme les maçons de Thèbes.

.   .   .   .

A HUIT JOURS DE LA.

Quel charme exerce sur nous sœur Anne, c'est le nom familier que la bonne Marie et moi nous donnons à lady Austen? Jusqu'à ce qu'elle puisse s'installer à notre porte, nous n'avons pas assez de philosophie pour nous priver d'elle un seul jour. Elle était venue avant-hier nous visiter, malgré une pluie battante, et hier nous sommes allés la voir à Clifton, malgré les obstacles d'un chemin inondé, plein de boue et de flaques d'eau. Nous sommes arrivés chez mistress Jones dans un état à faire pitié, ou plutôt à exciter le rire. Dix fois le pied nous a glissé, et la bonne Marie a plongé jusque au-dessus de la cheville dans un trou perfide, où l'eau était recouverte d'une surface qu'à sa couleur il était permis de confondre avec la terre ferme. A quelques pas plus loin mon tour est venu, et j'ai pris mesure de ma taille au fond d'un fossé, où ma chute a effrayé les dames grenouilles. Eh bien! toutes ces fatales aventures ne nous ont pas donné un seul moment d'humeur, et ce matin nous attendons sœur Anne debout, quoiqu'elle ait prédit qu'elle nous trouverait au lit, avec un gros rhume pour le moins.

Westminster-School, qui dînaient ensemble tous les jeudis. Robert Lloyd, homme d'esprit et poëte facile dans le goût de Mathieu Prior, était membre de ce club. Une des premières pièces de poésie de Cowper avait été une épître à son ami Robert Lloyd.

Il y a mieux : j'ai mis en vers notre voyage, et, pour
s'être moquée de nous hier, elle va être condamnée à
chanter elle-même notre courage et nos exploits dans la
boue. Je ne sais sur quel air, par exemple, mais elle le
saura bientôt, car elle en a pour tous les rhythmes. Ma
ballade dialoguée finit par cette sentence :

> Sœur Anne, maintenant, prenez votre guitare
> Et mettez-la d'accord pour nous chanter mes vers.
> Je les ai variés avec un talent rare;
> Tâchez à votre tour de varier vos airs[1].

Le surlendemain.

Mon *Odyssée* de Clifton a obtenu le plus grand succès.
Sœur Anne s'est exécutée de la meilleure grâce du monde.
Quelle fraîcheur dans sa voix et quelle douceur dans
son regard quand elle chante! Cette femme est une vraie
sirène, et elle renonce au monde, où elle excitait une si
vive admiration, pour se faire ermite avec nous! Comment ne l'aimerions-nous pas? Quant à moi, je ne sais
si je n'ai pas déjà autant d'attachement pour elle que
pour ma bonne Marie. Je ne connais rien au-dessus de
la tendre affection de celle-ci pour consoler un pauvre
convalescent, pour changer la plus sombre tristesse en
douce mélancolie; mais, avec l'autre, l'esprit est entretenu dans une telle activité, qu'elle prévient toute idée
noire. J'espère ne plus les séparer dans ma reconnaissance. Comme cette triple amitié a tout à coup simplifié

---

[1] Cette promenade, racontée en vers et dialoguée, est une des plus
comiques compositions de Cowper. Elle avait paru dans un *Magazine;*
mais on avait négligé jusqu'ici de l'insérer dans le recueil de ses
œuvres.

ma situation à l'égard de ma bonne Marie! Plus rien d'équivoque aux yeux du monde, et cependant je puis me livrer plus librement que jamais aux charmantes distractions de notre intimité. Demain, nous allons tous les trois assister à une fête rustique que donnent les propriétaires de Weston-Hall. Lady Austen les a connus sur le continent, et c'est elle, je pense, qui nous a valu une invitation; la fête sera terminée par l'ascension d'un aérostat.

..... Notre excursion à Weston-Hall a été une partie délicieuse, comme toutes celles qu'invente sœur Anne. Il ne tient qu'à nous de fréquenter le grand monde, de vivre de la vie de château. Weston-Hall appartient à la famille catholique des Throckmorton. Sir John et sa jeune lady nous ont parfaitement accueillis. Je ne sais quels honneurs m'attendent lorsque je serai poëte légalement reconnu au Parnasse; poëte sur parole, j'ai accaparé déjà presque tous les honneurs de la fête, et ma vanité risquait fort de m'enlever dans une région plus élevée que celle où nous avons cessé d'apercevoir le ballon. L'ascension a été superbe, et je suivais cette voiture aérienne, en imagination, avec les ailes de la Muse, lorsqu'elle est tout à coup retombée... vide, hélas!... En sera-t-il de même de ma gloire future? Je reçois ce matin une lettre de Johnson, le fameux libraire de Londres, qui consent à servir de parrain à mes vers.

Mais je reviens au ballon, ou plutôt à nos hôtes de Weston-Hall, qui nous ont forcés de déjeuner avec eux, et qui nous auraient retenus à dîner, si nous n'avions été attendus à Clifton par mistress Jones. Sir John et lady Throckmorton sont d'une affabilité qui leur gagne tout d'abord les cœurs. Leur château est une résidence princière : on ne peut en faire mieux les honneurs. Leur religion, mise hors la loi, les condamne à vivre ainsi en ermites, et quelques zélés dévots de la paroisse sont encore assez intolérants pour les outrager quelquefois. Ce n'est pas comme cela que j'entends la charité protestante, et je me suis trouvé tout à fait à mon aise avec le chapelain du baronnet, auprès de qui j'étais placé à table; il est vrai que nous n'avons pas parlé culte, mais seulement morale, et la sienne est excellente. Lady Austen nous avait bien dit que nous serions contents du père Lewis. C'est un prêtre respectable.

Lorsque nous avons pris congé de sir John, il nous a gracieusement offert une clef de la petite porte de son parc, et nous pourrons désormais nous y promener toutes les fois qu'il nous plaira et tant qu'il nous plaira. Je suis très-sensible à cette faveur. Je me propose d'aller rêver sous ces arbres séculaires et d'y achever quelques vers que Johnson me demande, pour que mon volume soit d'une taille raisonnable.

DIX JOURS APRÈS.

Enfin, sœur Anne occupe son petit palais, et nous pouvons nous voir, non plus tous les jours, mais toutes les heures, le soir comme le matin, tantôt chez elle, tantôt chez ma bonne Marie, ou plutôt les deux maisons n'en font qu'une, et la serre est le salon commun des deux ménages. Que nous sommes bien tous ensemble!...

Quand nous nous sommes perdus de vue entre les repas, qu'il est charmant d'avoir chacun à faire l'histoire des incidents de sa journée! Je crois, après tout, que, de nous trois, c'est moi qui suis le plus heureux : au premier aspect, tous les désavantages semblent de mon côté; seul contre deux, et un homme contre deux dames, si nous faisions la guerre, j'aurais à combattre le nombre et la ruse; mais nous sommes en pleine paix, ou bien c'est moi qui suis, tour à tour, l'arbitre et le juge de toutes les petites querelles, le confident de tous les moyens de réconciliation qu'inspire aussitôt l'ennui d'une bouderie. Et, alors, comme je suis fier de mon rôle de conciliateur! comme il est doux de tenir dans mes mains ces deux mains qui se cherchent! Au reste, il m'est difficile de savoir qui a tort ou raison, car, le plus souvent, ces bouderies et ces réconciliations ne sont qu'un jeu qui fait rire à mes dépens, si je me laisse prendre à une fausse alarme. Je crois, vraiment, que mes deux amies n'ont qu'une pensée, celle de m'occuper d'elles, et cela non par coquetterie; mais par une charité ingénieuse, qui veut prévenir le plus longtemps possible ces retours sur moi-même, si funestes naguère au calme de mon âme. Sans doute, ma bonne Marie n'aura accepté cette nouvelle amitié qu'à la condition que sœur Anne la seconderait dans son inépuisable affection pour son solitaire. Aussi j'aimerais trop sœur Anne si je ne savais que je dois à Marie ces attentions qui me sont prodiguées par l'amie la plus récente comme par l'amie la plus ancienne. Et ici, je remarque un des avantages de l'amitié sur l'amour. En amour, on ne peut être que deux; tout nouveau venu importune ou excite bientôt une fatale jalousie; l'amitié n'est pas si exclusive, elle est plus sociable et ne s'alarme pas si aisément. Je ne saurais dire, quant à moi, quelle est celle de mes deux compagnes qui m'est plus chère que l'autre; Marie est plus sérieuse, sœur Anne plus enjouée; mais l'opposition de leurs caractères les unit plus étroitement entre elles et les rend deux fois plus aimables à mes yeux. Voilà comme j'eusse aimé votre sœur Henriette et vous, Théodora, l'aînée et la cadette, si, avec celle-ci, j'avais sagement su m'en tenir à l'amitié.

Je reviens souvent là-dessus : dans ma vie paisible, mais non monotone, je vous assure, les événements sont rares, les sentiments sont tout. Avec mes deux gardes-malades, titre qu'elles prennent pour me railler de ma santé, depuis quelques mois si bien rétablie; avec mes deux gardes-malades, dis-je, le temps se passe en promenades ou en causeries; seul, je continue mon bonheur en l'analysant, ou je mets à profit les inspirations poétiques que je lui dois. Je m'exerce, depuis quelques jours, à faire des vers sans rime, c'est l'avis de sœur Anne, et je lui en sais gré; dans ce nouveau rhythme, je trouve un rajeunissement de ma verve, des idées plus nettes, plus franches; des expressions plus pittoresques, un tour plus varié dans la phrase et même une harmonie particulière. Milton n'est-il pas souvent plus harmonieux que Pope? J'ai encore à sœur Anne l'obligation d'un titre qui vous fera rire lorsque vous saurez que je prétends y coudre quatre ou cinq mille vers.— Je veux bien vous faire des *vers blancs*, lui disais-je, mais donnez-moi un sujet? — Un sujet, me répondit-elle, mais prenez le premier venu, le *Sofa*, par exemple. Et j'ai pris le *Sofa*. Si j'osais retracer tous mes rêves sur ce meuble et toutes nos causeries! mais j'écris désormais pour le public, et le public ne doit pas être introduit dans le sanctuaire mystérieux de l'amitié. A vous seule, Théodora, le droit de lire dans les secrètes pensées de votre William; à vous seule seront adressées les variantes du poëme, à vous seule la clef des passages qui paraîtront obscurs aux critiques.

A propos des critiques, le moment approche où ces messieurs vont me traîner à leur tribunal. Chaque jour je corrige une épreuve qui m'arrive de Londres, et que je renvoie quelquefois bien raturée. Ce matin, cependant, mes deux muses se sont trouvées d'accord pour me faire conserver une tirade dont je n'étais content qu'à demi, et sœur Anne, allant détacher une branche à mon plus beau myrte, m'en a couronné de sa jolie main blanche. Jugez si je suis préparé aux bourrades de nos Revues et de nos Magazines. J'en ai d'avance la sueur froide, et il y a des moments où je me repens d'avoir cru à mon génie. En tout cas, ceux qui m'attaqueront peuvent s'attendre à me voir bien défendu : mes deux complices protestent d'avance contre tout jugement qui ne me placerait pas au premier rang. Par prudence, toutefois, j'ai pieusement serré ma couronne de ce matin; si c'est la seule qui décore mon front, elle ne m'en sera que plus précieuse.

J'écrivais hier à mon frère homonyme William Morley, et, sous l'influence du myrte dont une tendre main m'a-

vait couronné, je me comparais à Hercule et à Samson.
Voyez si je suis fier de ma force et de mes travaux [1].
La comparaison n'a pas paru mauvaise à ces dames, qui
m'occupent tour à tour à dévider leurs écheveaux de fil.
Je ne sais pas de plaisir plus charmant que celui de prêter
ainsi ses bras à deux princesses industrieuses qui, tout
en faisant leurs pelotons, vous racontent quelque bonne
histoire, comme celle qui m'a tant amusé hier, que toute
la nuit j'en ai rêvé et que cette nuit j'en ai fait une ballade. C'était sœur Anne qui était la narratrice, et j'aurais écrit un chef-d'œuvre si j'avais pu conserver, dans
mes rimes burlesques, la moitié des traits piquants de
son récit. Je vous envoie la magnifique ballade de John
Gilpin :

JOHN GILPIN [2].

John Gilpin était un marchand très-connu et en crédit;

[1] « Le matin, je me promène avec une de ces deux dames, et l'après-
midi je dévide du fil. Ainsi faisait Hercule, ainsi probablement Samson, ainsi fais-je. Si ces deux héros vivaient, je les défierais à cet
exercice, et je ne doute pas de ma victoire. Quant à tuer des lions, et
autres amusements de ce genre, qui les charmaient tant... je serais
leur très-humble serviteur. » (Lettre à M. Unwin, 19 janvier 1783.)

[2] Il serait difficile de citer, dans la littérature anglaise, une ballade
plus populaire. La gravure s'en est emparée bien souvent, et la figure
du pauvre Mazeppa bourgeois de Londres est un type connu comme
celle de Falstaff. Nous aurions pu traduire en vers cette ballade comique :

> John Gilpin était un drapier
> En grand crédit dans son quartier :
> Il était de plus capitaine
> Dans la brave milice urbaine, etc.

quoique la facilité même de cette prose rimée ait ses bornes, mais nous il était, de plus, capitaine dans la milice de la fameuse ville de Londres.

L'épouse de John Gilpin dit à son cher époux : — Quoique mariés depuis vingt ennuyeuses années , nous n'avons pas encore eu un jour de vacances.

C'est demain l'anniversaire de notre mariage; je veux que nous allions à l'auberge de la Cloche , à Edmonton, dans une voiture à deux chevaux.

Ma sœur et son enfant, moi et les trois nôtres , nous remplirons la voiture; vous nous suivrez donc à cheval.

Gilpin répondit : Je n'admire qu'une femme au monde, et c'est vous, ma très-chérie; ce que vous désirez se fera.

Je suis un bon marchand drapier, comme personne ne l'ignore, et mon bon ami le mercier me prêtera son cheval.

— C'est bien parlé, dit mistress Gilpin , et comme le vin est cher, nous porterons du nôtre , qui est à la fois clair et bon.

John Gilpin embrassa sa tendre épouse, enchanté de voir qu'elle était économe jusque dans une partie de plaisir.

Le lendemain matin, la voiture fut amenée ; mais Gilpin ne voulut pas qu'elle vînt jusqu'à la porte de la boutique, de peur qu'on ne l'accusât de fierté.

La voiture s'arrêta trois portes plus loin, où toute la famille alla monter; six personnes aimables en train de s'amuser!

avons craint que les lecteurs ne trouvassent pas cette poésie assez littéraire. Dans le recueil des vers généralement sérieux de Cowper, le
contraste aide beaucoup à l'effet d'une pièce semblable.

Le fouet claque, les roues tournent; jamais on ne vit plus joyeuse compagnie; les pavés s'ébranlent, comme si le quartier de Cheapside était en révolution.

John Gilpin, le pied à l'étrier, saisit la crinière de sa monture et se hisse en selle, mais il redescend aussitôt.

Car, à peine était-il sur ses arçons, pour commencer son voyage, il tourne la tête et aperçoit trois chalands qui entraient dans sa boutique.

Il descendit donc, car quelque chagrin que lui causât une perte de temps, il savait bien qu'une perte d'argent lui en ferait éprouver davantage.

Les chalands ne furent pas faciles à contenter; enfin ils étaient partis, quand Betty descendit en courant les escaliers, et cria : — Monsieur, on a oublié le vin !

— Bon Dieu ! dit Gilpin. Allons, apporte-le-moi, avec mon baudrier, dans lequel je porte ma fidèle épée quand je vais commander l'exercice.

Or, mistress Gilpin (la prudente ménagère) avait trouvé deux bouteilles de grès, pour y mettre en sûreté la liqueur dont elle aimait arroser ses repas.

Ces bouteilles avaient une anse à travers laquelle Gilpin passa la courroie de son baudrier, de façon que les deux bouteilles, pendant de chaque côté, se faisaient équilibre.

Puis, sur le tout, pour être équipé de pied en cap, il jeta fièrement son long manteau rouge, bien propre et bien brossé.

Le voilà remonté sur son agile coursier, allant au pas avec prudence et précaution, sur les pavés de la Cité.

Mais lorsqu'elle trouva un chemin plus doux pour ses

quatre pieds bien ferrés, la bête hennissante commença
à trotter, ce qui secoua un peu le cavalier en selle.

— Doucement, doucement! criait John ; mais John
criait en vain. Bientôt le trot du cheval devint un galop,
en dépit de la bride et du mors.

De sorte que, se baissant, comme doit faire le cavalier qui ne peut se tenir droit, il saisit la crinière à deux
mains et s'y cramponna de toutes ses forces.

Le cheval, qui n'avait jamais été manié ainsi, ne savait plus quelle espèce de chose il portait sur son dos.

Il redouble de vitesse; pauvre Gilpin, gare à ton cou;
adieu ton chapeau et ta perruque; tu ne te doutais guère,
en partant, que tu allais courir de ce train-là.

Le vent se lève, le manteau se gonfle et flotte bruyam-
ment, comme une bannière, jusqu'à ce que, les boutons
cédant, il s'envole.

Alors les passans purent voir les deux bouteilles de
grès qui pendaient de chaque épaule de Gilpin, comme
nous l'avons dit ou chanté.

Les chiens aboient, les enfans poussent des cris; toutes les fenêtres s'ouvrent, et chacun de s'écrier de toute
la force de ses poumons : Bravo! bravo!

Gilpin allait toujours... Le brave Gilpin!... Le bruit
se répandit bientôt que c'était un pari : « Voyez le lest
du jockey! C'est un pari de mille livres sterling. »

C'était merveille de voir, à son approche, les gardiens
des barrières s'empresser de les ouvrir toutes grandes.

Or, pendant qu'il chevauchait ainsi, la tête basse,
couvert de sueur, les deux bouteilles se rencontrent sur
son dos, se choquent et se brisent.

Le vin coule sur la route, chose piteuse à voir! Les flancs du coursier fumaient comme une pièce de rôti bardé de lard.

Mais Gilpin semblait toujours porter son lest suspendu à son baudrier; tout le monde remarquait les bouteilles de grès.

Ce fut ainsi qu'il traversa bravement le joyeux Islington, et qu'il parvint à Edmonton plus gai encore.

A Edmonton, sa chère moitié aperçut, du balcon de l'auberge, son tendre époux, et s'étonna de le voir arriver ainsi au galop.

— Arrête, arrête, John Gilpin! Voici la maison. Arrêtez! lui cria-t-on d'une commune voix; le dîner attend et nous sommes fatigués! — Je le suis aussi, se dit Gilpin.

Mais le coursier n'avait nulle envie de s'arrêter là... Pourquoi donc? Parce que son maître avait une maison à Ware, dix milles plus loin.

Il continua donc de voler, rapide comme une flèche lancée par le bras d'un vigoureux archer. Il vole, vole, ce qui me conduit au milieu de mon récit.

Gilpin était hors d'haleine, emporté ainsi contre son gré; ce ne fut qu'à la porte de son ami le mercier que le coursier s'arrêta.

Le mercier, fort étonné de voir son voisin en pareil équipage, ôte sa pipe de sa bouche, court à sa grille et lui dit :

— Qu'y a-t-il de nouveau? Qu'y a-t-il de nouveau? Parlez, parlez donc, et apprenez-moi pourquoi vous ve-

nez ici sans chapeau et sans perruque ? Que venez-vous
faire, enfin ?

Or, Gilpin avait un tour d'esprit plaisant et il aimait
à rire dans l'occasion; il répondit gaiement :

— Je suis venu parce que votre cheval a voulu venir,
et si cela ne tenait qu'à moi, mon chapeau et ma perruque seraient bientôt ici... Mais ils sont restés en
route...

Le mercier, charmé de voir son voisin en belle humeur, ne lui répliqua rien, mais il rentra dans sa
maison ;

D'où il sortit de nouveau avec un chapeau et une
perruque; une perruque à grandes boucles, un chapeau
pas trop usé; une bonne perruque et un bon chapeau,
vraiment !

Il les tenait à la main, et, à son tour, il voulut aussi se
montrer capable d'improviser une repartie :

— Ma tête, dit-il, est deux fois aussi grosse que la
vôtre, vous êtes donc sûr que cette perruque et ce chapeau vous iront.

Mais laissez-moi essuyer la crotte qui vous salit le
visage; venez vous asseoir et manger, car vous devez
avoir faim.

— C'est l'anniversaire de mon mariage, répondit John.
Que dirait le monde si ma femme dînait à Edmonton et
moi à Ware ?

Se retournant donc vers son cheval, Gilpin continua :

— J'ai hâte de dîner, je suis venu ici pour ton plaisir,
tu vas revenir sur tes pas pour le mien.

Ah ! malheureux discours et vaine bravade, qui vont

lui coûter cher ! Il parlait encore, qu'un âne se mit à braire d'une voix forte et claire.

Là-dessus, le cheval de rebrousser, comme s'il eût entendu un lion rugir, et de galoper aussi rapidement que tout à l'heure.

Voilà Gilpin emporté, et adieu la perruque et le chapeau de Gilpin; il les perdit plus vite encore que la première fois. Pourquoi? Parce que perruque et chapeau étaient trop larges pour sa tête.

Or, mistress Gilpin, en voyant s'éloigner son mari au grand galop sur le chemin, avait tiré une demi-couronne de sa bourse et avait dit au jeune garçon qui les avait conduits à l'auberge de la Cloche :

— Voilà pour toi, si tu ramènes mon mari sain et sauf.

Le jeune garçon était monté à cheval et il rencontra bientôt John qui revenait; il voulut l'arrêter et saisir la bride de sa monture ;

Mais, l'ayant manquée, à son grand regret, il ne fit qu'effrayer encore plus le cheval déjà effrayé, qui courut plus vite encore.

Gilpin vole, vole, et le jeune postillon le suit de près, son cheval étant ravi de n'avoir plus à traîner après lui la voiture.

Six messieurs, sur la route, voyant ainsi courir Gilpin avec un postillon à ses trousses, se mirent à crier : Au secours !

Arrêtez, arrêtez ! au voleur ! au voleur ! — C'est à qui criera le plus fort, et tous les passants répètent : Au secours ! arrêtez ! au voleur !

Mais les barrières s'ouvrent encore, les gardiens persuadés toujours que Gilpin courait pour quelque gageure.

C'en était une, et il ne la gagna qu'en arrivant le premier à la ville, ne s'arrêtant qu'à l'endroit où il était monté à cheval le matin et où il mit pied à terre.

Quant à nous, chantons : Vive longtemps le roi et vive Gilpin! Puissé-je être présent lorsqu'il remontera à cheval pour aller dîner à la campagne !

Trois jours après.

Nous avons profité de la clef du parc de Weston-Hall pour faire une partie toute champêtre, un dîner sur l'herbe dans un site délicieux appelé *le Désert*. Le laquais de lady Austen et mon aide-jardinier ont charrié nos provisions sur une brouette. Une planche posée en travers sur cette voiture nous a servi de table, et, après le dîner, nous avons pris le thé dans l'ermitage même, petit pavillon en racines et tapissé de mousse. Là nous avions commencé nos éternelles causeries, et nous nous préparions à écouter encore une des drôles histoires que sœur Anne raconte si agréablement, lorsque nous avons aperçu le chapelain de sir John qui se dirigeait de notre côté, mais qui s'est détourné discrètement pour nous laisser la pleine jouissance de notre privilége. Sœur Anne nous a proposé alors un récit moins gai, a-t-elle dit, mais d'un intérêt plus vif : c'était l'histoire du chapelain lui-même, dont on ferait une vraie tragédie ou un roman.

Le père Lewis était né dans la religion protestante;
il devint amoureux de miss Ellen Throckmorton, tante
du propriétaire actuel de Weston-Hall. La différence
des religions était un obstacle à leur mariage, et aussi
la différence d'opinions politiques. Lorsque le prétendant, Charles-Édouard, entreprit son expédition aventureuse de 1745, Lewis avait vingt ans; il n'hésita pas,
en amant chevaleresque, à se jeter dans les rangs de
l'armée jacobite, fit toute la campagne à côté du prince,
et se signala sous ses yeux par plusieurs preuves de
dévouement et de bravoure. Après Culloden, il le suivit
en France, où les Throckmorton s'étaient eux-mêmes
réfugiés, craignant la persécution du parti whig. Quoique surveillés de près dans le Buckingham-Shire, il leur
eût été impossible d'aller joindre, eux aussi, le prétendant en Écosse. Comme tous les exilés, ils attendaient
avec anxiété des nouvelles de Charles-Édouard, qu'on
savait s'être embarqué enfin sur un navire français,
mais que la fatalité attachée à sa race pouvait faire tomber aux mains des vainqueurs. Sir Georges Throckmorton, chef de la famille, était dans une résidence louée
par lui aux environs de Saint-Germain, lorsqu'on lui
annonce qu'un inconnu demande à lui parler de la part
du prince : c'est Lewis qui entre. Il arrivait de Morlaix,
où Charles-Édouard venait d'aborder, ayant échappé
miraculeusement à la flotte britannique. Sir Georges ne
reconnaît pas d'abord le jeune homme, qui lui présente
une lettre, qu'il ouvre avec respect en reconnaissant le
cachet des Stuarts. Cette lettre ne contenait que ces
mots : « Sir Georges, le gentilhomme anglais qui vous

remettra ces lignes m'a sauvé deux fois la vie; deux fois il a été blessé sous notre drapeau. J'ai compté sur vous pour payer la dette que j'ai contractée avec lui. Dieu m'a conduit heureusement sur la terre de France; le porteur vous dira le reste. »

Sir Georges reconnaît alors celui à qui il refusa sa fille, et il fait entendre une exclamation de douleur au lieu de se féliciter du salut de son prince. « N'ai-je point assez fait pour mériter la main d'Ellen? dit-il. Je vous ai quitté fils d'un whig et protestant, je reviens jacobite et catholique. » Lady Throckmorton entra en ce moment, attirée par le cri d'angoisse de son mari, et bientôt le malheureux Lewis apprend que, le croyant mort à Culloden, sa maîtresse a renoncé au monde et a pris le voile. Quelle position pour un amant qui a sacrifié sa croyance à son amour! quelles angoisses! quels remords!

A son arrivée à Paris, Charles-Édouard ne put ignorer cette romanesque aventure d'un des gentilshommes qui s'étaient dévoués à sa fortune. Au milieu de ses chagrins de prince vaincu, il trouva le temps de chercher un autre dénoûment à l'histoire de Lewis et en écrivit au roi Jacques III, son père, qui habitait Rome. Le roi Jacques en parla au pape, et le pape écrivit qu'il relevait la religieuse de ses vœux. Hélas! dans cet intervalle, Lewis, qui ne savait pas qu'on s'occupait ainsi de lui, était parvenu à faire savoir à Ellen qu'il vivait encore et à obtenir d'elle une entrevue à la grille de son couvent, où il fit si bien valoir ses droits contre ceux de Dieu, qu'il la décida à se laisser enlever.

Mais Dieu ne permet pas qu'on se joue ainsi des serments qu'on lui a faits, même dans le désespoir : en voulant descendre par les murs du cloître, Ellen fit une chute si violente, qu'elle expira dans les bras de son amant. Apprenant, ce jour-là même, que le pape consentait à rendre Ellen à la vie séculière, Lewis fut saisi d'un remords qu'il ne put apaiser qu'en se rendant à Rome, où, après avoir obtenu le pardon du saint père, il entra lui-même dans les ordres.

LE LUNDI DE LA SEMAINE SUIVANTE.

Un nuage a passé ces jours derniers sur notre solitude, et a troublé la sécurité de nos innocents plaisirs. Sous prétexte de nous annoncer son prochain retour, le révérend M. Newton écrit à mistress Morley que, depuis son absence, nous sommes devenus un sujet de scandale pour les fidèles de sa paroisse, et qu'il est temps, pour lui comme pour nous, que son retour nous ramène dans le droit chemin. Que veut-il dire? qui de nous veut-il accuser? Il fait allusion à nos visites à Weston-Hall, comme si nous allions trahir Dieu chez les Moabites. Pendant deux jours ma bonne Marie a pleuré sur cette lettre, dont quelques expressions lui semblent d'une obscurité menaçante; sœur Anne a perdu une partie de sa gaieté, et moi je n'ose leur dire sous quel pressentiment s'affaise mon âme.

Encore agité de la lecture de cette lettre, je suis allé m'égarer seul sous les arbres de Weston-Hall; j'y ai rencontré, sans l'aborder, le vieux chapelain, dont la figure calme et douce contraste avec la sombre austérité de M. Newton. Ces deux prêtres du même Dieu, sinon du même culte, ont passé tous les deux par les épreuves des passions humaines. Pourquoi tant d'indulgence chez l'un? pourquoi tant de sévérité chez l'autre?

LE LENDEMAIN.

J'ai recommencé ce matin ma promenade d'hier, et j'ai été agréablement surpris de me voir devancé dans le pavillon rustique du Désert par lady Austen. A son attitude, à son air rêveur et distrait, au geste de sa main, qui se portait involontairement à ses yeux comme pour aller au-devant d'une larme, j'aurais facilement deviné qu'elle se livrait, elle aussi, à quelque triste préoccupation. Je m'assis sur le même banc, sans m'excuser de troubler sa solitude. Elle essaya de me regarder avec son sourire habituel; mais, pour la première fois, il me parut que ce sourire, qui va si bien à la finesse de ses traits, lui coûtait un effort.

— Vous pensez, lui dis-je, à notre bonne Marie, si affligée depuis deux jours?

— Sans doute, me répondit-elle. Mais William, je vous avoue que vous me surprenez dans un moment d'égoïsme; c'est pour moi-même, surtout, que je me sens triste.

— Auriez-vous appris quelque nouvelle fâcheuse?

— Non, rien depuis cette lettre qui me prouve qu'il ne suffit pas d'oublier le monde pour obtenir de lui la réciprocité. Je sens que c'est moi, plus que vous ou

12

Marie, qui dois m'alarmer : tout mon bonheur ici n'était qu'un songe ; je me réveille.

—En vérité, repris-je, puisque cette lettre produit sur vous cet effet, je ne m'étonne plus de celui qu'elle produit sur moi, qui ne le cède pas à mes lièvres en timidité soupçonneuse, et qui m'épouvante plus volontiers d'une chimère que d'un danger réel. Mais, convenez-en, chère sœur Anne, si, comme moi, vous avez le privilége de rire de vos frayeurs, tout en y cédant, convenez-en..... nous sommes ici trois grands enfants.

—Je conviens, William, que je m'abandonne à une inquiétude vague, mais non sans cause, quoiqu'il me fût difficile de la définir ; ou plutôt, il est une réflexion bien naturelle que je ne puis m'empêcher de faire : c'est moi qui suis de trop dans notre amitié, aux yeux de certaines personnes, et il paraît que vous dépendez de l'opinion de ces personnes au point de prévoir qu'il faudra bien me sacrifier si elles l'exigent de vous.

— Quelle idée !

— J'en appelle à votre conscience.

—Ma conscience est fort méticuleuse, sans doute ; mais je vous assure que je n'ai donné à personne au monde le droit de la tyranniser. Je me crois une force, c'est celle de résister à une calomnie, et de me justifier lorsque je sais n'avoir rien à me reprocher.

— Ah ! mon cher William, vous ne savez pas sous quelle autorité vous vous êtes placé : à moins de vous séparer tout à fait de la communion de votre pasteur spirituel, ignorez-vous que vous devez ne voir que par ses yeux, et ne vous juger vous-même que par ses sentiments ? Si vous ne vous rendez pas à ses observations privées, il vous les répétera publiquement. Seriez-vous le premier qu'il aurait interpellé du haut de sa chaire, le premier qu'il aurait mis en scène dans un sermon, en pleine église?

Je frémis à ces mots, et ne sus que répondre d'abord, me rappelant une scène de ce genre qui s'était passée à Olney sous mes yeux; déjà, en imagination, je me voyais foudroyé par une apostrophe de M. Newton; à mon côté Marie tremblante; Marie, la veuve d'un vénérable ministre et la mère d'un autre, dénoncée à tous comme un sujet de scandale!... Lady Austen ne se doutait pas du mal qu'elle me faisait, quels fantômes elle évoquait dans mon âme, quel gouffre elle ouvrait sous mes pas, gouffre infernal où le désespoir me criait : Viens, je suis ton seul refuge.

— Vous pourrez peut-être résister à un pareil scandale, continua-t-elle après un silence de quelques instants; votre raison se révoltera contre cette tyrannie, puisque vous l'appelez ainsi, vous, William, qui êtes un homme; mais voudrez-vous y exposer notre bonne Marie, plus faible dans sa croyance, et qu'une sorte de terreur superstitieuse fascine lorsque son directeur spirituel fixe les yeux sur elle?... Moi-même je ne souffrirai pas qu'on m'accuse d'être venue ici vous détourner des sentiers de la sainteté; je me rendrai justice, je chercherai une autre retraite et des amis que ma profane gaieté ne compromettra pas.

L'ironie qui perçait dans ces dernières phrases me fit enfin relever la tête; je compris que je devenais ridicule aux yeux de la femme qui me voyait ainsi humilié sous la menace de M. Newton, comme un moine novice auquel son prieur peut infliger la discipline. Ma vanité l'emporta sur tout autre sentiment; car, après tout, si je doute si souvent de mon salut, c'est que ma religion appartient encore plus à l'imagination qu'à la vraie foi, jusqu'à ce qu'il plaise à Dieu de faire de moi un de ses élus.

— En vérité, chère sœur, dis-je à lady Austen, vous allez un peu loin avec vos suppositions, et j'espère qu'avant peu de jours nous ne ferons que rire les uns et les autres de ces vaines terreurs, comme de la lettre de notre révérend pasteur, dont nous exagérons la colère, ou qui aura cru un peu légèrement quelques-uns de ces commérages que se permettent les bons chrétiens d'Olney comme ceux de toutes les petites villes. Ce n'est pas la première fois, croyez-le, que les caquets de l'envie et de la calomnie nous ont forcés de donner des explications; heureusement, nous y avons toujours gagné une réputation meilleure auprès de ceux qui nous les ont demandées, à Marie ou à moi. Mais en supposant le pire, s'il s'agissait sérieusement cette fois de mettre notre bonne Marie à l'abri des insinuations affligeantes auxquelles l'a déjà exposée son dévouement pour moi, ce n'est pas vous qui seriez sacrifiée, chère sœur, et je m'éloignerais avant vous de cette retraite....

— Vous ! impossible, William, s'écria lady Austen; Marie et vous, n'êtes-vous pas inséparables, quels que soient les motifs qui vous forcent à dissimuler le lien sacré qui vous unit ?

— Que voulez-vous dire ? lui demandai-je.

— N'êtes-vous pas mariés ? reprit-elle ; j'ai respecté votre réticence même avec moi à cet égard, William ; mais j'aime mieux manquer après tout à la discrétion qu'à la franchise.

Je vous laisse à penser, Théodora, ce que je devins à cette nouvelle attaque. Lady Austen, trompée comme tant d'autres sur la nature de ma liaison avec mistress Morley, vivait dans notre intimité persuadée que nous avions un secret pour elle, et attendant tous les jours, depuis plusieurs mois, que nous lui fissions l'un ou l'autre cette confidence!

Que pensait-elle donc de notre réserve, et pourquoi avoir évité si longtemps de nous faire part de ses soupçons?... Je ne pus lui cacher un peu de dépit, et lui demandai si en conservant un mystère semblable dans le cœur, elle se serait crue en règle avec nous dans notre triple amitié. A son tour elle parut un peu confondue quand je l'eus grondée d'abord, puis désabusée complétement. Mais cette explication inattendue n'en devint pas moins une diversion à nos inquiétudes puériles de tout à l'heure, et elle s'en empara pour écarter un sujet plus pénible. A cela, du moins, j'attribue ce qu'elle ne tarda pas à ajouter :

— Eh bien! William, dit-elle, devrais-je combler la mesure de mes torts sur cette matière délicate, permettez-moi de vous donner un conseil : à moins d'objections que je n'accepterai pas si elles ne sont invincibles, je vous avouerai que je suis plus portée à vous blâmer qu'à vous approuver de n'avoir pas conclu ce mariage; il m'eût semblé, à moi, convenable, nécessaire même.

Je ne sais ce que j'allais répondre, et comment j'aurais soutenu cette nouvelle thèse, mais nous fûmes interrompus dans notre tête-à-tête par le vieux chapelain, qui, cette fois, nous pria de ne pas lui en vouloir s'il franchissait le seuil de l'ermitage, car il avait reçu l'ordre de nous inviter à déjeuner au château. Nous refusâmes, lady Austen se rappelant qu'elle était attendue à Clifton, chez sa sœur, et moi ne voulant pas laisser mitress Morley seule toute la journée.

TROIS JOURS APRÈS.

Depuis notre conversation dans le pavillon du Désert, il règne une certaine réserve entre lady Austen et moi. Je croirais par moments qu'elle pense m'avoir blessé. Je devrais donc lui dire qu'il n'en est pas ainsi; mais elle semble éviter un tête-à-tête, et je prends patience en voyant qu'elle redouble d'attention pour ma bonne Marie. Je n'ai pas fait part à celle-ci de l'explication qu'il m'a fallu donner à lady Austen; je la sais plus susceptible que moi sur ce chapitre. Ces deux chères amies me laissent un peu plus seul que de coutume; mes livres et les muses profitent tour à tour de cet abandon relatif. En attendant, nous avons eu beau nous monter tous les trois la tête contre M. Newton, son prochain retour influe sur nos petites assemblées. Nous voilà devenus plus sérieux ou moins folâtres. Sœur Anne, depuis la lettre de Londres, n'a plus conté une seule de ses histoires gaies, elle n'a pas dit un seul de ces bons

mots qui nous en inspiraient à notre tour. J'ai fait un effort
en cette disette pour rédiger un plaidoyer et un jugement que je prétends faire insérer dans la nouvelle édition des procès célèbres [1].

CONTINUATION.

M. Newton arrive demain. J'avais accompagné ce
oir lady Austen jusqu'à la porte par laquelle, en tra-
versant le jardin, elle vient de sa maison dans la nôtre
sans passer dans la rue. Avant d'entrer, elle m'a dit :

— La soirée est belle ; si je n'étais pas un peu pol-
tronne, je ne me coucherais pas sans avoir fait une
promenade sous l'allée de tilleuls.

Je ne pouvais éviter de lui offrir mon bras. Après
quelques phrases sur la beauté de la lune, j'entamai le
premier la conversation.

— J'espère, lui dis-je, que je ne suis pas jaloux de
ma bonne Marie, car voilà huit jours que vous êtes toute
à elle sans que je m'en fâche.

— Et si c'est de vous que nous parlons, répondit lady
Austen, auriez-vous à vous en plaindre ?

— Peut-être. Ordinairement je ne suis pas de trop
quand vous parlez de moi. Si vous me critiquez, je sais
que c'est pour m'aguerrir et me préparer à mes futures
tribulations d'auteur; par conséquent, je fais bonne con-
tenance. Si vous me louez, j'accepte l'éloge de bonne
grâce, et sans fausse modestie.

— Comment donc ? Vous entendez si bien la contra-

---

[1] Pièce badine dans laquelle Cowper raconte un procès entre le nez
et les yeux, au sujet des lunettes.

diction, William, reprit-elle, que je ne comprends pas que vous ayez tant de répugnance contre le mariage.

— Vraiment, repris-je, voulant lui prouver, en répondant à sa plaisanterie par une plaisanterie, que je ne lui gardais pas rancune; vraiment, madame, vous me ferez croire que ce qui vous paraît le plus cruel dans votre état de jeune veuve, c'est de n'avoir plus personne à contredire.

— Me trouvez-vous trop vieille pour trouver un nouveau martyr si j'en cherchais un ?

— Au contraire, madame, trop jeune peut-être, et avec une femme de votre âge le martyr pourrait bien craindre de s'engager dans une longue épreuve.

— J'en conclus qu'il faudra que j'attende la soixantaine pour me pourvoir d'un second mari. Heureusement on en trouve à tout âge, et tous les hommes ne sont pas aussi défiants que vous.

— C'est vous-même qui m'avez prévenu.

— C'était pour vous une charité inutile, mais je suis trop franche pour ne pas avertir celui qui voudrait s'exposer.

— Dites trop aimable pour que vous risquiez quelque chose à être si franche.

— Voilà qui devient plus galant que je ne voudrais, William ; car j'aurais besoin qu'un ami me donnât un conseil sincère, et si vous êtes en train de me flatter, comment vous en croire capable?

— Est-ce à moi que vous pourriez demander sérieusement conseil sur le mariage ? Suis-je compétent, moi, célibataire endurci?

— Vous me trouvez bien compétente pour juger vos vers, et, Dieu merci! je n'en fais pas.

— Remarquez que je ne suis pas tout à fait désintéressé dans la question, car j'aurais peine à être impartial à propos d'un mariage qui vous éloignerait de nous.

— Vous approuveriez donc l'union qui me fixerait dans le voisinage ?

— Puisque vous convenez que je ne serais pas tout à fait désintéressé dans la question, il me resterait encore une crainte. Un mari pourrait être jaloux d'une amitié aussi intime que la nôtre, ou croyez-vous que mistress Morley et moi nous ne serions pas un peu jaloux d'un mari?

— Peut-être plaisantez-vous encore, William; mais moi je ne plaisante plus. Il y a quelques jours je vivais dans une folle confiance du lendemain, heureuse du présent et heureuse de l'avenir, toute à une amitié que je croyais trois fois indissoluble (pour rappeler une de vos expressions poétiques); vous savez ce qui est venu troubler ma sécurité, et depuis notre dernière conversation surtout, William, je me suis laissée naturellement aller à prévoir ce que j'appellerais mon exil d'Olney, puis à penser aux moyens de l'éluder. M'en blâmerez-vous ?

Il me sembla que la voix de lady Austen s'altérait en prononçant ces paroles. Je levais les yeux vers ses yeux pour voir si elle ne pleurait pas, lorsque je sentis une larme rouler sur ma main, qui, dans un moment de tendresse, avait aussi cherché en même temps une de ses mains. Cette subite transition du retour de sa gaieté à une tristesse plus amère me navra le cœur.

— De quoi aurais-je la force de vous blâmer en ce moment ? dis-je à lady Austen. Cependant nous avons tort, vous et moi, de jouer ainsi avec des suppositions dont vous voyez que nous ne pouvons soutenir la fausse gaieté.

— Je vous le répète, William, poursuivit-elle, quelque détour gai ou triste que j'aie pris pour y arriver, c'est un conseil, un conseil d'ami que je vous demande. Sans trahir un secret qui ne m'appartient pas, je puis vous dire qu'avant de vous connaître, j'avais déjà reçu des propositions qui m'ont été encore indirectement renouvelées ce matin. Je me suis rappelé une singulière prédiction qui me fut faite, et qui ne s'est réalisée encore qu'à moitié. Je n'avais que seize ans lorsque ma nourrice, une bonne Galloise superstitieuse, me conduisit chez une devineresse, qui, après avoir bien examiné les lignes de ma main, me prédit que j'étais destinée à contracter, à quinze ans de distance, deux mariages, dont le premier ferait de moi une lady et le second une femme heureuse. Cette prédiction ne laissa pas que de contribuer un peu à me faire accepter, sans trop de réflexion, le jeune Robert Austen, qui me fut présenté un mois après. Mais je n'ose me décider aussi légèrement une seconde fois.

— Vous offre-t-on encore une couronne ?

— Une couronne de comtesse, William ; mais ce n'est plus de ma vanité qu'il s'agit... c'est de mon cœur.

— Eh bien ! madame, en ce cas, n'est-ce pas votre cœur seul qui peut être ici votre conseiller ?

— Ah ! William, reprit-elle, remarquez bien que je

vous demande justement si je dois me livrer une seconde fois au premier venu sur la foi d'une prédiction
faite en l'air, comme toutes les prédictions semblables,
ou si, quoique la période des quinze ans soit bien près
d'expirer, je dois attendre qu'une sympathie soudaine,
une rencontre de roman... comme eût été la nôtre, par
exemple, si je ne vous avais cru lié vous-même... vienne
m'avertir que la devineresse a bien gagné les deux
shellings que je lui remis pour elle et pour ma nourrice.
Mais il se fait tard, William, et la lune s'éclipse. Adieu
jusqu'à une prochaine conférence sur le grave chapitre
que je ne suis pas fâchée de vous laisser méditer...

Sans attendre d'autre réponse, elle me quitte, franchit sa porte entr'ouverte, et me laisse, en effet, méditer
sur cet entretien, fort embarrassé, je vous assure, malgré la larme qui m'avait tant ému, de décider si elle
avait parlé sérieusement. Seul avec mon imagination, je
ne sais combien d'émotions imprévues sont venues me
troubler et me tracassent encore en ce moment où j'ai
pris la plume, espérant qu'ainsi je les définirais plus aisément. J'aime lady Austen comme mistress Morley,
d'une amitié de frère... Eh bien, ce qu'elle m'a dit avec
une espèce d'enjouement et de tristesse, de coquetterie
et de sentiment, excite en moi je ne sais quelle inquiétude grave, je ne sais quelle curiosité jalouse. Tantôt je
l'accuse, tantôt je m'accuse moi-même. Je me défie de
ce que j'ai entendu; je me demande si quelque mauvais esprit ne serait pas venu troubler les intentions si
pures de lady Austen en même temps que les miennes.
Je ne trouve plus la lettre de M. Newton si injuste;

puis, tout à coup, c'est cette lettre qui m'irrite... En un mot, je suis mécontent de tout le monde, plus mécontent de moi encore. Que signifie cette menace de mariage? Pourquoi cette ironie? pourquoi cette larme? Et puis ce dernier trait, digne des consultations de Sganarelle : *Elle n'est pas fâchée de me laisser méditer sur le grave conseil qu'elle me demande?* Est-ce bien lady Austen qui s'est raillée de moi avec sa gaieté étourdie? Est-ce bien elle qui a pleuré?... Un de mes spectres se serait-il joué de mes mauvaises pensées? Oh! mon Dieu! mon Dieu! moi qui, dans mon orgueil, après avoir ramené mon frère à Dieu par une conviction factice, avais pensé un moment à lui succéder dans le ministère évangelique!

LE LENDEMAIN.

Je ne sais plus si je n'ai pas fait un songe, hier soir, dans le jardin, en croyant recevoir une confidence de lady Austen. Ce matin elle est venue déjeuner avec nous, et nous a déclaré que, pour nous laisser recevoir plus à notre aise M. Newton, elle ferait une courte absence et se rendrait à Londres. Lady Austen a toujours conservé un pied à terre. Elle est allée à Clifton, chez sa sœur, d'où elle partira directement pour ce voyage si soudainement résolu et exécuté.

M. Newton est arrivé le soir. J'avais répondu à sa lettre. Il paraît qu'il a accepté la justification qu'elle contenait, ou que lady Austen, ayant deviné juste, et s'étant sacrifiée pour nous trois, il n'en fallait pas davantage à notre pasteur. Il nous a épargné, du moins jusqu'ici, toute allusion pénible. Notre première entrevue a été amicale ; ainsi mon hallucination, en sa présence, est revenue avec lui. Nous en voulons un peu à sœur Anne de nous *avoir délaissés*. Est-ce caprice ou délicatesse de conscience ?

.   .   .   .

Ce matin, M. Newton nous a exprimé tout son chagrin. Le desservant de Weston, qui le remplaçait ici, ne lui a pas rendu son troupeau tel qu'il le lui avait confié ; il a vu des visages se détourner à son approche. Je lui avais écrit qu'un prêtre inconnu, transformant en chapelle une grange où naguère un danseur de corde faisait ses exercices, protestait contre ses doctrines et attirait à lui des auditeurs. M. Newton tremble de voir bien des bancs vides à son premier sermon. Je ne sais s'il n'est pas plus irrité que découragé ; mais alors il dissimule et ménage ceux qui pourraient être prêts à le quitter. Quant à moi, j'avais résolu, dans la persuasion où je suis que l'heure de mon salut n'a pas sonné encore, de m'abstenir de toute participation au service ; mais je ferai un effort pour accompagner, dimanche, mistress Morley à l'église. Je ne veux pas avoir l'air de déserter au moment où tant d'autres désertent. M. Newton accuse son suppléant d'avoir relâché les liens de la discipline. « C'est un homme de bien, dit-il, mais trop conciliant. Pour fortifier les consciences faibles, il faut leur imposer un joug ; pour les maintenir dans le vrai sentier, il ne faut pas leur lâcher les rênes. Les hommes sont naturellement ingrats ; et si vous leur faites Dieu trop bon, ils le trahissent comme un trahit un trop bon

prince dont on sait la clémence inépuisable. » Si M. Newton a un tort, c'est d'appliquer trop généralement ce
système; mais, malheureusement, il dit vrai, si la population misérable de ce pays se conduit envers Dieu
comme envers les hommes. La peur du magistrat et du
constable, de la prison et du *Bridewell* (*maison de correction*), les retient bien plus que l'espérance et, surtout,
que le souvenir des bienfaits. Le nouveau prédicateur
est, d'ailleurs, un homme du peuple, et la canaille est
enchantée d'humilier M. Newton, qu'elle trouve trop
gentleman et trop instruit, tandis que l'autre lui paraît
admirable sous ses haillons, avec son mélange de
termes grossiers et de phrases bibliques [1].

En l'état des choses, nous n'avons pas été trop
grondés, quoique je soupçonne que M. Newton aura
été plus sévère avec mistress Morley qu'avec moi. Celle-
ci essuyait une larme, ce matin, lorsque je suis survenu
dans le salon d'hiver où M. Newton m'avait précédé.
Ma bonne Marie l'aura prié de ménager ma susceptibilité nerveuse. Voilà pourquoi nous n'avons eu que
notre part des plaintes générales contre Olney, sans
leçon particulière... Mais sœur Anne? Pourquoi nous
a-t-elle ainsi abandonnés? Est-ce par peur de M. Newton? Est-ce sa dernière confidence qu'elle veut que j'aie
le temps de méditer ou d'oublier? Patience, elle a promis de n'être absente que quatre jours. Je sens qu'elle
nous fait faute. Si elle nous abandonnait tout à fait! S'il
était vrai qu'elle fût venue ne faire auprès de nous

---

[1] Ainsi réussit le charbonnier-prédicateur, le fameux Huntingdon.

qu'une retraite pour se préparer à rentrer dans le monde
avec un second mari ! Ce second mari, qui peut-il être ?
A l'une de nos dernières visites au château de sir John
Throckmorton, son frère Georges et un jeune Français
ont été bien galants et bien attentifs pour elle ! Lequel
des deux ? Mais si elle pense sérieusement à se remarier,
est-ce moi qu'elle eût consulté ? A-t-elle consulté aussi
mistress Morley ? Je l'ignore. Ce serait trahir son secret
que d'aborder cette matière.

Je ne puis m'empêcher de prévoir que notre triple
amitié tend à se dissoudre. Au fond du cœur, ma bonne
Marie et sœur Anne ont le même pressentiment ; au fond
du cœur, peut-être nourrissent-elles déjà une défiance ré-
ciproque qui éclatera à la première occasion. Chacune
compte sur moi pour son allié. Hélas ! qu'est devenu le
temps où, au lieu d'avoir à me partager entre elles, je
pouvais si heureusement les confondre dans la même
pensée, dans la même affection ? elles ne faisaient qu'une
pour moi, et le contraste de leurs caractères semblait
disparaître, tant elles se prêtaient facilement, tour à
tour, à oublier, l'une son humeur enjouée, l'autre son
humeur sérieuse, pour s'attendrir ensemble de la même
tristesse ou se distraire ensemble de la même gaieté. Me
voilà déjà sommé d'exprimer une préférence. Quelle est
celle qui exigera le plus ? Lady Austen a parlé la première ; demain je suis certain que mistress Morley par-
lera. Hélas ! je commence à craindre que quelque orage
ne trouble bientôt ces trois cœurs naguère si calmes
et si heureux dans leur tendre harmonie.

Hier j'étais à peine descendu dans le jardin que j'ai

aperçu lady Austen à sa fenêtre, et elle m'a fait un signe auquel je suis habitué à me rendre. Arrivé auprès d'elle, je l'ai trouvée émue : — Mon cher William, m'a-t-elle dit, je ne puis différer plus longtemps une explication qui vous intéresse autant que moi, et que j'ai enfin le courage de désirer complète après l'avoir tant de fois commencée et interrompue sans me faire bien comprendre. Si notre amitié vous est toujours chère, il faut m'aider à la préserver du péril qui nous menace. Un mauvais génie cherche à nous désunir en semant autour de nous des préventions et peut-être même des calomnies que nous repoussons d'abord, mais dont il reste toujours, dans nos esprits, une sorte de mauvais levain. Sondez vos propres inquiétudes ; voyez combien de questions nous sommes forcées d'éluder, Marie et moi, pour être d'accord en votre présence. Eh bien ! vous absent, nous avons déjà différé d'opinion sur des bagatelles et puis sur une affaire plus importante.

— Vous m'effrayez, dis-je à ces mots.

— Écoutez-moi jusqu'à la fin, mon ami, reprit-elle ; je chéris trop mistress Morley pour ne pas être prête à lui faire toutes les concessions que je dois à son âge et surtout à ses vertus. Vous savez si je lui ai facilement sacrifié tous mes goûts, lorsque je croyais, en lui cédant, contribuer à son bonheur, au vôtre ; femme du monde, j'ai aimé pour elle la solitude, et vous m'avez dit quelquefois que ma présence dans cette retraite vous la rendait plus chère. J'ai fait plus en respectant jusqu'ici des scrupules que j'aurais pu relever comme des petitesses propres à rétrécir l'esprit. Loin de moi encore aujourd'hui la pensée de chercher à faire parade d'une raison supérieure, au risque d'inquiéter une conscience pure! Mais vous, mon ami, consentirez-vous à abdiquer toute votre autorité d'homme? n'userez-vous pas du privilége que votre sexe vous donne dans notre amitié pour arracher notre amie à une domination qui, tôt ou tard, lui pèsera à elle-même? Souffrirez-vous qu'elle ne voie plus que par les yeux de M. Newton, comme une catholique ne voit que par ceux de son confesseur? Souffrirez-vous qu'elle le fasse juge de nos distractions les plus innocentes? Souffrirez-vous surtout qu'il vous remplace comme arbitre dans nos petits différends entre elle et moi?

— Vous voulez m'inquiéter, dis-je en souriant et avec l'intention de faire sentir à lady Austen qu'elle se laissait aller à une véritable aigreur, elle si aimable et si inoffensive ordinairement dans ses plaintes.

— Oh! reprit-elle, William, ne cherchez pas à plaisanter : vous devriez être plus alarmé, et vous le serez un jour, car votre tour viendra; mais, jusqu'à présent, je conviens que c'est moi seule qui suis menacée; c'est moi qu'on cherche à représenter comme une ennemie du salut de cette sainte maison ; c'est moi qui cherche à vous dégoûter des pratiques dévotes, qui ai gagné votre muse à Satan, à ses pompes et à ses œuvres, en vous excitant à chanter des sujets profanes ; c'est moi qui vous ai fait païen d'abord, et qui finirai par vous faire papiste en vous vantant les vertus de la famille Throckmorton...

— Vous savez, chère sœur, que toutes ces accusations ont été prévues et repoussées d'avance...

— Par vous...

— Mais notre bonne Marie n'en a pas été moins bles-
sée que moi.

— Oui, d'abord ; mais je ne sais de quelle autre médisance pieuse on les a assaisonnées depuis ; ce qu'il y a
de certain, c'est qu'elles ont commencé à faire impression sur mistress Morley, et qu'avant peu je serai déclarée
indigne d'une amitié où j'avais placé tout le bonheur de
ma vie.

— Vous savez bien, ma chère lady Austen, que vous
n'êtes pas moins indispensable à notre bonheur que nous
ne le sommes à celui de sœur Anne.

— Mon cher William, je ne me dissimule pas tous
mes désavantages : je suis la dernière en date dans notre
triple amitié ; sans moi vous étiez heureux, vous le serez
encore sans moi. Je ne m'imposerai pas dès que je me
verrai superflue ou négligée... Je vois ce que vous allez
dire, William, et je compterais sur vous pour me défendre. Mais croyez-vous que je vous exposerais à des tra-
casseries pénibles ? Quels droits sont les miens ? Je me
rends justice : tout ce que je vous demande, si vous ne
devez pas vous en tenir à de vaines protestations, c'est
de m'avertir d'avance de la décision que vous prendrez
lorsque vous serez sommé de choisir entre Marie et
moi.

— Chère sœur, répondis-je n'écoutant que ma sensibilité quand je vis les larmes mouiller les yeux de lady
Austen, croyez que cette sommation me causerait un
tel chagrin qu'on ne me la fera pas.

— Eh bien ! vous vous trompez, William, reprit-elle ;

je sais, moi, qu'on vous la fera, ne serait-ce que pour
vous mettre à l'épreuve. Je le sais, voilà ce qui m'enhar-
dit à vous la faire moi-même, mais moins dure qu'elle
ne vous sera faite d'un autre côté; car je sais qu'on doit
vous sommer de consentir à mon exil, et moi je me con-
tenterais de vous demander qu'on me laissât auprès de
vous sans réclamer l'exil de personne, certaine qu'à la
longue on me rendra plus de justice...

— Je vous reconnais là, généreuse et tendre...

— Oh ! je ne veux pas que vous fassiez de comparaison fâcheuse à notre bonne Marie : livrée à elle-
même, elle vaut mieux que moi. Ce n'est pas contre
elle que votre secours, William, m'est nécessaire, mais
contre ceux qui profiteront de sa faiblesse pour la rendre
injuste envers vous comme envers moi, si, pour lui épargner à elle des regrets, à vous, William, une lutte
pénible, vous n'avez pas assez de confiance en moi pour
m'armer d'un titre... ou même, ajouta lady Austen en
se reprenant, de l'apparence d'un titre que nous puis-
sions opposer à ceux qui ne renonceront à nous séparer,
mon ami, que s'ils nous savent réellement inséparables.

En rattachant à cette dernière phrase la conversation
du jardin, que j'avais quelquefois depuis regardée
comme un de mes rêves, je pouvais dispenser lady Austen
de s'expliquer plus clairement; et je dois vous faire un
aveu, Théodora, vous pour qui mes sentiments sont
placés comme dans un sanctuaire inviolable, au-dessus
de toutes les émotions que mon cœur peut encore res-
sentir... le détour de lady Austen me fit éprouver en ce
moment une émotion qui me révéla que l'amitié d'un

homme pour une femme jeune, aimable, belle, participe toujours un peu d'un sentiment plus passionné. Mais de quelle amertume cette émotion fut suivie presque aussitôt quand je réfléchis au refus dont j'allais affliger celle qui réclamait cette espèce de protection officielle ! Singulière situation que la mienne ! Sous peine d'allumer dans le cœur d'une amie aussi dévouée un irréconciliable dépit, j'étais réduit à employer avec elle un langage plus tendre que jamais, afin de me faire pardonner de ne pas tomber à ses pieds dans un transport de reconnaissance et d'amour. Répéter ce que je répondis sous l'impression de mon trouble serait à peu près impossible : je ne retrouverais pas deux fois les mêmes mots.

— Hélas ! ajoutai-je, quand je crus lui avoir prouvé que je n'étais pas indigne qu'une femme comme elle me sacrifiât sa liberté ; hélas ! vous ignorez à qui vous voudriez associer votre sort pour la vie. Chrétien et croyant, mais repoussé de Dieu par une horrible prédestination, je traverse ce monde comme un contumace de l'enfer, tournant sans cesse la tête de peur d'être poursuivi par un démon chargé de river ma chaîne ; créature intelligente et sensée, je ne jouis de ma raison que par un répit provisoire et attendant toujours le moment où j'irai reprendre ma loge dans la maison des fous. Quel lien légal ai-je le droit de contracter quand une première atteinte de démence m'a rejeté dans la classe des mineurs ? Mais, chère et généreuse amie, j'ai besoin de vous effrayer de votre générosité imprudente ; je vous quitte pour aller vous chercher le récit que j'ai fait de quelques-unes des tortures morales et physiques dont le retour peut à tout instant l'emporter sur les efforts de ma réflexion.

Vous connaissez, Théodora, le mémoire que j'ai écrit à Saint-Albans ; c'est le même que j'ai fait remettre à lady Austen, en y joignant un billet pour lui dire que je ne la reverrais que quand elle l'aurait lu [1]. Elle ne m'a renvoyé que ce matin le manuscrit accompagné de cette réponse :

« Je frémis encore des affreux détails que je viens de lire, William, quoique je les connusse en partie ; car sachez que, lorsque je vous ai quitté dernièrement, ce fut pour aller consulter à Saint-Albans le docteur C... sur ce que j'en avais appris indirectement ou par vos demi-confidences. Eh bien ! plus que jamais je persiste dans une opinion que le docteur n'a nullement combattue ; vous remerciez le ciel de vous avoir ouvert les yeux aux bienfaits de sa grâce par cette cruelle épreuve. Loin de moi la pensée de ne pas partager votre pieuse reconnaissance, et je pense la porter plus loin que vous-même en n'y mêlant pas cette défiance de la bonté divine qui vous empêche de croire que cette grâce soit suffisante pour vous protéger désormais. Ah ! mon ami, pouvez-vous bien accuser Dieu de vous avoir rejeté de son sein ? pouvez-vous douter à ce point de son infinie miséricorde ? Mais, enfin, que votre maladie, comme tant d'autres, ait été un accident ou le fruit d'un germe fatal né avec vous, faisant partie de vous-même, qui devait se développer nécessairement tôt ou tard, que ce germe

---

[1] C'était le récit bien connu de ses chagrins à l'école, de ses premiers accès de folie et de sa double tentative de suicide.

puisse renaître encore ou qu'il soit à jamais éteint, il ressort de votre propre récit que vous l'avez provoquée et irritée par une fausse application de cette piété dont l'abus pourrait devenir un nouveau poison pour vous. Dans les habitudes étroites qu'on cherche à vous imposer, William, votre génie étouffera, comme un aiglon dans la cage d'un passereau, votre noble piété même risque, à la longue, de s'y transformer en puérile dévotion. Au nom de la dignité de votre sexe, au nom de votre vocation de poëte, écoutez une femme qui serait plus fière de partager votre nom que de porter une couronne de duchesse; c'est la gloire que j'aime en vous. Je puis vous parler la première sans violer la pudeur de mon sexe. Dieu ne vous a pas donné ce génie pour vous condamner à le laisser chaperonner par un prêtre fanatique. Aucune loi divine ou humaine ne vous défend d'être un homme et un grand poëte : quant aux scrupules de votre délicatesse, vous ne seriez coupable que d'avoir surpris l'amie qui voudrait associer son sort au vôtre. Moi, j'ai mesuré mes forces, et ne crains pas de m'exposer à tout ce que votre imagination suppose de plus funeste. Je ne sais aucun devoir qui pût effrayer mon dévouement pour celui qui m'a quelquefois appelée sa muse, et que j'appellerais avec orgueil mon époux.

» ANNA. »

LE SOIR DU MÊME JOUR.

— Théodora, voici ma réplique à la lettre que je vous ai envoyée sans en garder copie; cette réplique m'a coûté ; un poëte n'est pas flatté impunément par l'enthousiasme flatteur d'une femme telle que lady Austen ; mais, hélas ! quel que soit le tumulte qu'elle ait excité dans mon cœur, ses deux rivales l'ont emporté. Je ne sais si ma seule reconnaissance pour mistress Morley eût été la plus forte ; mais ce dévouement à un poëte, dont le nom commence à être connu, pouvait-il me faire oublier le dévouement non moins tendre de Théodora à l'étudiant obscur qui, d'un mot, aurait enlevé une fille à son père ? Pardonnez, Théodora, si j'ai trahi quelques-uns de nos secrets. Pouvais-je trop faire pour conserver au moins l'amitié de celle qui réclamait en vain un sentiment plus tendre ? Il n'est pas de vertu sans combat ; et, afin d'être plus sûr de mon amour, il m'a fallu, j'en conviens, rassembler tous nos communs souvenirs et les opposer à toutes les séductions de cette passion nouvelle. Depuis longtemps je m'étais promis de retracer, pour moi-même et pour vous, les événements de la première moitié de ma vie. Je viens de réaliser ce projet pour pouvoir écrire ces lignes à lady Austen :

« Chère Anna, ce n'est plus entre vous et notre bonne Marie que j'hésite ; lisez, et vous verrez que si désormais j'étais forcé de préférer son amitié à la vôtre, ce serait parce qu'avec vous je craindrais d'être infidèle à une autre amie qui seule pourrait, je l'avoue, être jalouse aujourd'hui. Lisez, chère Anna, et ne me punissez pas d'avoir aimé une autre que vous, lorsque je ne vous connaissais pas encore. »

Lady Austen rendit à Cowper le manuscrit confié à sa tendre amitié, sans que nous ayons pu découvrir jusqu'à ce jour si elle prit congé de lui par une dernière lettre. Dans toutes les biographies du poëte elle disparait, à cette date, sans qu'il soit désormais question d'elle.

Mistress Morley-Unwins et Cowper restèrent unis, inséparables. Ce fut Cowper qui ferma les yeux à sa vieille amie; mais il ne lui survécut que peu de temps, et il mourut dans un dernier accès de désespoir religieux qui avait assombri ses heures les plus lucides. On remarqua qu'à peine avait-il rendu le dernier soupir, ses traits rayonnèrent de l'expression d'une douce surprise. Sans doute son âme voyait enfin la face de Dieu dépouillée de ces terreurs imaginaires que lui avait prêtées sa triste démence.

CHATTERTON

PREMIÈRE PARTIE

Chatterton à Bristol.

La reprise du drame français qui porte ce titre nous
encourage à exhumer une esquisse biographique primitivement publiée à la même date que l'épisode sur lequel
le drame fut construit. L'auteur de l'esquisse avait pris
un autre point de départ que *le Docteur noir*, et il était
arrivé à des conclusions morales entièrement opposées.
Il ignorait le rôle que l'amour (un amour chaste et
délicat) devait jouer dans le conte et le drame de M. Alfred de Vigny. Il n'en a pas moins applaudi comme le
public et admiré comme ses confrères les critiques, en
faisant à peine quelques réserves. Mais, quoiqu'il classe
ce merveilleux enfant de Bristol parmi les *poëtes amoureux*, il croit user de son droit en recherchant tout ce
qui pourrait confirmer ou démentir ce titre dans les documents publiés sur Chatterton depuis vingt ans par les
biographes et les critiques, successeurs du chevalier
Croft, de Cottle, de Southey, de Gregory, de Chal-
mers, etc. Ces documents ont fourni le texte d'un vo-

lume, en 1837, à M. John Dix [1], et, plus récemment, celui de cinq chapitres d'une étude biographique et littéraire au professeur David Masson [2]. Si Ketty Bell est encore absente de ces nouveaux mémoires, elle n'en restera pas moins une poétique figure dans toutes les imaginations rêveuses, une fille de l'invention que nous ne regrettons pas d'avoir appelée la timide sœur de la Viola de Shakespeare.

En cherchant quelles femmes furent connues plus ou moins intimement par Thomas Chatterton dans la vie réelle, il faut dire d'abord qu'il eut une mère et une sœur; car c'est par ses sentiments de fils et de frère qu'il inspire un intérêt presque sans réserves, puisque ce jeune misanthrope, fils et frère affectueux, n'eut, à l'égard de sa mère et de sa sœur, que le tort d'oublier qu'en s'empoisonnant il allait leur causer une douleur peut-être mortelle [3].

La mère de Chatterton était veuve depuis trois mois lorsqu'elle le mit au monde, et elle n'eut pas à regretter beaucoup ce veuvage, car il paraît que M. Thomas Chatterton le père, successivement maître d'école et sous-chantre de la cathédrale de Bristol, avait été un mari très-dissipé et très-brutal, ou pour le moins très-indifférent, ne craignant pas de dire tout haut qu'il ne s'était marié que pour se donner une femme de ménage. Mis-

____

[1] *The Life of Thomas Chatterton*, etc., by John Dix. London, 1837.

[2] *Essays on English Poets*, by D. Masson, professor of english litterature in University college. London, 1856.

[3] Jusqu'au jour où il fut tout à fait sans ressources, Chatterton ne cessa d'envoyer à sa mère et à sa sœur de petits cadeaux.

tress Chatterton, femme d'une intelligence très-ordinaire, se montra mère tendre et dévouée; sa fille aînée la seconda toujours dans sa tendresse maternelle, et, sous cette double influence féminine, il eût été heureux que le petit orphelin pût prolonger la naïveté de son enfance, car il est évident pour nous que ce fut aux dépens de son cœur que se développa la précocité de son esprit. Mais la pauvre mère crut qu'elle ne pouvait mieux faire que de mettre le plus tôt possible à l'école le fils d'un magister. Il n'avait que cinq ans lorsqu'elle le confia à un M. Love, successeur de son mari, et elle fut très-affligée lorsque M. Love le lui renvoya comme un enfant stupide (*a stupid boy*), rebelle à toute instruction, et qui avait épuisé sa patience pédagogique. Mistress Chatterton désespéra elle-même de ce « *petit idiot* » jusqu'à l'âge de six ans et demi, et elle ne savait trop quand il voudrait épeler, lorsqu'elle lui donna, par hasard, un vieux manuscrit de musique française, orné de majuscules enluminées. « Ce fut, racontait-elle depuis, comme une révélation pour l'enfant : il devint amoureux de ce manuscrit (*he fell in love with it*). » Nous venons de trouver dans ce livre les *premières amours* de Chatterton. C'était vraisemblablement quelque vieux manuscrit qui avait rayonné sur le lutrin de la cathédrale de Bristol, avant la réforme peut-être, un manuscrit dont chaque lettre capitale était une image ! Je sympathise ici d'autant plus vivement avec Chatterton que je me rappelle avoir, comme lui, dans mon enfance, possédé un trésor pareil, qui provenait, avec d'autres manuscrits, du monastère des Bénédictins de Montmajor, dont mon grand'père avait été l'homme d'affaires avant que la Révolution eût renversé les murailles de ce pompeux édifice et dispersé sa riche bibliothèque. Les ancêtres de Chatterton étaient héréditairement les sacristains de Sainte-Marie de Redcliffe, et, plus récemment, cette fonction était dévolue à son oncle, le frère de son père, mort en 1748, quatre ans avant sa naissance. Une vieille Bible en lettres gothiques vint au secours du manuscrit enluminé. Lorsque l'enfant entra dans sa huitième année, mistress Chatterton reconnut, à sa grande joie, que le magister s'était trop pressé de le déclarer un écolier idiot ; non-seulement il savait lire, mais encore il préférait la lecture à tous les jeux de son âge ; dès le matin, à peine réveillé, il demandait des livres, en empruntait un peu partout, et promettait à sa mère et à sa sœur qu'un jour il leur achèterait de belles robes pour reconnaître la peine qu'elles avaient prise pour lui apprendre son alphabet. C'est que déjà les belles figures de son premier amour lui apparaissaient en rêve telles que des fées bienfaisantes qui lui prédisaient la fortune et la célébrité ; son imagination leur en associait d'autres sous diverses formes qui lui servaient à personnifier la gloire, comme lorsqu'une amie de la maison lui ayant demandé quel emblème il désirerait avoir sur un vase en poterie dont elle voulait lui faire cadeau, il répondit : « Faites-moi peindre un ange avec des ailes et une trompette, pour proclamer mon nom dans tout l'univers. » Alexandre le Grand eût-il mieux répondu ?

Il manquait encore trois mois à Chatterton pour avoir huit ans, lorsque l'ambition naturelle à la veuve d'un

magister traversa encore la tête de sa mère : elle le fit
admettre à une école gratuite, fondée par un bienfaiteur
de la ville de Bristol nommé Colston. L'enfant fut
d'abord très-fier de son nouvel uniforme d'écolier, mais
il se plaignit bientôt qu'à l'école Colston, où il était
logé, nourri et vêtu pour rien, on ne lui donnait pas
assez de livres !

Parmi les maîtres de l'école se trouvait un poëte
nommé Philips, qui devina le premier les instincts poétiques du jeune Chatterton et l'initia aux règles de la
prosodie. Aussi, quand il n'avait plus de livres à dévorer, l'écolier s'exerçait à faire des vers, et il lui semblait
plus facile d'écrire dans cette langue que dans celle de
la vile prose. Ne pouvons-nous pas déjà considérer la
muse comme les *secondes amours* de Chatterton? Ces
secondes amours d'un écolier de neuf ans ne furent pas
stériles, car de cet âge-là datent deux ou trois des pièces
comprises dans la collection de ses œuvres, — pièces
déjà correctes ! Dès ce moment, tous ceux à qui Chatterton confia ses essais purent le considérer justement
comme un petit prodige. Lui qui devait plus tard devenir un railleur sceptique, ayant encore dans l'oreille et
dans le cœur les prières que sa mère lui avait apprises,
il débuta par des imitations des psaumes ; mais la malice
de l'écolier lui fournit bientôt d'autres textes d'inspiration. Il n'est que trop de sujets de satire dans le petit
monde de l'école, et Chatterton, comme Pope au même
âge, ambitionna le renom de poëte satirique [1]. Heu-

---

[1] Pope racontait lui-même qu'il reçut le fouet à l'école pour avoir
rimé une satire contre un de ses maîtres.

reusement les douces et brillantes images, ses premières amours, conservèrent longtemps encore un reste d'influence sur le poëte précoce ; non-seulement il ne composa pas exclusivement des satires, mais il lui sembla que ses poésies, tantôt romanesques et tantôt religieuses, auraient bien meilleur air s'il les recopiait sur un parchemin semblable à celui de son premier alphabet, — s'il les encadrait comme les pages des vieux missels, — s'il les copiait enfin en lettres gothiques. Il résolut donc de se créer une industrie nouvelle dans ce genre, et, très-richement doté de tous les instincts de l'imitation, voilà l'écolier-poëte qui se transforme en jeune moine enlumineur, en copiste du moyen âge.

Je soupçonne le sous-maître Philips d'avoir été à la fois son confident et son auxiliaire dans ces premiers exercices d'archéologie poétique ; mais Chatterton apportait lui-même à l'école les matériaux nécessaires, car, pendant ses sorties du dimanche et les vacances passées à la maison maternelle, il s'enfermait volontiers toute la journée dans un grenier dont il avait fait son laboratoire. Ces matériaux, il les tirait à moitié préparés de la sacristie de la cathédrale, la maison étant contiguë à cet antique édifice, où il est prouvé qu'il avait, dès l'enfance, un libre accès, étant en quelque sorte *l'enfant de l'église* en sa qualité de descendant des sacristains héréditaires et de fils de chantre [1].

---

[1] Mistress Edkins, amie de mistress Chatterton, et très-attachée à son fils, racontait que, dans l'espèce de laboratoire qu'il s'était fait dans la maison paternelle, on le surprenait souvent occupé à composer des couleurs avec de la poudre de charbon et de l'ocre jaune. Il ou-

La cathédrale de Bristol, Sainte-Marie de Redcliffe, est assise sur l'éminence dont elle porte le nom (*Red cliff*, roche rouge). Elle appartient à trois styles d'architecture, sinon à quatre ; on y reconnaît les treizième, quatorzième et quinzième siècles : monument irrégulier par conséquent, mais d'autant plus favorable à l'étude de l'art. J'ai décrit autrefois quelques-uns de ses tombeaux, dont les plus remarquables sont les trois mausolées de *William Canynge,* mort le 7 novembre 1474, ce *richissime* marchand de Bristol (*Ye richest merchant of ye town Bristowe*), qui, dit son épitaphe, avait été *cinq fois maire de la ville, sept ans prêtre et doyen de Westbury, ayant entretenu, pendant huit ans, 800 ouvriers, non compris les maçons et les charpentiers.* Armateur (avant d'être prêtre sans doute), ce richard de Bristol aurait même été un peu pirate, si on peut interpréter ainsi, sans trop de médisance, son épitaphe, nous disant que « *ledit W. Canynge avait été condamné à payer au roi Édouard IV trois mille marcs d'argent, dont il s'acquitta en nature, c'est-à-dire en livrant au monarque des navires jaugeant 2,470 tonneaux.* » Né de nos jours, il eût été le plus fort souscripteur du *Léviathan.*

Enfin, le même personnage, *marchand, armateur* et *prêtre,* qui remplit trois tombes de sa triste personnalité, avait laissé à l'église Sainte-Marie de Redcliffe *un coffre*

bliait quelquefois de faire disparaître les teintes qu'y contractaient ses mains et son visage. Mistress Chatterton et mistress Edkins s'imaginèrent une fois que cet enfant excentrique voulait se tatouer, méditant d'aller joindre une troupe de bohémiens.

fermé, dont les six clefs, confiées à six gardiens divers, étaient toutes perdues en 1727. Les marguilliers de cette époque, supposant, d'après la tradition, qu'il recélait quelque trésor, le firent enfoncer. On n'y trouva plus que des parchemins relatifs à d'anciens actes, et qui, reconnus sans valeur, avaient pu être impunément pillés par le sacristain, grand-père de Thomas Chatterton. Ce qu'il en restait encore devint plus tard un trésor pour l'écolier, qui pouvait se considérer comme le dernier légataire de William Canynge. Quant à l'église, plus il se livrait à son rêve d'ambition littéraire, plus il cherchait à s'identifier à un poëte des siècles passés, et plus il était naturel que l'édifice, avec ses symboles de pierre, s'animât d'une sorte de vie architecturale et lui parlât une langue mystérieuse, dont il espérait être l'interprète privilégié, lui, l'héritier de Canynge, lui, le descendant des anciens sacristains. En un mot, l'écolier se fit peu à peu l'amant de l'église de Sainte-Marie... Oui, la cathédrale fut le *troisième amour* de Thomas Chatterton.

Ici, nous pouvons fortifier notre conjecture par des document recueillis par M. John Dix : « Chatterton enfant, dit M. William Smith, un de ses condisciples, aimait beaucoup à se promener dans les prairies qui avoisinent Redcliffe, soit pour lire ses manuscrits, soit pour en parler. Il est particulièrement un site d'où l'on peut embrasser des yeux tout l'édifice qu'il affectionnait plus que tous les autres. Il s'étendait là souvent sur l'herbe, fixait ses yeux sur l'église et restait plongé dans une sorte d'extase; puis, tout à coup, il me disait : « Voilà le clocher qui fut brûlé par la foudre, voilà l'emplacement où l'on jouait les anciens mystères! »

Ne vous semble-t-il pas que c'était là l'extase d'un véritable amour platonique? Ne voyez-vous pas la vieille église s'animer et sourire à son enfant amoureux? Le soleil qui se lève n'allume-t-il pas dans ses vitraux la flamme d'un regard? Ne l'entendez-vous pas parler par la voix de ses cloches et raconter en harmonieux carillons toutes ces cérémonies, toutes ces poétiques réminiscences que Chatterton écrira bientôt comme sous la dictée d'un moine?

Je viens d'aller un peu plus loin que M. Dix et que M. Masson, qui a été frappé comme moi par ce rensignement. Mais le biographe et le professeur de littérature sont d'accord avec moi pour attribuer à l'écolier l'invention préméditée de tout ce groupe de personnages moitié réels, moitié romanesques, dont il prétendit bientôt avoir retrouvé les faits et gestes, les manuscrits et les paroles mêmes. Il les dépeignait avec une assurance imperturbable, parce qu'ils existaient réellement pour lui, parce qu'il les avait vus avec les *yeux de l'âme*, comme dit Shakspeare, parce qu'il avait parlé avec eux dans ses visions du jour et de la nuit, sans l'intermédiaire de ces *mediums* qui, pour un autre Chatterton, ferait apparaître aujourd'hui le riche Canynge d'abord, ce Mécène du moyen âge, puis Thomas Rowley, chapelain du père de Canynge et l'ami de celui-ci pendant trente ans, l'évêque Carpenter, sir T. Georges, gentilhomme des environs de Bristol, sir Charles Baldwin, chevalier de la faction de Lancastre, le prêtre Iseam, le moine Ladgate, etc., etc.

Remarquons bien que dans cet *et cetera* il ne faut pas encore placer aucune personne de l'autre sexe : Chatterton est un chaste écolier de neuf à dix ans; la composition la plus mondaine qu'il ait encore montrée au sous-maître Philips est une églogue pastorale, publiée depuis sous le titre d'*Éléonore et Juga;* et cette églogue, comme celle de Pope au même âge, n'est qu'un pastiche avec des sentiments d'emprunt.

Cependant la réputation de l'écolier avait percé en deçà de la classe, lorsqu'un jour, habillé de sa longue robe bleue à ceinture de cuir, chaussé de ses bas rouges, sa petite toque à la main, il se présente d'un air solennel chez un membre de la corporation des potiers d'étain, M. Burghum, va droit à son comptoir et lui dit :

— J'ai fait une découverte qui vous intéresse, monsieur Burghum.

— Eh ! quoi donc ? demande vivement l'industriel.

— Que vous descendiez en droite ligne d'un des plus nobles chevaliers normands du temps de la conquête.

— En vérité, mon jeune ami ? je l'ignorais.

— Sans doute, et moi aussi avant que j'eusse trouvé votre arbre généalogique parmi les trésors en parchemin provenant de l'église de Sainte-Marie de Redcliffe, et, si vous le désirez, je puis vous en apporter une copie authentique.

Quel bourgeois dédaignerait une pareille découverte en Angleterre, monarchie aristocratique... et, malgré la comédie de Molière, en France aussi, monarchie démocratique, quand nous apprenons, par l'autobiographie

posthume de Béranger, que le père du plus démocrate
des chansonniers tenait non-seulement à une particule,
mais à deux, et signait fièrement : *De* Béranger *de* Mer-
six ! Le potier d'étain fut donc émerveillé en recevant
quelques jours après une belle pancarte établissant qu'il
avait pour premier ancêtre Simon de *Seynete Lize,* ou
de Senlis, qui, arrivé en Angleterre avec Guillaume le
Bâtard, y avait épousé Matilda, fille du chef saxon Wal-
theof, et était devenu le seigneur du château de Burghum, dans le comté de Northumberland. Il donna cinq
shellings à l'enfant qui l'anoblissait. Cinq shellings !
La gratification était encore un peu plébéienne, mais il
la doubla (M. Jourdain l'aurait au moins triplée, lui qui
payait un maître de philosophie et de grammaire) quand
Chatterton lui apporta quelques jours après, entre autres aïeux nouveaux, un poëte qui, sous le nom de John
de Burgham, avait été une des lumières du quatorzième
siècle. A l'appui du document, il remettait au noble potier une des compositions de ce grand poëte, *The Ro-
maunt of the Cnychte, Le Roman* (en vers) DU CHE-
VALIER, — digne d'être admirée par ceux-là même qui
n'avaient pas l'honneur de descendre de cet Homère
monacal. La généalogie était si plausible que M. Burghum, comme on le sut depuis, n'hésita pas à aller la
soumettre au collége des hérauts d'armes, non pour
la vérifier, car il n'en doutait pas, mais pour la faire approuver et enregistrer par les autorités compétentes. Il
dut être légèrement mortifié quand ces généalogistes officiels lui dirent, après examen, que la généalogie était
parfaite de vraisemblance, mais d'une authenticité plus

que contestable. Comme M. Burghum se garda bien de dénoncer la mystification, Chatterton obtint quelques shellings encore d'un autre bourgeois, M. Stevens, à la vanité duquel il démontra qu'il descendait de Fitz Stephens, petit-fils d'Od, comte de Blois, venu à la cour des Plantagenets, en 1095! Réellement expert dans la science héraldique, il ne lui eût fallu que de médiocres encouragements pour anoblir toute la bourgeoisie de Bristol. Venu au monde cinquante ans plus tard, qui sait si Chatterton n'aurait pas été un redoutable rival pour Walter Scott dans l'art de faire une série de ces romans dont le maître de la critique moderne, M. Villemain, a dit, non sans raison, qu'ils sont plus vrais que l'histoire?

Il semblerait que les administrateurs de l'école Colston ne reconnaissaient à leur écolier-prodige qu'un admirable talent de copiste, puisqu'ils crurent que sa vocation l'appelait à devenir un tabellion de province. Ils le mirent en apprentissage, pour sept années, chez M. John Lambert, procureur (attorney[1]) de Bristol, qui, moyennant dix livres sterling, à lui comptées par l'école, s'engageait à l'héberger, nourrir et habiller (le blanchissage et le raccommodage restant à la charge de la mère). Chatterton avait quinze ans lorsqu'il entra dans cette étude, qui n'était pas tellement achalandée qu'un clerc n'y pût trouver le temps de composer des vers; aussi continua-t-il à en faire aux dépens du papier du patron, qui, peu sensible aux charmes de la poésie, dé-

---

[1] L'*attorney* anglais est notre moderne *avoué* avec quelques-unes des attributions du notaire.

chirait impitoyablement tous ceux qu'il surprenait sur
ses pupitres. M. Lambert n'approuvait pas non plus que,
sa tàche faite, son clerc dévoràt des livres qui lui semblaient fort inutiles à un futur procureur, tels que *la Britannia* de Cambden, les Chroniques d'Hollinshed, **la**
Chronique de Geoffroi de Monmouth, les poëmes de
Chaucer. A ses yeux aussi (et il avait raison), c'était un
crime de se servir du papier de l'étude pour écrire des
épigrammes ou des satires jetées dans la boîte du journal
de Bristol, et des lettres anonymes au principal de l'é-
cole Colston. Un de ces derniers méfaits valut à Chatterton un soufflet de M. Lambert, soufflet qui l'humilia
beaucoup. Il faut croire, enfin, qu'à l'insu du prosaïque
patron, le clerc s'échappait, de temps en temps, pour aller faire une partie avec d'anciens camarades d'école, et
que, parmi ceux-ci, il y en avait qui n'étaient pas comme
lui platoniquement épris de la cathédrale, mais qui, tout
en préférant aux faveurs de la muse les innocentes aga-
ceries des jeunes coquettes de Bristol, appréciaient son
talent de poëte et s'adressaient à lui pour courtiser en
vers une fiancée, une cousine ou une dame aimable. La
lettre suivante, écrite par Chatterton la première année
de son apprentissage chez M. Lambert, trahit quelques-
uns des secrets de ses contemporains et de ses contempo-
raines; mais, hâtons-nous de le dire, malgré notre bonne
envie de trouver une maîtresse mortelle à Chatterton, il
se calomnie lorsqu'il y dit avoir été lui-même vingt-trois
fois *amoureux*. Son correspondant était un nommé Baker,
son aîné, sans doute, qui avait émigré en Amérique et allait s'y marier. Le poëte lui avait autrefois prêté sa plume,

à Bristol, et l'infidèle l'invoquait encore pour charmer une beauté américaine :

« Mon cher ami,

» ... Je dois clore ici mes travaux poétiques, le patron étant de retour de Londres. Vous m'écrivez une lettre fort gaie ; j'ai peur que la mienne le soit moins. Votre célèbre miss Rumsey va épouser M. Fowler, comme il me l'a annoncé lui-même. Les gentils enfans ! qui vont subir le joug agréable du mariage pour jouir de leur liberté ! oui, ils seront libres selon la loi, mais ce sera tomber de la poêle à frire dans le feu. L'aimable amant fera-t-il un aimable mari ? Et miss Rumsey, un Machiavel en jupes ! Quel instinct lui a fait découvrir le vrai mari qu'il faut à une femme anglaise, c'est-à-dire le plus poli des hommes, ôtant son chapeau à tous ceux qu'il rencontre, pour mieux faire voir les cornes du diable sur la tête d'un pasteur !... Je suis enchanté que les dames de Charlestown soient de votre goût, et je vous remercie de me faire concourir à votre bonheur. Mon amitié est aussi solide que le rocher assiégé par les sombres vagues, et qui, après la tempête, les domine de sa tête blanche, c'est-à-dire, pour parler sans métaphore, que je suis et serai toujours votre ami. Je n'ai pas fait vos tendres compliments à miss Rumsey, ne l'ayant pas vue en particulier, et elle ne me parlerait pas en public, tant elle aurait peur de rendre jaloux son adoré Fowler. Vous me demandez des nouvelles de mon cœur : merci de votre curiosité, que j'interprète comme une curiosité d'ami. *J'ai été violemment amoureux vingt-trois fois*

depuis votre départ, et *j'en suis sorti quelquefois vainqueur*. Je voudrais que les poésies que je vous envoie
sur miss Hoyland fussent meilleures pour elle, comme
pour vous. Je n'ai qu'un chant du *Tournoi*, que je vous
envoie ci-inclus; j'ai perdu le reste. Je termine avec regret et me dis votre fidèle et constant ami jusqu'à la mort.

» Thomas Chatterton. »

M. Baker, à Charlestown, Caroline du Sud.

Je répète que la phrase imprimée en italique dans cette
lettre n'est qu'une fanfaronnade de petit clerc, une plaisanterie, et les vingt-trois demoiselles de Bristol, dont
Chatterton se vante d'avoir été violemment amoureux,
sont, pour moi, aussi imaginaires que le moine Rowley
et John de Burgham, ou que les héros et héroïnes des
poëmes attribués par lui à ces prétendus trouvères normands. Au lieu de vingt-trois, s'il en avait seulement
rencontré une, — son Apollon, si complaisant pour célébrer miss Rumsey et miss Hoyland, au nom d'un condisciple, serait-il resté muet sur les attraits de cette Ketty
Bell de Bristol ? A la date de la lettre à l'heureux Baker,
les belles du *tournoi* célébré à Bristol, sous le règne
d'Édouard IV (quinzième siècle), l'occupaient plus que
toutes celles de l'an 1768, et, lorsqu'au mois de sep-
tembre de cette année, fut inauguré, en grande pompe,
un nouveau pont sur la Severn, il rétrogradait de quatre
siècles pour décrire toutes les cérémonies qui avaient eu
lieu à l'occasion de l'ouverture de l'ancien pont. Ce fut
lui, en effet, qui, sous le pseudonyme de *Dunhelmus
Bristolensis*, « témoin contemporain, » envoyait au

Journâl de Félix Farley [1] le récit circonstancié du cortége municipal, du défilé des bannières et de la procession des moines noirs, blancs ou gris, psalmodiant *l'hymne de Sainct Baldwyn.*

Ce nouveau document, exhumé, comme les autres, du coffre merveilleux de sir W. Canynge, intrigua tous les antiquaires de la ville. De recherche en recherche, on parvint à découvrir le véritable auteur, le petit clerc de M. Lambert, qui fut interrogé, caressé, menacé, etc., etc., de manière qu'après avoir confessé la vérité, il se rétracta, puis la confessa et se rétracta encore, tantôt cédant au plaisir de conquérir ainsi un nom, tantôt trouvant plus piquant d'être un célèbre pseudonyme.

A compter de ce moment, les pastiches et les mystifications se multiplièrent en prose et en vers, sans que personne fût certain d'avoir le mot de l'énigme proposée par Chatterton à ses concitoyens, dont plusieurs, comme le noble potier d'étain, devenaient bon gré, mal gré, ses complices, quand il associait leur vanité ou tout autre intérêt personnel à ses fraudes littéraires. Tels furent successivement M. Catcott, grand amateur de vieilles poésies, qui finit par croire au moine Rowley plus longtemps que Chatterton lui-même, et M. Barret, chirurgien, qui avait entrepris d'écrire une histoire de Bristol, et qui acceptait, comme authentiques, soit des dissertations médicales, soit des documents historiques et topographiques exhumés de l'inépuisable coffre de sir W. Canynge.

---

[1] Un des journaux de Bristol.

La célébrité commençait donc à sonner de sa trompette en l'honneur de Chatterton, mais une célébrité locale, pas encore celle dont l'enfant avait autrefois rêvé un symbole plus ambitieux. Ce symbole s'empara de lui plus vivement que jamais : il se trouvait à l'étroit et dans l'étude de son patron et dans la ville même : triste, mécontent, chagrin, il tourna les yeux vers l'horizon littéraire de Londres, et chercha à s'y faire appeler en proposant son énigme tantôt à un Mécène riche ou illustre, tantôt à un des libraires de Pater-Noster-Row. En même temps, ne sachant comment rompre l'engagement de son apprentissage, il imaginait un moyen de se faire congédier par son patron, M. Lambert.

Aurait-il désiré si ardemment déserter sa ville natale si à son affection pour sa mère et sa sœur s'était joint alors un autre sentiment, s'il avait effectivement éprouvé un de ces vingt-trois amours violents dont il parlait dans la lettre à son condisciple Baker? Ce sentiment existait si peu pour Chatterton, qu'au moment de raconter son départ pour la Babylone britannique, le grave professeur Masson, ayant fait inutilement les mêmes recherches que nous, dans un autre but de critique, s'émeut d'une pitié rétrospective pour le jeune poëte, se suppose son contemporain, son professeur, son conseiller, et s'écrie : — « Enfant obstiné, est-il encore temps » de t'arrêter par un bon conseil? Cherche un ami, laisse » les Catcott, les Burghum, les Barett, les Mathew » Mease et tous les autres laïques ou ecclésiastiques tes » compatriotes, pour chercher un ami, tel que Bristol » peut t'en offrir un : cherche un ami qui soit de ton

» âge ou, ce qui mieux vaudrait, un peu plus âgé que
» toi. Vois-le tous les jours, promène-toi avec lui,
» *fume avec lui*, discute avec lui la religion, écoute les
» leçons de son expérience, montre-lui tes vers et sur-
» tout *confesse-lui tes divers délits;* mais, ce qui serait
» peut-être plus efficace, *deviens réellement amoureux.*
» Évite les miss Rumsey, trouve une beauté d'un meil-
» leur caractère, à laquelle, avec ou sans espoir, tu
» pourras vouer l'avenir de ton noble cœur. Trouve-la;
» promène-toi sous sa fenêtre; tâche de l'entrevoir le
» jour, rêve d'elle la nuit; si la fortune te favorise, dé-
» clare-lui ton amour, et (*hélas! tu n'as que dix-sept*
» *ans!*) obtiens qu'elle te paye de retour. Bristol sera
» alors un paradis, son ciel deviendra plus pur et plus
» transparent, ses rues magnifiques, son maire un ma-
» gistrat tolérant, son clergé digne de tes respects, et
» toutes ses boutiques des palais. » J'interromps ici cette
apostrophe d'un professeur de l'université de Londres
pour déclarer que, tout professeur qu'il est, ou plutôt à
cause de l'autorité dont est investie pour moi une parole
de professeur, si je ne devais être un interprète consciencieux, je retrancherais des distractions proposées à un
jeune homme de dix-sept ans celle de fumer; quant à
la distraction d'un amour sérieux, le professeur insinue
lui-même par une parenthèse que Chatterton est bien
jeune pour songer au mariage, lui qui écrivait naguère
à son ami émigré en Amérique cette phrase peu édifiante :
« *Se marier* pour être majeur avant l'âge fixé par la loi,
» c'est sauter de la poêle à frire pour tomber dans le feu. »
Mais, dans son zèle de prédication matrimoniale, M. Da-

vid Masson va jusqu'à indiquer lui-même à Chatterton
celle qu'il aurait pu trouver et épouser : —une sage fille qui
habitait alors Bristol, déjà majeure, prédestinée comme
lui à une célébrité littéraire, faisant des vers, et qui devait justement publier un jour un fameux roman moral
intitulé : *Cœlebs à la recherche d'une femme.* Voici littéralement encore la conclusion de cette apostrophe :
— « La *Biographie générale* m'apprend que M. Barrett
» aurait pu te présenter à la famille des More — cinq
» filles qui tenaient une école de jeunes demoiselles dans
» Park-Street, le plus florissant établissement en ce
» genre de tout l'ouest de l'Angleterre. — Les miss More
» sont vantées par toutes les mères de Bristol comme
» des jeunes femmes accomplies, et l'une d'elles, miss
» Hannah, fait comme toi des vers et comme toi sera
» célèbre. Je ne voudrais pas te conseiller une mauvaise
» action, mais la postérité regrettera que, vivant, elle et
» toi, dans la même ville, vous ne vous soyez jamais
» vus, jamais parlé... Ah! si tu décidais miss Hannah
» More à un enlèvement? Elle a sept ans de plus que
» toi, il est vrai; c'est une personne très-sérieuse, et la
» dernière personne du monde capable de faire une fo-
» lie avec un clerc de notaire. Essaye, cependant, et
» songe aux conséquences d'un pareil enlèvement : —
» toutes les pensionnaires en émoi, la ville entière scan-
» dalisée, le journal de Farley te consacrant toute une
» colonne, et deux graves événements de moins dans
» l'avenir, toi renonçant à chercher une fin tragique,
» elle à mourir vierge à près de quatre-vingts ans! »
Il est juste d'ajouter un simple commentaire à cette

apostrophe d'un grave professeur : quoiqu'il ne nous le dise pas, il se met à la place de quelque contemporain de Chatterton, qui lui donna à peu près les mêmes conseils, dans un style plus familier et moins poétique, sans y mêler le nom de cette espèce de sainte puritaine appelée miss Hannah More, que le jeune clerc eût bien étonnée s'il était venu à elle avec une déclaration, soit en vers, soit en prose. M. le professeur Masson s'est inspiré ici d'un paragraphe de la *Biographie* de M. Dix et d'une réminiscence de G. Cumberland, que le biographe Dix a reléguée dans les notes de son petit volume, notes et paragraphe qui nous avaient fait croire un moment que nous allions découvrir une Ketty Bell à Bristol. Voici le paragraphe d'abord :

« N'ayant pas réussi à intéresser M. Walpole, et le dégoût de sa profession ne faisant qu'augmenter, il semble avoir considéré le suicide comme l'unique moyen de rompre son esclavage. Il répétait à ses commensaux, dans la cuisine de M. Lambert [1], qu'il voulait se détruire, et il argumentait avec eux pour justifier le suicide. Sa sœur se rappela qu'il lui avait dit qu'il sentait son caractère s'assombrir, et que, pour se distraire d'un travail répugnant et égayer un peu son austérité naturelle, il avait l'intention de former une liaison avec une jeune fille du voisinage. En conséquence, il adressa des vers à

---

[1] On s'est beaucoup récrié contre M. Lambert faisant dîner un poëte à la cuisine : ce poëte n'était, pour M. Lambert, qu'un petit clerc de procureur, et, de ce temps-là, on n'attachait pas à ces agapes domestiques l'idée d'humiliation que nous y attachons aujourd'hui, quoique mainte cuisinière soit traitée de *madame*.

miss Rumsey, et il en résulta une correspondance. Mistress Newton (sa sœur) ajoutait qu'on le vit fréquemment se promener sur la pelouse du collége, avec les jeunes filles qui venaient y faire admirer leur toilette, mais elle niait positivement qu'on pût l'accuser de s'être jamais livré au libertinage, etc.

Maintenant, voici la note qui relate une communication faite à G. Cumberland par mistress Edkins, amie de mistress Chatterton la mère :

« Ses connaissances intimes de l'autre sexe étaient nombreuses et toutes très-respectables, mais sa favorite était une miss Thatcher. Il tenait des propos d'amant à la plupart, mais jamais sérieusement à aucune. Il aimait leur société à la table à thé, et prenait immodérément du thé, ordinairement six ou sept tasses, en *lui* disant souvent : « Je vous serai attaché jusqu'au dernier mo-
» ment (*to the last*); » mais il évitait les liqueurs fortes, alors même qu'on l'importunait pour en boire, et *elle* n'avait jamais ouï dire qu'il se fût enivré. Son langage était toujours chaste et il parlait toujours très-convenablement devant *elle*. »

Il faut, pour être exact, accepter certaines communications avec leur style. J'ai dû traduire dans cette note les pronoms *their, she* et *her*, par *leur, lui* et *elle*, sans y substituer l'indication douteuse des personnes auxquelles ils se rapportent, miss Thatcher restant ainsi isolée dans la seule phrase où elle est mentionnée, et ne pouvant être retrouvée que vaguement dans le pluriel de la *table à thé*, quoique certainement ce dût être à miss Thatcher plutôt qu'à la bonne mistress Edkins que

Chatterton disait : *Je vous serai attaché jusqu'au dernier moment*. Mais certainement aussi, ni miss Thatcher, ni miss Rumsey, que je me figure avoir été de jeunes et honnêtes voisines, sages quoique coquettes, ne purent procurer à Chatterton la distraction qu'il cherchait et encore moins la sérieuse affection que lui conseille rétrospectivement le docteur Masson ; car il persista dans sa résolution de quitter à tout prix Bristol et d'aller chercher, à Londres, un autre libraire que M. Dodsley, à qui il avait inutilement proposé la tragédie d'*Ella* et les autres prétendus poëmes du moine Rowley. Non encore découragé dans son idée de se placer sous un patronage aristocratique, il comptait aussi intéresser à Londres un autre Mécène qu'Horace Walpole, qui, après avoir bien accueilli quelques chapitres d'une *Histoire de la Peinture au moyen âge*, semblait se refroidir. Un premier essai d'articles politiques, accepté par les journaux, lui faisait enfin espérer qu'il y avait en lui non-seulement un poëte, mais encore un rival de Junius, et avec cette résolution, avec cette nouvelle espérance, s'il parlait quelquefois d'un projet de se détruire, si cette idée funeste, le pressentiment du sombre dénoûment de ses illusions, date en effet de cette époque, il est évident aussi qu'il ne songea jamais à accomplir son suicide avant d'avoir tenté une lutte définitive contre la destinée, sur un plus grand théâtre que sa ville natale. Quand il rédigeait son testament dans un style moitié sérieux, moitié ironique, quand il *l'oubliait* sur le pupitre, où le patron de l'étude ne pouvait manquer de le trouver et de le lire, il y a tout lieu de croire

qu'il voulait se faire remercier et obtenir sa liberté avant
le terme de son apprentissage. Telle était aussi l'opinion
de l'amie de sa mère, mistress Edkins [1]; quoi qu'il en
soit, ce testament est une pièce curieuse dans l'histoire
de Chatterton :

TESTAMENT ÉCRIT, ENTRE ONZE ET DEUX HEURES, LE SAMEDI
14 AVRIL 1770, DANS UN MOMENT D'ANGOISSE EXTRÊME.

Ceci est la dernière volonté et testament de moi,
Thomas Chatterton , de la ville de Bristol, sain de
corps, ou il faut s'en prendre à mon dernier chirurgien;
sain d'esprit, ce dont seront juges le coroner et le jury,
— leur faisant observer que les plus habiles maîtres en
humanités de la ville de Bristol me distinguent par le
titre de *génie en démence.* — Donc, si je fais un acte de
démence, cet acte est conforme à tous les actes de ma
vie qui ont une teinte de démence.

Item. Si, après ma mort, qui aura lieu demain soir,
avant huit heures, fête de la Résurrection, le coroner et
le jury me déclarent lunatique, je demande que Paul
Farr, esq., et M. John Flower, à leurs frais, fassent en-
sevelir mon corps dans la tombe de mes pères et m'y

[1] Elle dit à G. Cumberland : « Je ne doute pas que lorsqu'il écrivit
ce papier, dans lequel il parlait de se tuer, accablé qu'il était de vexa-
tions, il voulût amener Lambert (poltron qui avait peur de son ombre,
disait-il) à le laisser partir, et il avait dit à sa mère comme à moi
qu'il prendrait la fuite si Lambert ne lui rendait pas sa liberté... Or,
Lambert savait bien que, s'il était arrêté, il serait enfermé dans la
maison de correction comme apprenti fugitif, et que là il faudrait le
nourrir sans obtenir de lui aucun service. »

érigent un monument haut de quatre pieds cinq pouces, en plaçant la dalle sur le faîte, avec six tablettes.

Sur la *première* sera gravé, en vieux caractères anglais :

VOUS QUI PAR ICI PASSEZ

POUR L'AME CUATEROINE CHATTERTON PRIEZ

LE CORPS DROI ICI GIST

L'AME RECEUVE ESSU CRIST. MCCL.

Sur la *seconde* tablette, en vieux caractères anglais :

ORATE PRO ANIMABUS ALANUS CHATTERTON ET ALICIA UXORIS EJUS,

QUI QUIDEM ALANUS OBIIT V DIE MENSIS NOVEMBRIS MCCCCLV,

QUORUM ANIMABUS PROPONETUR DEUS. AMEN.

Sur la *troisième* tablette, en caractères romains :

DÉDIÉ A LA MÉMOIRE

DE

THOMAS CHATTERTON

SOUS-CHANTRE DE LA CATHÉDRALE DE CETTE VILLE

DONT LES ANCÊTRES ÉTAIENT HABITANTS DE SAINTE-MARIE REDCLIFFÉ

DEPUIS L'ANNÉE 1140.

IL MOURUT LE 7 AOUT 1752.

Sur la *quatrième* tablette, en caractères romains :

A LA MÉMOIRE

DE

THOMAS CHATTERTON

LECTEUR, NE JUGE PAS; SI TU ES CHRÉTIEN

CROIS QU'IL SERA JUGÉ PAR UN POUVOIR SUPÉRIEUR;

A CE POUVOIR IL EST AUJOURD'HUI SEUL RESPONSABLE.

Sur les *cinquième* et *sixième* tablettes, qui seront en regard l'une de l'autre : deux armoires : 1° à savoir, sur l'une : — sinople, fasce, or; cimier, lambrequin, gueules, support de lance, sable et or; — 2° sur l'autre : or, fasce, sinople, cimier, croix de l'ordre du Temple.—Et je veux que, si l'enquête du coroner aboutit à une déclaration de suicide, le susdit monument n'en soit pas moins érigé. Et si les susdits Paul Farr et John Flower ont des âmes assez bristoliennes pour se refuser à ma requête, qu'ils transmettent une copie de mon testament à la Société fondée pour soutenir le bill des droits , laquelle j'autorise à ériger ledit monument selon mes instructions. Mais si lesdits Paul Farr et John Flower accomplissent mes volontés, je veux et demande encore que la seconde édition de mes *Jardins de Kew* (1) leur soit dédiée, en ces termes : « A Paul Farr et John Flower ce livre est humblement dédié par l'ombre de l'auteur. »

Item. Je donne toute ma vigueur et mon feu de jeunesse à M. Georges Catcott, convaincu qu'il en a grandement besoin.

Item. Par le même motif charitable, je donne et lègue au révérend M. Campden toute mon humilité. — A M. Burghum tout ce que je possède de prosodie et de grammaire, ainsi que la moitié de ma modestie, —l'autre moitié à toute jeune femme qui pourra prouver , sans rougir, qu'elle a besoin de cet utile legs. — A Bristol, tout mon esprit et mon désintéressement, marchandises

---

1 Cette satire, la plus considérable de celles de Chatterton, a été publiée en entier pour la première fois par M. John Dix. Tous les personnages nommés dans le testament et beaucoup d'autres y sont percés de traits mordants.

à peu près inconnues sur les quais de la ville, depuis le
temps de Canynge et de Rowley. Il est vrai qu'un homme
charitable, M. Colston, en introduisit une belle quantité
par contrebande ; mais comme il fut prouvé qu'il était
un papiste, l'honorable corporation des aldermen s'efforça
de l'étrangler en lui faisant prononcer le serment d'allé-
geance qui lui serait resté à la gorge. — Je laisse aussi
ma religion au docteur Cutts Barton, doyen de Bristol,
donnant aussi mes pleins pouvoirs au sous-sacristain
pour le frapper sur la tête lorsqu'il ira dormir à l'église.
Ma facilité d'élocution est léguée par moi au révérend
M. Broughton, et j'espère qu'il en fera un meilleur usage
que de lire ses sermons sur l'immortalité de l'âme. Je
laisse au révérend M. Catcott un peu de mon libre-pen-
ser, afin qu'il puisse mettre sur son nez les lunettes
de la raison, et voir jusqu'à quel point il se laisse duper
en croyant au sens littéral des Écritures. Je désire que
son frère Georges et lui ne me croient pas leur ennemi
plus que je ne le suis; mais j'ai un malheureux penchant
à la raillerie, et quand je cède à un accès de satire, je
n'épargne ni ami ni ennemi. C'est là mon excuse pour
ce que j'ai dit d'eux ailleurs. Je laisse à M. Clayfied tous
les remercîments sincères que peut exprimer la reconnaissance, et je veux que, n'importe quel prix on estimera
le plaisir de lire mes œuvres, le montant lui en soit im-
médiatement payé; car c'est une dette que j'ai contractée
envers lui, et dont je lui lègue tous les profits, comme à
mon légataire.

Je lègue ma modération aux politiques des deux partis, — ma générosité à notre digne maire actuel Thomas

Haires, esq., et mon abstinence à toute la corporation municipale, plus particulièrement aux aldermen, pour le banquet annuel du shériff.

Item. Je donne et lègue à M. Mathieu Mease une bague de deuil, avec cette devise : « Hélas ! pauvre Chatterton ! » pourvu qu'il la paye lui-même à l'orfévre.

Item. Je laisse aux jeunes filles de Bristol toutes les lettres qu'elles ont reçues de moi, leur certifiant qu'elles ne doivent pas avoir la moindre crainte de voir apparaître mon spectre, car je ne meurs pour aucune d'elles.

Item. Je lègue le payement de toutes mes dettes (ne montant pas à cinq livres sterling) à la généreuse et charitable chambre de commerce de Bristol, sous peine, si elle refuse, d'empêcher chaque membre de faire un bon dîner, en leur apparaissant sous la forme d'un huissier. Si, bravant ce terrible spectre, ils s'obstinent dans leur refus d'acquitter mes dettes, je renvoie mes créanciers aux défenseurs du *Bill* des droits.

Item. Je laisse ma mère et ma sœur à la protection de mes amis, si j'en ai.

Exécuté en présence de l'Omniscience, ce 14 avril 1770.   THOMAS CHATTERTON.

CODICILLE.

C'est mon désir que M. Cocking et miss Farley impriment ce testament le premier samedi après ma mort.
                    .T. C.

A côté de ce testament était un billet à l'adresse de ce M. Clayfield, mentionné avec des égards particuliers dans ledit acte testamentaire, et à qui Chatterton disait, en style plus sérieux, qu'il se sentait trop malheureux pour supporter la vie, et que lorsqu'il recevrait cette lettre, celui qui la signait « *ne serait plus.* »

M. Lambert envoya chercher M. Barrett, le chirurgien, M. Clayfield et d'autres honnêtes bourgeois, devant lesquels Chatterton eut à s'expliquer, ce qu'il fit de manière à les laisser douter de ses intentions réelles; mais, comme il l'avait prévu, M. Lambert, dont la femme intervint, déchira le contrat de son engagement, et il fut libre de partir pour Londres.

Je vais ici intercaler un autre paragraphe de la biographie dramatique du professeur D. Masson, paragraphe que je préfère à l'apostrophe déjà citée, d'autant plus qu'il se termine par une lettre que M. Masson a découverte parmi les *papiers* de Chatterton, déposés au Muséum britannique, lettre que tous les précédents biographes ou critiques ont eu le tort de mépriser, sous prétexte qu'elle n'était pas du tout littéraire.

« Chatterton resta toute une semaine à Bristol après
» avoir reçu son congé de M. Lambert, c'est-à-dire du
» 16 au 24 avril 1770. Ce dut être une semaine bien
» remplie pour mistress Chatterton et sa fille : chemises
» à faire, boutons à coudre, bas à ravauder, toute la
» garde-robe de Thomas à mettre en ordre. Le pauvre
» enfant ! Malgré tout ce que les oisifs disent de lui, sa
» mère et sa sœur le connaissent, *elles*. Il a un esprit or-
» gueilleux, mais un bon cœur, et il fera son chemin,
» quoi qu'on dise. Ainsi donc, sous leur humble toit, la
» veuve et sa fille font travailler leurs aiguilles, parlant

» de Thomas et de son avenir comme en peuvent seules
» parler une mère et une sœur. Pendant ce temps-là, celui
» qui est le sujet de leurs conversations est presque toujours
» sorti, allant d'une rue à une autre, pour prendre congé
» de ses amis : Barrett, les deux Catcotts, M. Alcock,
» M. Clayfield, Burghum, Mathieu Mease, ainsi que ses
» plus jeunes camarades, les Smith, les Cary, les Ka-
» ton, etc. Tous reçoivent successivement ses adieux et lui
» expriment leurs bons souhaits, prenant des arrange-
» ments pour correspondre avec lui. Les connaissances
» moins intimes qu'il rencontre accidentellement échan-
» gent aussi, avec le jeune voyageur, des paroles gra-
» cieuses, et puis ses nombreuses amies, les miss Webb,
» les miss Thatcher, les miss Hill, etc., etc., sans ou-
» blier le Machiavel femelle, miss Rumsey, qui ont
» toutes appris, avec plus ou moins d'intérêt, qu'elles
» vont perdre leur poëte et qui veulent naturellement le
» voir avant son départ. A quelques-unes de ses connais-
» sances de cette classe, aux plus humbles dans l'échelle
» sociale probablement, il paraît qu'il fit une sorte d'a-
» dieux collectifs. Longtemps après, du moins, une
» mistress Stephens, la femme d'un tabletier de Bristol,
» se souvenait que, lorsqu'elle était jeune fille, Chatter-
» ton avait pris gaiement congé d'elle et de quelques-unes
» de ses compagnes sur les escaliers de la cathédrale. Elle
» répétait qu'il leur avait dit : « Je veux vous régaler de
» pain d'épice; » et qu'il alla, en effet, leur en acheter
» chez M. Freeling. Cher lecteur, nous avons justement
» à vous produire un mystérieux chiffon de papier qui
» se rattache à cette anecdote.»

Avant de produire ce document, **M. D. Masson** examine jusqu'à quel point on doit croire ce qu'attestait la sœur de Chatterton, sept ans après sa mort, en faveur de la chasteté de ses paroles. Quelques passages de ses lettres que nous avons dû relever, et entre autres la légèreté avec laquelle il s'exprimait sur le saint état du mariage, semblent prouver au professeur, qui voulait tout à l'heure l'introduire dans une pension de jeunes personnes, que le clerc de **M.** Lambert (comme font en général, dit-il, les clercs de son âge) parlait peu révérencieusement de l'autre sexe, pour se donner les airs d'un homme; que peut-être même avait-il aussi quelquefois des façons un peu lestes avec celles qui venaient faire les coquettes sur les promenades de la ville. Enfin, selon le professeur, il oublia peut-être une de ces coquettes dans sa galante distribution de pain d'épice, ou il eut envers elle un tort plus grave encore, puisqu'il s'attira le billet suivant, que nous devrions traduire sans orthographe et en style de grisette du dernier étage, pour donner aux lecteurs français une idée exacte de l'original, dont deux phrases sont restées incompréhensibles pour nous :

    « Monsieur,

» Je vous envoie mes compliments, et je vous dis ceci... (phrase incompréhensible)... Dites-moi combien d'onces de pain d'épice vert peut montrer le boulanger d'Honiste... Je ne suis pas courtisée par des enfants et des ouvriers. J'ai un homme, et c'est un homme qui m'aura. Mais si je veux un fou, je vous enverrai chercher... Si vous allez au diable, — je vous souhaite un bon voyage. »

(Pas de signature.)

Chatterton conserva ce billet doux, après avoir répondu à l'anonyme dépitée par quelques vers burlesques écrits au dos, mais que le professeur Masson n'a pas osé copier.

Nous dirons seulement que, si Chatterton avait emporté de Bristol une lettre plus tendre ou plus poétique, on l'aurait retrouvée dans ses papiers avec cet autographe; mais il n'en existe aucune ni au British-Museum de Londres, ni dans la collection de Bristol.

Voilà donc Chatterton dans la capitale, où il arrive avec un cœur disponible : qu'en fit-il ? Ses lettres à sa mère, à sa sœur et à divers de ses compatriotes nous renseignent exactement sur ses hôtesses, qui, lui ayant survécu, complétèrent ces renseignements par des détails si précis, qu'il est impossible de découvrir une Ketty Bell ni chez mistress Walmsley, où il logea depuis le mois d'avril jusqu'au mois de juillet, et où logeait aussi une de ses parentes, mistress Ballance, ni chez mistress Angel, où il se suicida. Mistress Walmsley, femme d'un certain âge, avait une nièce plus âgée aussi que Chatterton; la tante et la nièce déclarèrent plus tard qu'il n'avait d'autre défaut que d'être fier. Mistress Ballance le jugea de même, toutes les trois rendant justice, d'ailleurs, à sa conduite régulière. Mistress Angel, couturière, d'un certain âge aussi, et qui avait été témoin de ses dernières souffrances, en parlait avec sympathie et compassion. Quant à lui, ce qu'il écrivait de ces trois femmes ne trahit aucune affection : sa grande affaire, pendant tout le temps de son séjour à Londres, fut de trouver des éditeurs et des patrons, ou de faire insérer des articles dans les journaux littéraires et dans les journaux politiques; en un mot, de se créer une position et de devenir célèbre, soit comme poëte, soit comme publiciste, — ici sous son propre nom, là sous le voile d'un pseudonyme. — Dans ses lettres revient souvent le souvenir des jeunes filles de Bristol, avec lesquelles il a pris le thé, à qui il fit des vers ou adressa des compliments galants, mentionnant plus souvent que les autres miss Rumsey et miss Thatcher, se disant toujours amoureux d'elles, mais le disant sur le ton d'une plaisanterie familière, et lançant comme par le passé ses lieux communs épigrammatiques sur le mariage ou sur l'amour : par exemple, c'est à sa sœur qu'à la date du 30 mai 1770 il dit : « Mes compliments à miss Thatcher. Si je suis amoureux, je le suis, quoique le diable m'emporte si je puis dire de qui, etc. » Le post-scriptum de la même lettre est-il plus sérieux ? — « *P. S.* Je viens à l'instant d'avoir le cœur transpercé par l'œil noir d'une jeune dame qui passait sous ma fenêtre dans un fiacre. Je suis tout à fait amoureux. Si mon amour dure jusqu'à ma prochaine lettre, je vous en donnerai des nouvelles. »

Quelle était cette belle inconnue? Chatterton a-t-il couru après le fiacre? l'a-t-il revue? Dans la *prochaine* lettre il n'en est plus question, et le poëte raconte plaisamment à sa sœur comment il s'est enrhumé... Une voix qu'il a cru reconnaître pour celle de miss Hill, de Bristol, et qui chantait un air favori de cette miss, est venue l'interrompre dans son travail nocturne : il s'est mis imprudemment à la croisée en manches de chemise... Hélas ! c'était une chanteuse qui s'était enrouée à boire toute la nuit, etc., etc., etc. Dans le post-scriptum Chatterton espère avoir fait rire sa sœur en lui rappelant une scène qui probablement les avait fait rire ensemble autrefois.

Il n'y a rien dans ce qui précède qui puisse rendre Chatterton digne de l'amour si délicat et si pur de Ketty Bell; rien aussi, je l'espère, qui puisse faire supposer que j'aie voulu disputer au poëte dramatique et au romancier le droit d'avoir intéressé à lui l'idéale puritaine qui, sous les traits de l'actrice par qui elle vient d'être ressuscitée à la scène, ferait sur la toile d'Ary Scheffer un si gracieux pendant à la Francesca de Rimini. Mais ce qui précède doit aussi, il me semble, me justifier d'avoir raconté, il y a vingt ans, le séjour de Chatterton à Londres et la dernière scène de sa longue agonie, sans lui faire invoquer un de ces anges gardiens qui auraient pu le sauver de son désespoir.

DEUXIÈME PARTIE

—

Chatterton à Londres[1].

UNE MATINÉE D'HORACE WALPOLE.

Quant à la personne d'Horace Walpole, sa taille était non-
seulement haute, mais encore, pour mieux dire, longue et
mince à l'excès; il avait la peau, et plus particulièrement
celle des mains, d'une pâleur tout à fait maladive; je parle
de lui avant 1772. Ses yeux étaient remarquables par leur
éclat, leur pénétration, leurs prunelles noires et leur vivacité. Sa voix n'était pas forte, mais d'un accent extrême-
ment agréable, et, si je puis m'exprimer ainsi, tout à fait
comme il faut. Il entrait dans un appartement avec cet
air de délicatesse affectée que la mode avait alors rendu
presque naturel, son chapeau entre ses mains, comme s'il
désirait le froisser, ou sous le bras, marchant les genoux
pliés et sur la pointe des pieds, comme s'il avait peur de
marcher dans l'eau. Son costume de visite était le plus souvent en été un habit couleur de lavande, une veste brodée
d'argent ou de soie blanche, des boucles d'or, des man-
chettes et un jabot de dentelle... Il n'avait point de poudre
en été, mais les cheveux de sa perruque relevés sur la tête,
laissant à découvert son front pâle et poli, avec la queue
par derrière.

(Anecdotes of M. L. Hawkins.)

Remonter en bateau le cours de la Tamise depuis le
pont de Richmond jusqu'à Twickenham est une des
plus poétiques promenades que vous puissiez faire en

---

[1] Cette seconde partie de nos études sur Chatterton date de 1834.
Nous la reproduisons telle qu'elle fut imprimée alors sous sa forme
de biographie plus *poétique* que *littérale*, sans autre changement
que deux ou trois notes nouvelles et quelques ratures indispensables
pour éviter les redites aux lecteurs de la première partie.

Angleterre, soit que vous vous embarquiez avec un but, soit que vous n'en ayez d'autre que de rêver entre le ciel et l'onde, sans aucun souci du terme de votre pèlerinage. Nulle part la Tamise ne présente à l'œil des bords plus riants, des scènes plus pastorales et un plus grand nombre de ces *cottages* ou chaumières anglaises qui réaliseraient si bien un vœu souvent exprimé par les amants de notre prosaïque civilisation, à qui la vie champêtre ne saurait convenir sans une houlette dorée, ou, en d'autres termes, sans cinquante bonnes mille livres de rente.

C'est à Twickenham, c'est dans cet Éden d'allées sablées, de tonnelles de verdure et de grottes artificielles, que le célèbre Horace Walpole, artiste et poëte grand seigneur, avait choisi sa résidence d'été ; c'était là qu'il avait meublé à sa fantaisie cette jolie bonbonnière architecturale, appelée en anglais le Château de la colline des fraises (Strawberry-Hill), où l'on admire encore sa belle galerie de tableaux, sa riche bibliothèque et la presse à bras qui gémissait, sans brevet d'imprimeur ni privilége du roi, pour cinq ou six bibliophiles favorisés, amis du noble amateur [1].

La Grande-Bretagne a eu, depuis Horace Walpole, toute une succession de grands seigneurs artistes et hommes de lettres comme lui ; mais tous ont reconnu le château de Strawberry-Hill pour leur type. Lord Byron, qui se piquait d'être de son école, a défendu chaude-

----

[1] Depuis 1834, tous les trésors littéraires et tous les colifichets archéologiques d'Horace Walpole ont été vendus aux enchères.

ment sa mémoire, en prétendant que Walpole ne pouvait avoir d'ennemis que les·auteurs sans naissance, les écrivassiers logés dans des greniers et crottés jusqu'à l'échine; car le noble lord à qui nous devons *Childe Harold* et *Don Juan*, fort libéral en politique, était passablement aristocrate en littérature. L'auteur de *Vatheck*, dans la construction de son château de Fonthill-Abbey, comme dans ses romans et ses « Souvenirs de voyages, » n'est encore que l'imitateur d'Horace Walpole : il en est de même de Monk Lewis, auteur du *Moine*, et de tous les autres poëtes ou romanciers anglais, morts ou vivants, chez qui l'orgueil de race ou la vanité du *gentleman* et du *dandy* l'emporte sur la gloriole d'auteur.

Quoi qu'en ait dit Byron, quand on visite Strawberry-Hill, on ne peut s'empêcher de reconnaître qu'Horace Walpole avait plutôt le goût des petites choses que des grandes; on cherche en vain le poëte dans cette miniature gothique de sa création; dans la distribution des pièces comme dans l'ameublement, tout indique plutôt l'homme d'esprit que l'homme de génie. Aussi quelle influence a produite sur son siècle celui que Byron place si haut? Aucune, ni par ses écrits, ni par sa libéralité. Ce Mécène, fils de ministre, ne fut pas, il est vrai, ministre lui-même, mais il est douteux que son patronage, exercé dans un cercle plus étendu que celui d'un simple particulier, eût su commander des chefs-d'œuvre aux enfants de la muse. Ses préférences étaient dictées par le caprice bien plus que par le goût; ses jugements n'étaient rien moins que sûrs; il comprenait mieux la fan-

taisie que l'enthousiasme. Quant à sa conduite envers
les artistes et les littérateurs ses contemporains, au milieu de quelques traits généreux et de quelques bonnes
actions, les petitesses tiennent encore trop de place dans
sa vie, et il n'est pas étonnant que ses détracteurs aient
pu y glaner une foule d'anecdotes qu'il eût été difficile à
lord Byron de justifier, aurait-il entrepris une défense
moins générale de son héros. Walpole a, d'ailleurs, un
grand défaut en Angleterre : malheur à qui n'est pas
de son pays, dirons-nous, sans vouloir recommander
par là une nationalité étroite, et Walpole est l'auteur
le moins national de la littérature anglaise. En fait de
belles manières comme en fait de poésie, il ne croyait
qu'au bon goût des salons de Paris. En France, même
aujourd'hui, il nous semble que l'ami de madame du
Deffant était un Anglais par trop francisé, à une époque
où l'on pouvait reprocher à la société française d'être
devenue trop superficielle. Prenons garde cependant ;
il faudrait bien de l'esprit pour chercher sérieusement
querelle à un homme qui en avait assez pour écrire des
lettres qu'on a pu comparer à celles de Voltaire. Avant
de juger trop sévèrement Horace Walpole, relisons l'a-
nathème de Byron. Un des écrivains de la *Revue d'Édimbourg* faisait dernièrement une comparaison singulière
entre le talent d'Horace Walpole et le *pâté de foie gras.*
« De même, disait ce critique d'Écosse, que la pâte de
Strasbourg doit sa perfection à la maladie du pauvre vo-
latile dont on est parvenu à faire artificiellement gonfler
le foie contre nature, de même il n'y avait qu'une intelligence maladive et désorganisée qui pût produire des

friandises littéraires comme les ouvrages d'Horace Walpole [1]. » Le critique qui s'exprime ainsi, sentant bien
que le monde ne saurait facilement comprendre cette
définition gastronomique, l'a commentée lui-même en
dix pages, où il analyse avec plus de goût que n'en promettait un pareil début les contradictions de cet esprit
original qui, passant d'un caprice à un autre, était alternativement un Alceste et un Philinte, un courtisan et un
démocrate; qui parlait sérieusement de frivolités, et
de politique en riant, mais à qui, encore une fois, on ne
saurait refuser le mérite d'avoir écrit les lettres les plus
amusantes et les mémoires les plus spirituels qu'on puisse
citer dans la langue anglaise.

Ce qui peut paraître bizarre, au premier abord, dans
les études d'un grand seigneur tel que Walpole, c'est
son amour pour les antiquités. Qu'on plaisante tant qu'on
voudra sur sa manie de recueillir dans son cabinet de
curiosités le peigne de Marie Stuart, le chapeau rouge
de Wolsey, la pipe de Van Tromp et l'éperon du roi
Guillaume, toujours est-il que le château de Strawberry-
Hill a laissé des documents très-précieux pour l'histoire
des beaux-arts. Ce n'est pas que, dans ses calculs
d'homme insouciant, plus jaloux en apparence de contenter une fantaisie que de se livrer à de laborieuses recherches, Horace Walpole ait jamais pâli sur les vieux
manuscrits ou fatigué ses yeux à la lueur de la lampe solitaire. Il ne se dissimulait pas que toute son ambition
était de populariser l'érudition par la forme, et il se fai-

Edinburgh Rev., nº CXVII.

sait dégrossir volontiers une besogne difficile par des écrivains subalternes. Il ne craignait pas non plus de consulter les auteurs en renom qui se mettaient sous son patronage, et il se rangeait sans rougir à leur avis, loin de vouloir leur imposer le sien, lui homme du monde et non homme de lettres, comme il affectait de le répéter souvent.

Après avoir longtemps cherché un secrétaire intelligent, Horace Walpole croyait enfin avoir sous la main celui qu'il lui fallait. Un jeune homme se proposait lui-même, qui était dans une condition de fortune à accepter avec reconnaissance une semblable place chez un protecteur aussi distingué que le châtelain de Strawberry-Hill. Ce jeune homme habitait la province ; Horace Walpole était sur le point de lui écrire de venir le trouver, lorsque la visite que lui rendirent en ce moment deux poëtes qu'il voyait quelquefois dans ses salons lui donna l'idée de leur soumettre le choix qu'il avait déjà décidé à part lui. Ces deux poëtes étaient Mason et Gray. Quoique doués d'une certaine indépendance dans leur système de composition, l'auteur du *Jardin anglais* et celui de l'*Élégie dans un cimetière de camqagne* appartenaient plutôt à l'école d'Addisson et de Pope qu'à l'école de Spencer et de Shakspeare. C'étaient à la fois des hommes universitaires et des beaux esprits ; aussi le premier était surtout fier d'avoir reproduit dans une tragédie assez froide le chœur des anciens, et le second divisait ses odes scandinaves en strophes et en épodes, comme celles de Pindare.

— Eh bien ! dit M. Gray, qui faisait ce petit compliment, sans arrière-pensée, à un auteur trop *modeste* pour exciter la moindre rivalité, je vous avais bien prédit que vos *Anecdotes de la Peinture*[1] auraient un succès populaire; votre roman, *le Château d'Otrante*, n'a pas été dévoré avec plus d'avidité par nos ladies.

— Vous oubliez, mon cher Gray, ce que j'ai dit dans la dédicace de cet ouvrage à la baronne douairière Hervey d'Hickworth : *I am rather an editor than an author*, je suis plutôt un éditeur qu'un auteur. Votre compliment regarde plutôt feu Vertue que moi; rendons à César ce qui appartient à César. C'est bien le moins que je fasse honneur à ce bon antiquaire de ce que je lui dois. Je ne suis pas sûr qu'il ne m'en veuille pas, dans l'Élysée des érudits, d'avoir réduit, en deux ou trois volumes, des manuscrits qui équivalaient à plus de quarante in-quarto.

— Miséricorde! dit Mason, remerciez **M.** Vertue tant qu'il vous plaira, mais nous vous remercions à notre tour d'avoir digéré aussi agréablement pour nous cette masse informe de paperasses; *rudis indigestaque moles.*

---

[1] Voici le titre exact de l'ouvrage cité :

Anecdotes of Painting in England
with some account of the principal artists,
and incidental notes on other arts, collected
by the late M. GEORGES VERTUE,
And now digested and published from his original Mss,
By M. HORACE WALPOLE.
London, Dodeley, Pall-Mall.

Georges Vertue était un graveur archéologue qui avait eu pour principal protecteur lord Oxford, père d'Horace Walpole. Il était mort depuis quelques années quand Horace Walpole édita son Histoire anecdotique de la peinture.

Il n'y a que vous pour rendre amusant même un catalogue.

— J'admire surtout, dit Gray, le parti que l'auteur, ou, s'il le préfère, l'éditeur de l'ouvrage de M. Vertue, a su tirer des vieilles chartes.

— Allons, répondit Horace Walpole, vous voulez que je vous félicite à mon tour, messieurs, de votre talent à rajeunir nos poëtes dramatiques, n'est-ce pas, monsieur Mason ? ou à moderniser les poëtes gallois, n'est-ce pas, monsieur Gray ? Mais j'aime mieux utiliser vos lumières que les étouffer sous le vide d'un compliment. Tenez, messieurs, que pensez-vous de ce fragment d'un vieux poëme sur la peinture, qui a été découvert récemment à Bristol ?

En parlant ainsi, Horace Walpole montrait ce fragment manuscrit, intitulé :

THE RYSE OF PEYNETEYNE IN ENGLAND
WROTTEN BY TH. ROWLIE, 1467,
FOR MASTRE CANYNGE.

— Et de qui vous vient ce vieux grimoire monacal ? demanda Gray après l'avoir parcouru et en le passant à Mason.

— D'un jeune homme inconnu de Bristol, qui me semble doué d'un esprit fort sagace, si le commentaire de ces vers est de lui. Voici la lettre d'envoi :

A L'HONORABLE HORACE WALPOLE.

« Monsieur,

« Étant un peu versé dans la connaissance des anti-

quités littéraires, j'ai rencontré quelques manuscrits curieux, parmi lesquels celui que je vous envoie pourrait
vous être utile dans une nouvelle édition de vos intéres-
santes *Anecdotes de la Peinture*. En corrigeant les mé-
prises, s'il y en a, dans les notes, vous obligerez beaucoup votre très-humble serviteur.

> » Thomas CHATTERTON. »

Corn-street, Bristol, mars.

— Eh bien ! qu'avez-vous répondu à ce Thomas Chatterton? demanda Gray.

— Que je recevrais avec plaisir de nouvelles communications, s'il voulait les continuer. En même temps, j'ai
fait prendre des informations à Bristol sur mon jeune
correspondant, car, à mon tour, je voudrais lui être
utile; et justement hier j'ai reçu une lettre où l'on me
raconte toute son histoire. La lettre est assez longue;
mais, lisez, elle vous intéressera, en vous révélant un
petit prodige dans notre prosaïque Angleterre.

A L'HONORABLE HORACE WALPOLE.

« Monsieur,

» Je m'empresse de vous donner les détails que vous
désirez sur Thomas Chatterton. Cet enfant, car il a dix-
sept ans à peine, est né le 20 novembre 1752. Son père,
qui portait le même nom et qui mourut trois mois avant
la naissance de ce fils, avait été maître d'écriture dans
une école élémentaire, chantre dans la cathédrale de

Bristol et maître d'une école libre dans Pyle-street de notre ville. On prétend que ce brave homme avait une certaine tendance à croire à la sorcellerie et qu'il lisait avec amour les œuvres de Cornélius Agrippa. Mais il ne put y trouver le secret de la pierre philosophale, car il mourut encore plus pauvre que ses ancêtres, qui, depuis un siècle, remplissaient héréditairement les fonctions de sacristain, dans l'église de Sainte-Marie-Redcliffe.

» Je reviens à son fils, qui, à l'âge de cinq ans, fut envoyé à l'école où avait enseigné le père, mais qui fut rendu à sa mère par le pédagogue, sous prétexte qu'il était trop stupide pour pouvoir jamais profiter de ses leçons. Aussi, la pauvre femme fut bien surprise lorsqu'un jour elle le trouva en contemplation devant les capitales ornées d'un vieux manuscrit français. Elle s'en servit adroitement pour lui montrer elle-même ses lettres et, profitant de son goût pour les images, elle lui enseigna ensuite à lire dans une de ces vieilles bibles gothiques qu'on trouve encore dans les familles.

» Bientôt le jeune Chatterton donna de nombreux démentis au maître d'école, qui l'avait condamné à rester stupide toute sa vie. Notre évêque, en ayant ouï parler, le recommanda au conseil municipal, qui le fit entrer à l'école gratuite de Colston, à Bristol, établissement fondé sur le plan de votre Hôpital-du-Christ, à Londres, où les élèves sont non-seulement enseignés, mais encore entretenus dans la maison. Au bout de deux ans, l'écolier en savait plus que ses maîtres, et, dans son amour pour la science, il avait consacré ses petites épargnes à l'achat d'un assez grand nombre de livres. Cependant, depuis une année environ, sa mère a cru devoir le faire entrer en apprentissage chez un procureur nommé Lambert, mais il est facile de voir qu'il n'est pas à sa place.

» Le jeune Chatterton est certainement né poëte; c'est par des vers qu'il a débuté, vers qui valent certainement ceux que Pope composait au même âge. Mais Pope, ni aucun de nos auteurs précoces, n'eurent jamais, comme lui, un goût beaucoup plus extraordinaire chez un enfant, celui de la science archéologique et l'intelligence des manuscrits de ce moyen âge, où restent perdus tant de documens précieux pour l'histoire, la topographie, les sciences et la poésie. Les découvertes faites par lui dans ce genre sont vraiment merveilleuses et ne s'expliquent que par la bonne fortune qui l'a fait, en quelque sorte, l'héritier d'un dépôt de parchemins, légués à notre cathédrale par un riche marchand de Bristol, William Canynge, aux frais de qui l'édifice avait été réparé, sous le règne d'Édouard IV. Ces parchemins étaient renfermés dans un ou plusieurs coffres négligés depuis longtemps et dont les sacristains avaient fini par s'emparer, sans y avoir attaché, jusqu'ici, d'autre valeur que celle de papiers au rebut. C'est dans ce qui reste de ces parchemins que le jeune antiquaire a découvert cette *Histoire de la Vieille Peinture*, par le moine Rowley, qui vous a été envoyée. Les pièces de vers exhumées du coffre de M. Canynge, la plupart composées par le moine Rowley, se montent déjà à un certain nombre. J'ai reçu moi-même, avec reconnaissance, quelques fragments dont je compte bien me servir pour une histoire de Bristol que je prépare; car ma profession me laisse encore quelques loi-

sirs, que je consacre aux lettres et à la topographie historique. Le jeune Chatterton ne cache pas que son ambition serait de se rendre à Londres, pour s'y mettre en
rapport avec les érudits et y trouver quelque protecteur
éclairé de son talent. Si j'osais donc, monsieur, joindre,
aux détails que je suis heureux de pouvoir vous donner,
une humble recommandation, je vous dirais que votre
patronage ne saurait être mieux placé qu'en cette circonstance. J'engage mon jeune compatriote à vous envoyer quelques-unes de ses propres poésies, avec la *Tragédie de Bristowe*, le *Roman du Chevalier* et autres
pièces du moine Rowley. Votre goût éclairé jugera facilement qu'il y a mieux qu'un copiste de vieux manuscrits
dans le jeune Chatterton.

» Je suis, monsieur, votre très-honoré serviteur,

» BARRETT, chirurgien à Bristol. »

3 avril.

— Eh bien! qu'en pensez-vous, messieurs? dit Walpole après lecture faite de cette lettre.

— Je pense, répondit Gray, que voilà un joli pendant
au roman de Macpherson. Votre jeune antiquaire s'est
moqué de ses compatriotes et, entre autres, de ce bon
M. Barrett.

— Et de moi, par-dessus le marché, n'est-ce pas? reprit Walpole avec un peu de dépit.

— Oh! c'est autre chose, continua Gray; malgré votre
modestie, vous n'êtes pas homme à vous laisser mysti-
fier par des pastiches aussi maladroits. Tenez, voilà une
expression qui n'était pas connue encore dans le treizième siècle, date que lui donne notre Ossian de Bristol;

en voici une autre qui a tout juste deux cents ans de
moins que le prétendu moine Rowley. Avouez que vous
avez voulu voir si Mason et moi nous tomberions dans
le piége.

Mason disséqua à son tour les vers du prétendu moine
de Bristol, et Walpole prit le parti de convenir, en souriant, qu'il avait voulu tenter une épreuve.

En ce moment, le petit chien bichon, cadeau de madame
du Duffant, vint sauter sur les genoux de son maître, qui
oublia les *Anecdotes de la Peinture* et le besoin qu'il avait
d'un secrétaire, pour caresser ce favori à quatre pattes.
Mason et Gray voulurent aussi faire accueil au bichon,
mais le capricieux animal leur montra les dents.

— Messieurs, dit Walpole, excusez Bijou ; il vous
prend peut-être pour des prêtres; et il a été élevé dans
un vieux manchon de mon indévote amie madame du Deffant. Oh! c'est un philosophe enragé. Lors de mon passage
à Amiens, pendant que je visitais la cathédrale, ne s'a-
visa-t-il pas de laper toute l'eau lustrale du bénitier [1] ! »

Mason ét Gray rirent beaucoup de l'anecdote et firent
leur paix avec Bijou, qui cessa de montrer les dents aux
amis de son maître.

Le lendemain, on apporta à Strawberry-Hill un gros
paquet venant de Bristol; c'était la suite des manuscrits
du moine Rowley, avec une nouvelle lettre de Chatterton, qui, confirmant celle de M. Barrett, suppliait Ho-

---

[1] Horace Walpole avait raconté cette anecdote à miss Hawkins, et
il prétendait avoir eu grandement peur qu'on ne fût scandalisé à
Amiens de l'indiscrétion de son favori.

(Anecdotes of miss Hawkins.)

race Walpole de le retirer des griffes de la chicane et de
lui fournir les moyens de cultiver sa passion pour la littérature.

Cette fois, la réponse du châtelain de Strawberry-Hill
se ressentit de la visite et de l'entretien de la veille; il remercia plus froidement son jeune correspondant de
Bristol et lui démontra qu'un antiquaire comme lui n'a-
vait pu être longtemps dupe de la mystification : Rowley
n'avait de vieux que son orthographe. Horace Walpole
conseillait donc à son jeune éditeur de renoncer à un
métier peu productif et de se créer des ressources plus
sûres par l'étude des lois. « Un procureur, lui disait-il,
est, dans notre siècle, un homme plus indépendant qu'un
poëte. » C'était une cruelle vérité qu'Horace Walpole
disait là, avec la connaissance et l'expérience d'un homme
du monde [1].

Quelques jours après, le châtelain de Strawberry-Hill
était sur la route de Paris.

II. — L'AUDIENCE DU LORD-MAIRE.

> Si un de mes fils annonçait du talent poétique, ce dont, à ma
> grande satisfaction, il n'y a nulle apparence, mon premier
> soin serait de lui imposer le devoir de cultiver quelque
> profession honnête pour qu'il pût remplir dans le monde
> un rôle plus respectable que celui de simple poëte.
> *(Lettre de sir Walter Scott à M. Crabbe.)*

La date de 1770, dans l'histoire d'Angleterre, rappelle
cette époque d'agitation où les esprits les plus clairvoyants

---

[1] « Je lui écrivis une lettre aussi bienveillante que si j'avais été son
propre tuteur, car, quoique ne doutant pas de la falsification, il y

pouvaient bien croire la constitution dangereusement compromise par la guerre à mort que s'étaient déclarée le gouvernement et la presse. C'est la date des fameuses *Lettres de Junius*, des pamphlets de Horne Tooke et de Wilkes, des pétitions collectives contre la trahison des ministres et contre la corruption de la chambre des communes, la date des émeutes d'ouvriers, des cris de : « Vive Wilkes et la liberté! » Alors un seul homme, fort de son droit et de son audace, était trois fois exclu du Parlement comme indigne et trois fois réélu ; alors un numéro de journal, saisi et livré aux flammes par les mains du bourreau, comme calomnieux, trouvant dix presses pour le réimprimer le lendemain, reparaissait plus menaçant encore pour le pouvoir, et l'auteur de l'article, poursuivi devant les tribunaux, y était non-seulement acquitté, mais encore faisait condamner lui-même à cent mille francs de dommages-intérêts un ministre d'État, pour avoir ordonné une saisie illégale.

avait dans ce qu'il donnait pour la production d'un autre âge un tel sentiment poétique qu'il m'avait intéressé, et ce n'était pas un si grand crime chez un jeune poëte d'avoir forgé de fausses lettres de change, qui ne devaient être mises en circulation que dans la paroisse du Parnasse. Je le dissuadais sur le crédit qu'il me supposait, en ajoutant qu'il devait reconnaître les sacrifices de sa mère en restant dans une profession qui pourrait lui fournir plus tard les moyens d'acquitter sa dette filiale, et que, lorsqu'il aurait fait sa fortune, il pourrait de nouveau se livrer à des études plus conformes à ses goûts. J'ajoutais enfin que j'avais communiqué ses manuscrits à des juges plus compétents que moi et qui n'avaient nullement confirmé leur authenticité supposée. »

Ce passage est extrait de la longue justification qu'Horace Walpole imprima lui-même à Strawberry-Hill, lorsqu'il se vit accusé d'avoir causé le suicide de Chatterton par l'accueil peu bienveillant fait à ses propositions. La pièce a été insérée en entier dans le volume de M. John Dix.

Alors, il y avait des palmes et des lauriers pour toutes les nuances de l'opposition , et la Tour de Londres voyait sortir en triomphe tous ceux que le ministère public parvenait à y enfermer quelques heures. Alors, les journaux avaient leurs *Gracques*, la bourgeoisie ses *Rois des halles*, et la Cité voyait ses magistrats , ses aldermen et son lord-maire marcher à la tête des corporations, pour aller porter au monarque constitutionnel ces *humbles* et *respectueuses* remontrances qui irritent les rois constitutionnels, bien plus que les cris de révolte et les injures des pamphlets.

Dans ces circonstances , le discours prononcé par M. Beckford, le lord-maire, au roi Georges, et l'accueil plus que sévère qu'il avait essuyé de Sa Majesté, devaient naturellement élever cet illustre magistrat au premier rang des héros populaires. Partout des acclamations retentissaient sur son passage, partout on vantait son patriotisme ; le courageux lord-maire était le père du peuple, son patriotique défenseur, le vrai roi de la Cité. Pour un homme aussi probe, aussi désintéressé, aussi consciencieux que M. Beckford, il y avait de quoi s'effrayer d'une popularité si étendue, d'un enthousiasme si fervent, et qui, d'ailleurs, était traduit par quelques-uns en flatteries fort peu mesurées ou même en propositions séditieuses. Le peuple est souvent brutal dans ses tendresses, la bourgeoisie fait quelquefois des compliments bien maladroits, et la couronne civique a ses épines, hélas ! comme toutes les couronnes !

Un soir, le lord-maire, seul dans son cabinet de Mansion-House, se reposait des fatigues d'une de ses ovations quotidiennes, lorsqu'on lui vint annoncer qu'un jeune homme demandait avec instance à être introduit auprès de lui. « Qu'on le fasse entrer, » dit M. Beckford, forcé, quoi qu'il en pensât au fond du cœur, de subir les importunités auxquelles la popularité condamne ses héros ou ses victimes.

Il y avait une sorte de dignité dans la figure du jeune homme qui se présentait chez le lord-maire; mais tout ce que celui-ci y remarqua d'abord fut l'expression de cette timidité inquiète, et cet embarras d'un amour-propre craintif qu'on appelle en France la *fausse honte* [1]. Le solliciteur semblait avoir à peine dix-sept ans. M. Beckford avait un fils d'un âge plus tendre [2]; la jeunesse l'intéressait; il lui parla avec un accent paternel et affectueux.

Quand le jeune homme eut repris confiance et qu'à l'invitation du lord-maire il se fut assis et nommé :

— Vous êtes Thomas Chatterton ! dit M. Beckford; mais... votre nom m'est connu. N'est-ce pas vous qui avez publié des vers sous le nom de Rowley? J'en ai lu quelques-uns dans les journaux, monsieur, et je me suis demandé pourquoi vous persistiez à faire honneur à un vieux moine d'ouvrages qui sont bien de vous, n'est-ce pas? D'habiles gens s'y sont pris cependant, entre autres

[1] Les Anglais ont le mot *bashfulness* pour rendre cette fausse modestie.

[2] M. Beckford, fils du lord-maire, futur auteur de *Vatheck*, fut, lui aussi, un génie précoce. Car à l'âge de Chatterton (dix-sept ans) il publia plus tard ses *Vies des Artistes extraordinaires*, peintres supposés comme ceux que Chatterton avait inventés à l'adresse d'Horace Walpole.

mon ami Tyrwhitt l'antiquaire... Eh bien! que faites-vous maintenant, et à quoi puis-je vous être utile ? Vous venez peut-être me proposer quelque souscription en faveur du vieux Rowley ? je suis d'avance votre souscripteur.

— Milord, dit Chatterton, je vous avouerai avec franchise que je suis heureux de n'être pas tout à fait ignoré de vous ; grâces en soient rendues au vieux Rowley! car je venais fièrement mettre ma plume à votre service.

— Votre plume, mon jeune ami? mais nous ne sommes plus au temps où le lord-maire avait à régaler ses concitoyens de fêtes poétiques; une fois que nous sommes installés dans nos fonctions, nous oublions la mascarade de notre installation, qui n'intéresse guère que les badauds; on ne joue plus de *masques* ni de scènes allégoriques et autres spectacles dans les rues de Londres. Les lords-maires ont donné congé depuis longtemps à leur poëte lauréat comme à leur fou, et, à part toute comparaison, l'un est à peu près aussi inutile que l'autre, en ces temps de fermentation politique.

— Je le sais, milord, et j'ai enfin compris que la poésie devait cesser d'être une distraction pour les femmes et les oisifs, si le poëte voulait être quelque chose en ce siècle. Je vous offre ma plume, non comme un hochet, mais comme une arme, comme la seule qui puisse vous défendre et vous faire craindre dans la lutte où vous êtes engagé, comme la seule qui puisse vous rendre plus fort, vous, lord-maire, au milieu de vos pacifiques huissiers de Mansion-House, que le roi au milieu de sa garde au palais de Saint-James.

—Jeune homme, vous parlez là comme si vous étiez Junius lui-même.

—Je ne le suis pas, milord, mais je me sens assez de verve pour lui succéder s'il quitte sa place, pour lui tenir tête s'il attaque jamais celui qui me protégera. Cessez de ne voir en moi que le copiste du moine Rowley, qui a oublié la langue du jour à force de parler celle du moyen âge. La plume que je vous propose est celle qui a tracé le pamphlet signé *Publicola*, les philippiques signées *Décimus*, la lettre du North-Briton en faveur de Wilkes, la satire en vers contre lord Bute, enfin, cet *essai* qui vous fut adressé, il y a huit jours, à vous-même, et dont je réclame la signature, puisqu'on m'a dit qu'il avait mérité votre approbation. Je flotte encore entre les deux partis, sans engagement avec aucun. Me voilà, milord, tel que m'a fait le désir d'une gloire quelconque encore plus que le besoin de vivre, quoique je sois sans un shelling, quoique j'aie une mère et une sœur pauvres, que je n'ai quittées qu'en leur promettant de les rendre riches par mon talent ; me voilà... bon pour l'attaque et pour la défense, propre au bien, propre au mal, selon le caprice de qui saura me comprendre et m'employer.

Cette exaltation frappa M. Beckford.

—Jeune homme, dit-il, vous m'effrayez ; mais je remercie la Providence qui vous adresse à moi plutôt qu'à quelque ambitieux qui ferait de vous un aveugle instrument pour le briser sans remords après l'avoir prostitué à de vils usages. Vous êtes à temps de vous arrêter ; arrêtez-vous, mon jeune ami, car vous courez à de cruelles déceptions. Désabusez-vous d'abord sur le rôle que quel-

ques insensés, je le sais, ont voulu m'attribuer. J'ai
plaidé la cause de la constitution de bonne foi, sans arrière-
pensée ; oui, je serais le premier à gémir si le gouvernement persistait dans ses velléités d'arbitraire. Hélas !
qu'aurions-nous à gagner à une révolution, nous-mêmes
qui l'aurions faite ? Comme tout bon citoyen, je n'ai
qu'un désir, qu'un but : c'est de l'éviter ; l'intérêt de
mon âge, de ma position, celui de ma famille, celui de
mes amis, sont d'accord là-dessus. Dans vos rêves de
jeune ambitieux ou de jeune patriote, espériez-vous donc
trouver en moi un Catilina anglais? Voyez mes cheveux
blancs. Le ciel ne vous a envoyé auprès d'un vieillard
que pour recevoir les conseils que vous donnerait un
père. Interrogez votre conscience, et elle vous dira comme
moi que vous êtes déjà infidèle à votre talent, lorsque
vous le détournez des sources pures de la vertu et de
l'honneur pour le vendre aux caprices du premier brouil-
lon venu qui aurait besoin de cette arme pour frapper
le crédit ou la réputation de ses ennemis. Mais j'excuse
votre jeunesse et votre inexpérience ; je veux vous prouver que je vous connais mieux que vous ne vous connaissez vous-même. Vous avez soif de gloire et d'indépendance ? Eh bien ! travaillez ; vous aurez toujours en
moi un appui. Je ne suis pas un Mécène, mais j'aime les
lettres ; si les libraires ou les critiques refusent vos écrits,
apportez-les-moi ; je serai moins difficile. Appelez-en à
ma caisse, elle vous sera toujours ouverte. Je veux,
d'ailleurs, vous procurer un emploi honorable qui ne
vous ôtera pas tous vos loisirs ; sir Georges Colebrooke,
un des directeurs de la Compagnie des Indes, m'a quel-

ques obligations ; je lui parlerai de vous ; revenez dans quelques jours.

Chatterton baissa la tête, remercia, plus honteux que reconnaissant, et sortit.

Il habitait alors dans Shoreditch, chez un plâtrier nommé Walmsley, où demeurait aussi mistress Ballance, cousine de sa mère. Qand il rentra :

— Eh bien! lui dit mistress Ballance, vous avez vu M. Beckford ?

— Je l'ai vu.

— N'est-ce pas, mon cousin, que c'est un bien honnête homme ?

— Trop honnête.

— Quoi donc ? vous a-t-il mal accueilli ?

— Oh ! trop bien pour que j'y retourne.

— Expliquez-vous, mon jeune cousin. Revenez-vous mécontent de lui?

— Oh! pire que cela, je reviens mécontent de moi-même.

Le malheureux jeune homme avait été humilié de la leçon qu'il avait reçue ; il conserva pendant quelque temps, après cet entretien avec M. Beckford, une impression de sombre tristesse ; mais le hasard lui fit rencontrer M. Wilkes, le grand Wilkes, qui l'entraîna dans une orgie, et le recommanda à des journalistes moins scrupuleux que le lord-maire. Le rival probable du Junius fut caressé, flatté, traité de grand génie ; — la tête lui tourna. Il écrivit à sa mère « que la fortune lui souriait enfin ; qu'il pourrait bientôt doter sa sœur, qu'il vivait avec les puissants du jour et n'avait que le choix

entre les positions les plus brillantes. » — Trompait-il sa
famille pour la consoler? se trompait-il lui-même, séduit par de fausses promesses? Il quitta bientôt la maison de Walmsley, comme trop éloignée des théâtres,
parce qu'il s'était chargé de faire des articles sur les
pièces nouvelles dans une publication hebdomadaire, et
il vint loger chez mistress Angel, dans Brook-Street. Ce
fut là qu'il écrivait à sa sœur, en date du 20 juillet 1770,
pour lui annoncer qu'elle recevrait bientôt de lui une
belle robe qu'il lui destinait sur le prix d'un *oratorio*
qu'on l'avait engagé à composer. « Je suis revenu, lui
disait-il, à la poésie, après avoir quelque temps écrit des
pamphlets politiques; mais la littérature seule me suffira
pour être riche. Les libraires courent après moi, les critiques se disputent ma plume, et les hommes du monde
me font la cour; j'aurais de riches places, si je ne pré-
férais mon indépendance. »

Hélas! à un mois de là comment s'étaient donc évanouies toutes ces visions d'indépendance, de gloire, de
fortune, de grandeur? Le jeune poëte sollicitait humblement et sans succès le poste d'aide-chirurgien à bord
d'un navire partant pour l'Afrique. M. Beckford venait
de mourir, celui de tous ses protecteurs qu'il avait le
plus négligé, le seul qui eût été sincère avec lui [1].

---

[1] Il s'était en vain adressé au chirurgien topographe de Bristol,
M. Barrett, pour obtenir de lui un certificat d'études chirurgicales.
M. Barrett refusa de se prêter à cette fraude.

Quant à M. Beckford, *mort avant Chatterton*, ce lord-maire, franchement libéral et justement populaire, ne méritait pas d'être livré au
ridicule sur la scène. Il est à regretter que M. A. de Vigny ne se soit
pas contenté d'introduire, dans son conte et sa pièce, un lord-maire

III. — LE SONGE DU SUICIDE.

> Notre vie est double; le sommeil a son monde à lui, limite placée entre ces choses qu'on a si mal nommées la mort et l'existence. Le sommeil a son monde, vaste empire d'étranges réalités : les songes dans leur développement ont leur vie, leurs larmes, leurs tortures et leurs sensations de plaisir; ils laissent un poids sur notre âme après le réveil ou allégent celui qui l'accablait dans les veilles; ils divisent notre être; ils deviennent une partie de nous-mêmes comme du temps présent, et ils sont comme des hérauts de l'éternité; ils viennent comme les esprits du passé; ils parlent comme les sibylles de l'avenir; ils ont tout le pouvoir, toute la tyrannie du plaisir et de la douleur; ils font de nous ce que nous n'étions pas; ils en font tout ce qu'ils veulent, et nous épouvantent par une vision qui n'est plus, par la menace d'une ombre évanouie, etc.
>
> (Lord Byron, *The Dream*.)

C'est de la cathédrale de Cantorbéry qu'Érasme écrivait : *Tanta majestate sese erigit in cœlum, ut, procul etiam, intuentibus religionem incutiat.* « Elle s'élève dans les airs avec une telle majesté que, même de loin, elle frappe d'un sentiment religieux ceux qui l'aperçoivent. » Ces paroles peuvent aussi s'appliquer à l'abbaye de Westminster, car le sentiment religieux que fait naître

anonyme. M. Beckford fut réellement très-bienveillant pour Chatterton, qui fit, sur sa mort, ce calcul souvent cité comme une plaisanterie de l'ingratitude. Il avait adressé au journal *le North-Briton* une dernière lettre, qui ne put être insérée, la mort de M. Beckford lui enlevant son opportunité. Au dos du manuscrit rendu par le rédacteur, il mit :

	l.	st. sh.	d.
Perdu par sa mort sur cet article.	1	11	6

	l.	st. sh.		
Gagné en élégies.	2	2	} 5	5
— en articles, essais, etc. .	3	3		
Je me réjouis de sa mort pour	3	13	6	

cet antique édifice est assez profond pour vous arracher aux distractions continuelles des bruits profanes qui vous assourdissent continuellement dans Londres comme dans toutes les capitales. Mais si la vue lointaine de l'antique abbaye suffit pour vous plonger dans la méditation, est-il besoin de dire quel recueillement vous éprouvez dès que vous avez franchi le seuil de cette nécropole anglaise ? Là, si vous pouvez échapper aux cicérones officiels, votre pensée pourra évoquer bientôt dix siècles d'histoire et de traditions; là, sous vos yeux surpris, la vieille Angleterre des Plantagenet, des Lancastre, des Tudor et des Stuart, étale tous ses écussons sur le marbre des mausolées. — « Là, comme l'a dit M. de Chateaubriand de l'ancienne abbaye de Saint-Denis, les ombres des vieilles voûtes s'abaissent pour se confondre avec les ombres des vieux tombeaux; des grilles de fer entourent inutilement ces bières et ne peuvent défendre la mort des empressements des hommes. »

On croira sans peine que l'abbaye de Westminster était, de tous les temples de Londres, celui qui parlait le langage le plus intelligible aux poétiques sympathies de Chatterton. Plus d'une fois on rencontra le pâle jeune homme errant, comme une ombre de poëte, dans la chapelle privilégiée où reposent les poëtes chers à la Grande-Bretagne, et relisant, les unes après les autres, ces inscriptions qui appellent le respect des hommes sur les noms de ceux qui ont peut-être porté plus loin la gloire de leur pays que ses plus fameux capitaines.

Un jour, sa rêverie se prolongea, dans cette chapelle qu'on nomme le *Poets'-Corner*, au delà de l'heure à laquelle on fermait jusqu'au lendemain les portes de la cathédrale, et le bedeau le retrouva le matin, encore endormi, non loin de la tablette qui remplace les cendres absentes de Shakspeare [1].

Un poëte seul pourrait tenter de traduire fidèlement les songes qui, cette nuit-là, peuplèrent de leurs prestigieuses images le sommeil de Chatterton. Pour lui, non-seulement les sculptures monumentales de l'abbaye s'animèrent d'une vie fantastique ; les images peintes descendirent des vitraux; les rois, les reines, les guerriers, les patriotes, les poëtes, défilèrent , en un long cortége, bien autrement imposant que la procession des moines sur le vieux pont de Bristol; mais encore les figures de sa propre création vinrent prendre rang parmi « ces grands vassaux de la mort, » et il vit Shakspeare lui-même sourire avec complaisance au brave chevalier sir Charles Bawdin, à sir Canteloune, à maître Canynge, au ménestrel d'Ella. Hélas ! ce magique spectacle s'effaça rapidement dans l'ombre de la nuit, et la changeante décoration des rêves y substitua des scènes moins glorieuses. Chatterton se vit ramené sur le passé de sa vie, encore si courte, et il voulut en vain méconnaître quelques-uns de ses souvenirs, ceux-ci trop semblables à des remords, ceux-là humiliants pour son orgueil. Il put recommencer , dans ce sommeil de quelques heures, toutes ses premières années ; il se revit pauvre enfant, éconduit de sa première école, élevé par charité

---

[1] Shakspeare repose à Strafford-sur-l'Avon, sa ville natale, où, par son épitaphe, il frappe d'anathème ceux qui oseraient violer sa tombe.

dans la seconde, riche d'études , mais toujours voué à l'indigence; il se revit mangeant le pain de la misère dans la maison maternelle, ou écrivant de longues journées sous la dictée d'un procureur, et, quand la muse lui parlait, forcé d'attribuer à un vieux* moine ses meilleures inspirations, de peur que son nom inconnu les fît dédaigner des lecteurs. Ah ! du moins il était parvenu à attirer ainsi sur lui l'attention, et ce n'était plus que par orgueil qu'il persistait à soutenir lui-même, malgré les incrédules, une imposture qui le dépouillait de sa renommée légitime. Cependant, une ambition plus haute encore l'invitait à venir à Londres; mais, enchaîné par un contrat d'apprentissage dans un des antres de la chicane de province, il avait besoin, pour le rompre , de préparer sérieusement son suicide. Résolu de mourir ou d'être libre, il rédigeait une seconde fois , dans son rêve, cet acte de désespoir, intitulé : *Testament et dernières volontés de Chatterton,* qui décida le procureur Lambert à le laisser partir. C'est alors que survenaient sa sœur et sa mère éplorées, redoutant, l'une pour son frere, l'autre pour son jeune fils, tous les dangers d'un voyage incertain. Afin d'abréger ces déchirants adieux, il se rappelait avoir levé un doigt vers le ciel, en disant avec enthousiasme : « Console-toi, ma bonne sœur; rassurez-vous, ma mère; là est mon guide mystérieux, là brille ma boussole, mon étoile de poëte! » Mais, au lieu de cette étoile qu'il avait cru voir en effet au firmament, il ne retrouvait plus, dans son rêve, que le papier funeste où il avait écrit : *Testament et dernières volontés de Chatterton.*

En vain il se sentait frissonner; le sort en est jeté; le

voilà parti, le voilà seul, à pied, sur la route de Londres, avec quelques shellings dans sa poche, tournant malgré lui la tête de temps en temps vers les clochers de Bristol, qu'il ne doit plus revoir; il pleure en pensant à sa mère, à sa sœur... Ah ! s'il était temps de se dédire! mais l'orgueil lui crie : Marche, marche! et il cherche à s'étourdir, en répétant lui-même ces mots : Marche, marche! jusqu'à ce qu'il aperçoive la Babylone anglaise, qui est là, devant lui, sous le sombre dais de son éternel brouillard. En approchant, il croit distinguer, dans le murmure lointain de ses mille bruits, une voix qui l'appelle et lui dit que, là où il y a place pour toutes les supériorités, pour les rois du talent comme pour ceux de la puissance, un trône est préparé pour son génie méconnu. Sa tête s'exalte au milieu du mouvement de cette immense population ; il anticipe sur l'heure de son triomphe; il se figure déjà être annoncé par la trompette de cet ange de la gloire, qui n'est plus un vain emblème. Son incognito seul le dérobe aux acclamations. Quel est ce placard collé contre un mur, autour duquel se presse la foule ? Ah ! c'est sans doute l'affiche de son dernier ouvrage... Il regarde et lit :

Testament et dernières volontés de Thomas Chatterton !

Toujours la même sentence et toujours écrite de sa main ! Tout son sang se fige dans ses veines; et, quand il circule de nouveau, son ivresse s'est dissipée; il se revoit inconnu, il rougit de ses habits percés au coude; il éprouve l'horrible sensation de la faim; il veut endormir cette torture en récitant quelques-uns de ses vers,

et il ne retrouve sur ses lèvres que des mots de parodie;
il veut prier, et il ne peut prononcer que des malédic-
tions. Un mendiant passe et lui demande l'aumône.
Cruelle ironie! « Tu t'adresses mal, dit-il à ce misérable;
tu es plus riche que moi. A ton choix, ami, nous pouvons
être rivaux ou frères, nous partager ou nous disputer la
pièce de monnaie que ce milord vient de laisser tomber
dans ton chapeau. » Tout à coup le brouillard de Londres s'épaissit et les larges gouttes d'une pluie d'orage
fondent sur Chatterton et le mendiant. « Ami, lui dit
celui-ci, qui a accepté ce nouveau frère, tes habits ne
sauraient te garantir; viens sous mon manteau. » En ce
moment, passent successivement plusieurs carrosses, et
Chatterton reconnaît, à travers les portières, tantôt un
membre de l'opposition auquel il a prêté sa plume pour
ses discours, tantôt un noble lord dont ses satires n'ont
pu ébranler le crédit, tous ceux pour qui il a dégradé
son talent et vendu sa conscience, dans un espoir continuellement trahi et déçu. « L'orage s'est apaisé, frère, dit le
mendiant, suis-moi. Je viens de voir passer les entre-
preneurs de funérailles ; ils vont sans doute porter un
mort à son mausolée; hâtons-nous, pour assister à la
distribution d'aumônes qui aura lieu sous le porche de
l'église. » Chatterton suit son guide; ils arrivent à l'Abbaye en même temps que le cercueil. Mais d'où vient ce
tumulte? Pourquoi ce prêtre irrité fait-il signe au cortége
de rebrousser chemin? « Retirez-vous, sacriléges! s'é-
crie-t-il; cette bière ne saurait avoir une place dans le
temple du Seigneur! C'est un poëte, dites-vous ; oui,
mais un poëte de Bélial, un impie qui a rêvé de boule-

verser les croyances des fidèles par les mensonges d'une nouvelle secte, un incrédule qui a fini par ne plus croire qu'au néant et s'est rendu justice par le suicide[1]. Loin du temple ce cadavre ! et portez-le dans les fossés des grands chemins, où vous le transpercerez d'un pieu, selon l'antique usage. Tenez, voilà sa propre sentence ! » Et le prêtre jetait à la foule un papier sur lequel Chatterton lut encore : *Testament et dernières volontés de Thomas Chatterton !*... « Mon sort est-il donc enfin accompli ? se disait le malheureux jeune homme à cette dernière phase de son rêve. Est-ce bien le spectacle de mes propres funérailles que je viens de subir, et par quelle contradiction suis-je cependant ici, malgré l'anathème de ce ministre fanatique ? » Car, tout à coup, il se retrouvait où il était réellement, dans l'antique abbaye, au milieu des sculptures sépulcrales qui semblaient s'animer de nouveau et regarder avec douleur et pitié ce nouvel hôte de la nécropole. Alors une figure représentant la Muse, se détachant d'un bas-relief, vint à lui, et, se penchant sur son corps, fit entendre la lamentation funèbre d'Ella :

« Oh ! répétez avec moi l'hymne de deuil ! oh ! mêlez vos larmes aux miennes ! Cessez, cessez vos danses et ces chants qui duraient tout le jour, comme le bourdonnement joyeux de l'abeille butinant le long du fleuve.

---

[1] L'auteur fait ici allusion à une phrase souvent citée de Chatterton : « Les promesses que j'ai reçues sont suffisantes pour écarter toute espèce de doute ; mais, si je m'abuse, je me ferai prédicateur méthodiste. La crédulité est une déité aussi puissante que jamais, et l'on peut fonder une nouvelle secte ; mais si cette dernière ressource me manquait encore, eh bien ! j'aurais recours à un pistolet. »

» Mon bien-aimé n'est plus; il est étendu dans son lit de mort, sous le saule de la rive.

» Sa chevelure était noire comme la nuit d'hiver, sa main blanche comme la neige, son visage vermeil comme le jour naissant; et le voilà froid dans la fosse!

» Mon bien-aimé n'est plus; il est étendu dans son lit de mort, sous le saule de la rive.

» Sa voix était douce comme le chant de la grive, ses pas avaient la rapidité de la pensée; hélas! vous n'entendrez plus sa voix, et le voilà immobile sous le saule.

» Mon bien-aimé n'est plus; il est étendu dans son lit de mort, sous le saule de la rive.

» Écoutez! le corbeau bat des ailes là-bas dans le vallon fleuri; écoutez! la chouette crie aux fantômes du cauchemar.

» Mon bien-aimé n'est plus; il est couché dans son lit de mort, sous le saule de la rive.

» Voyez, la blanche lune brille là-haut; c'est là-haut qu'est le linceul de mon bien-aimé; là-haut, où chaque jour renaît l'aube matinale, où se forme le nuage de chaque soir.

» Mon bien-aimé n'est plus; il est étendu dans son lit de mort, sous le saule de la rive.

» Ici, sur la fosse de mon bien-aimé, je ferai croître les fleurs du cimetière; je ferai reverdir la terre et j'émaillerai le gazon.

» Mon bien-aimé n'est plus; il est étendu dans son lit de mort, sous le saule de la rive.

» J'entrelacerai de mes mains les aubépines, pour en former une simple barrière et un berceau à l'entour de son corps. Bonnes fées, a'lumez vos flambeaux; là aussi je veux que mon corps repose.

» Mon bien-aimé n'est plus; il est étendu dans son lit de mort, sous le saule de la rive.

» Venez, avec les pointes aiguës des ronces, faire couler tout le sang qui bat dans mon cœur; je méprise la vie et tous ses plaisirs, la danse de la nuit et les fêtes du jour.

» Mon bien-aimé n'est plus; il est étendu dans son lit de mort, sous le saule de la rive.

» Fées des eaux, couronnées de joncs, je vous convie à mes funérailles; me voici, je meurs, emportez-moi, mon bien-aimé m'attend... Ainsi parla la jeune fille, et elle mourut (1). »

Tel était le songe de Chatterton dans l'abbaye de Westminster, lorsque les premiers cris des jeunes corneilles qui avaient leur nid au faîte de l'édifice, les premiers rayons du jour et presque en même temps le bruit des clefs du sacristain, vinrent réveiller le poëte... « Pourrai-je encore le mettre en doute? se dit-il; ma gloire ne datera que de ma mort. »

---

1 Quoique traduite librement et de mémoire, cette ballade doit être au moins, malgré quelques inexactitudes, une variante assez fidèle de l'original.

IV. — LA CATASTROPHE.

> Il était fier et excessivement impérieux, d'une sobriété peu
> commune, mangeant peu de viande, buvant rarement de
> liqueurs et faisant ordinairement ses repas avec un mor-
> ceau de pain, une tarte et de l'eau. Il croyait que la pleine
> lune était le temps le plus propice à l'étude, et il travaillait
> quelquefois toute la nuit à la clarté de la lune. Son humeur
> était très-inégale ; sujet à de longues et fréquentes distrac-
> tions, il regardait une personne en face sans lui parler ou
> sans paraître la voir pendant un quart d'heure et plus Il y
> avait dans son maintien un air de mâle dignité qui témoi-
> gnait de la supériorité de son intelligence. Ses yeux, dont
> l'un était plus remarquable que l'autre, étaient gris, vifs,
> brillants, surtout lorsqu'il survenait quelque chose pour
> l'animer.
>
> (The Life of Thomas Chatterton.)

A une semaine de là, c'était le 24 août, mistress
Angel, l'hôtesse de Chatterton, le voyant rentrer à la
maison pâle et défait, crut faire un acte d'humanité en
l'invitant à dîner avec elle. « Croyez-vous donc que j'aie
faim? » répondit-il d'un air offensé. Le malheureux n'a-
vait cependant pas mangé depuis trois jours. Il monta
dans sa chambre, ferma la porte sur lui, brûla quelques
papiers et avala un breuvage qu'il prépara lui-même. Le
lendemain, comme on ne le vit pas redescendre à l'heure
où il sortait ordinairement, on soupçonna qu'il pouvait
bien avoir enfin exécuté sa résolution, souvent expri-
mée, d'attenter à sa vie ; on enfonça la porte de sa
chambre et on le trouva mort ; l'autopsie du corps, or-
donnée par le coroner, montra qu'il avait avalé de l'ar-
senic.

V. — ÉPILOGUE.

> The lawyer and the critic but behold
> The baser sides of litterature and life.
> . . . .
> This is the way physicians mend or end us
> *Secundum artem.* . . . .
> (Don Juan.)

> L'homme de loi et le critique ne voient que le mauvais et sale côté de la vie. . . . . Voilà comme les médecins nous raccommodent ou nous achèvent *secundum artem.*

L'enquête du magistrat sur ce suicide était à peine terminée, que les critiques commençaient la leur, qui dure encore.

Pour les uns, ce fut une belle occasion de faire le procès de la société tout entière, en s'écriant que le plus grand génie de la Grande-Bretagne venait de *mourir de faim et de poésie.* Cette phrase ne fut pas trouvée très-logique par tout le monde, mais elle passa et elle a été répétée.

D'autres se contentèrent de reprocher cette mort à la dureté d'Horace Walpole, qui se justifia de son mieux.

Il y en eut qui, moralistes et chrétiens avant tout, prirent cet acte de désespoir pour texte de longs sermons sur l'orgueil, incurable maladie des jeunes poëtes, sur le danger de leur monter la tête en les proclamant enfants sublimes et autres phrases qui ont bien encore leur application et leur côté vrai, quoiqu'un peu rebattues et surannées.

Se contentant d'apprécier littérairement cette répu-

tation nouvelle, ceux-ci exaltèrent le jeune prodige au
delà de son mérite ; ceux-là le rabaissèrent au-dessous.
Tel dit : « S'il eût vécu, il eût laissé bien loin les anciens et les modernes ! » Mais à cela tel autre répondit :
« Sa précocité était extraordinaire, mais non son talent.
Il n'eût pu mieux faire à trente ans qu'à dix-huit, il le
savait bien lui-même, ou il n'eût pas déserté son poste.
Les grands génies et les grands rois ont trop bien à.
penser pour se tuer, car *leur âme, à eux, est aussi un
empire.* Chatterton a calculé qu'il mettait le sceau à sa
réputation par une catastrophe tragique. Il avait produit
ses meilleurs ouvrages, et, comme un second Empédocle,
il s'est précipité dans l'Etna pour assurer son immortalité. Il ne reste que ses sandales de bronze ! » Et le
même critique ajoutait, avec quelque raison : « En
effet, on parle bien plus de son suicide que de ses ouvrages. Quand vous citez Collins, Gray, Burns, ces
noms vous rappellent tout d'abord les *Églogues orien-
tales,* du premier; l'*Élégie dans un cimetière de campagne,* du second; *Tam O'Shanter ou le Samedi soir du
fermier,* du troisième... Mais de quel poëme de Chatterton vous souvenez-vous [1] ? »

On ferait des volumes avec tout ce qu'on a dit des
malheurs de Chatterton, de ses vertus , de son orgueil,
de tous les motifs de son suicide.

Il y a douze ans environ, un voyageur français , qui
cherchait à s'instruire sur les lieux mêmes, demandait à
un compatriote du poëte, à un médecin, quelle était la

---

[1] C'est ainsi que parlait encore Hazzlitt en 1818.

tradition la plus répandue à Bristol sur Chatterton. Ce médecin répondit à son interlocuteur, qu'il traitait de confrère : « En vérité, mon cher docteur, il faut avouer que les hommes n'ont pas de plus grand plaisir que de prolonger une discussion : c'est pourquoi ils ont une antipathie insurmontable pour les faits les plus simples et les plus naturels. Aucun biographe ne s'est encore avisé de ce que vous me demandez là. Or, le suicide de Chatterton est tout bonnement une question de médecine. Il avait reçu en naissant une disposition héréditaire à l'aliénation mentale. Mon père, à moi, m'a souvent dit avoir soigné une de ses parentes, atteinte de la même maladie, et, aujourd'hui, je puis vous montrer sa nièce dans notre hospice d'aliénés. Ce n'est pas un cas pathologique très-rare, mais à cause de la célébrité du nom, je vous rédigerai là-dessus une note que vous montrerez à votre savant ami et confrère, M. Mercurin de Saint-Remy, le directeur de l'hospice de Saint-Paul [1]. »

De ce drame et de ses commentaires, il reste une impression trop pénible pour qu'on ne me sache pas gré de chercher à prouver, par un contraste, que l'étoile du poëte n'est pas toujours un météore trompeur qui l'appelle vers un abîme : — Oui, il y a là-haut un ange du bon secours qui n'abandonne pas longtemps celui qui ne s'abandonne pas lui-même. La persévérance fait partie du vrai talent.

La catastrophe de Chatterton était encore récente, lors-

---

[1] Depuis que ceci a été écrit (1833), l'hospice de Saint-Paul a perdu M. Mercurin, dont le successeur, non moins habile, est le docteur Casimir Blain. — 1858.

que, dans une rue voisine de celle où l'on avait obscuré-
ment enseveli son corps au fond d'une cour, arriva un
jeune homme du comté de Suffolk, à peu près du même
âge, un aventurier littéraire comme l'autre, qui venait
chercher aussi fortune à Londres, avec une trentaine
d'écus et un ou deux poëmes en portefeuille pour tout
bagage. Ce jeune homme, sans protecteurs, sans amis,
était parti de son village natal contre le vœu de son père,
homme peu lettré, qui ne croyait pas beaucoup à la
poésie et nullement à celle son fils. On lui raconte, à
son arrivée, les espérances déçues et le suicide de l'enfant perdu de Bristol. Il frémit au récit de cette histoire; mais, ayant conservé toute la candeur de sa foi
religieuse, il adressa au ciel une ardente prière pour
qu'il daignât le préserver d'un malheur semblable. Puis
il se mit au travail, étudia, écrivit, et quand il pensa
pouvoir présenter ses vers à ces premiers juges de tout
débutant, les libraires, il commença ses courses d'humble candidat de la publicité. Presque partout il fut accueilli froidement ou congédié avec des défaites plus ou
moins courtoises. Quelqu'un lui fit entendre que les essais d'une jeune muse ne pouvaient paraître au grand
jour que sous la garantie d'une souscription qui assure-
rait au moins les frais de l'éditeur. Le voilà forcé de s'a-
dresser aux puissants du monde. Il était fier, mais il fallait se produire et déjà même il fallait aussi subvenir à
des besoins pressants. Son petit pécule était épuisé, ses
habits dénonçaient son indigence, et il avait contracté
quelques dettes. Il s'adressa donc aux ministres, aux
hommes en dignité, aux grands seigneurs qui passaient

pour cultiver les lettres. Les uns ne lui répondirent pas, les autres lui firent savoir qu'ils avaient à protéger des talents plus précieux que le sien... Alors le jeune homme, se voyant sans pain et blessé dans sa susceptibilité de poëte, se rappela avec amertume tout ce qui lui avait été raconté de Chatterton. Son orgueil à lui aussi se révolta ; mais il avait au cœur une autre passion que celle des vers, une passion qui empêche qu'on se tue par orgueil à dix-huit ans. A la différence de Chatterton, qui n'avait eu que l'égoïste et farouche amour de sa renommée de poëte, le jeune homme du comté de Suffolk aimait, dans sa province, une jeune fille, à laquelle étaient subordonnées toutes ses ambitions de gloire littéraire et de fortune. Dieu et l'amour l'éclairèrent d'un dernier rayon d'espoir, Dieu et l'amour lui donnèrent encore quelques jours de patience. Le premier ministre n'avait lu ni ses vers, ni ses pétitions ; la porte de lord Shelburne lui avait été fermée au visage par un laquais insolent; le lord chancelier Thurlow n'avait pas trouvé ses poésies dignes de son patronage; lord Rochford lui refusait l'aumône de quelques guinées... Eh bien ! pourquoi n'en appellerait-il pas à un juge plus équitable ou plus généreux, à un homme d'État dont chacun vantait à la fois le génie et la douce bienveillance?

Il écrivit donc à Edmond Burke :

« Monsieur,

» Je sens que j'aurais besoin de tout votre talent pour excuser la liberté que je prends avec vous; mais le motif qui m'y pousse, quelque simplement exprimé qu'il soit,

doit m'obtenir mon pardon d'une âme comme la vôtre.
Je suis un de ces enfants perdus du monde qui sont
sans amis, sans emploi et sans pain.

» J'ai besoin d'entrer dans quelques détails sur moi-
même. J'avais un père trop partial, qui me donna une
éducation au-dessus de ses moyens de fortune, et meilleure qu'il n'eût été nécessaire, puisque c'était tout ce
qu'il pouvait me donner. J'étais destiné à la profession
médicale, mais, n'ayant pas de quoi compléter les études
requises, je n'ai pu que me convaincre que mon père s'é-
tait trompé dans les calculs de son affection. En avril
dernier, je suis venu à Londres avec trois guinées, me
flattant que cette somme me suffirait, à la rigueur, pour
vivre jusqu'à ce que mon talent pût m'en procurer davantage. De ce talent j'avais la plus haute opinion, et
une vanité poétique contribuait à m'abuser. Je connaissais
peu le monde, ne l'ayant vu que dans les livres; j'écrivis
et je crus mes compositions parfaites; tandis que je man-
quais de pain, elles me promettaient des richesses; tandis
que mon extérieur m'exposait aux dédains, elles me
charmaient par des rêves de renommée.

» Le temps, la réflexion et la misère m'ont révélé ma
méprise; je vois, enfin, mes bagatelles sous un jour plus
vrai ; mais, tout en les estimant beaucoup moins, je crois
encore qu'elles sont au-dessus de tout ce qu'on publie
tous les jours.

» Je connaissais un peu défunt M. Nassau, le frère de
lord Rochford, et à ce titre je demandai à Sa Seigneurie
la permission de lui dédier mon petit ouvrage. Le sachant exempt de toute allusion politique et de toute sa-

tire personnelle, peu m'importait à qui il serait dédié.
Sa Seigneurie regarda la chose comme moins importante
encore pour lui, et consentit obligeamment à la dédicace.
On me dit qu'une souscription serait la méthode la plus
avantageuse de publier mon livre, et je cherchai à faire
circuler des listes de souscription... Ce récit doit vous
ennuyer, monsieur, mais croyez-moi assez puni par le
malheur qui me le dicte. Vous conclurez que, pendant
toutes ces démarches, j'ai fait nécessairement plus de
dépenses que je ne pouvais en faire, et, en vérité, le plus
parcimonieux des hommes n'aurait pu les éviter. L'imprimeur m'a induit en erreur, et mille retards ont arrêté
ma petite affaire. Les hôtes chez qui je vis se sont aperçus
de ma situation; indigent et sans amis, j'ai été forcé, il
y a deux jours, de signer un billet de sept guinées, pour
éviter d'être arrêté par suite d'une lettre qui en est l'équi-
valent. J'avais écrit à tous mes amis : mes amis sont
tous pauvres comme moi; le temps de l'échéance approchait, et j'osai représenter ma position à lord Rochford,
lui demandant de me prêter cette somme jusqu'à ce que
je l'eusse reçue de mes souscripteurs, c'est-à-dire jusqu'au mois prochain; mais, à cette requête, pas de réponse, et j'ai probablement offensé milord par mon im-
portunité. Ayant en vain usé de tous les moyens honnêtes, j'avouai hier mon impossibilité de payer, et, à force
d'instances, j'obtins comme une grande faveur un délai
de huit jours, au bout desquels je dois positivement
m'acquitter ou aller en prison.

» Vous devinez le but de cette longue histoire. Je m'a-
dresse à vous, monsieur, comme à un homme bon, et

permettez-moi d'ajouter à un grand homme. Je n'ai
d'autres titres à votre faveur que celui d'être malheureux. Il n'est pas facile de supporter l'idée de la prison,
et je suis assez lâche pour redouter la captivité dont je
suis menacé. Pouvez-vous, monsieur, me secourir de
quelque manière? Me demanderez-vous des preuves de
ma véracité? Je me suis trompé moi-même, mais je n'ai
jamais trompé que moi. Que je puisse intéresser votre
compassion. Je sais que les hommes élevés par le rang
et la fortune, importunés de sollicitations fréquentes,
sont forcés de refuser les requêtes, même de ceux qu'ils
savent dans la détresse. C'est donc avec une faible espérance que je vous écris; mais vous me pardonnerez,
monsieur, si vous ne me croyez pas digne de la grâce
que je sollicite. Il est impossible que vous n'ayez pas les
sentimens d'un cœur humain et généreux.

» J'irai demain chez vous, monsieur, et si je n'ai pas
le bonheur d'obtenir votre bienveillance, je me soumet-
trai à mon sort. L'existence est un fardeau pour moi;
tout ce qui m'est proche, tout ce qui m'est cher est malheureux de mon malheur. Mes relations du monde, dont
naguère je me félicitais, rendent plus amer mon revers
de fortune, et je n'ai plus qu'à espérer la prompte fin
d'une vie commencée sous de si tristes auspices. Je puis
du moins (quoique je ne doive pas en tirer vanité) trouver quelque consolation à en contempler le terme. Je
suis, monsieur, avec le plus grand respect, votre très-
humble, etc. »

Burke était alors dans toutes les agitations des grandes
luttes parlementaires de l'époque; il n'avait pas une de

ces fortunes opulentes qui permettent aux hommes politiques de prodiguer l'or sans discernement pour se
faire des créatures ; mais cette lettre et les vers qui y
étaient joints lui parurent mériter son attention. Il s'em-
pressa d'assigner un rendez-vous pour le lendemain au
jeune poëte, qui, en sortant de chez ce grand homme,
put remercier le ciel de son heureuse inspiration. Burke
non-seulement l'encouragea en lui donnant d'excellents
conseils de critique, mais encore il assura son avenir en
le recommandant à des protecteurs d'un crédit plus
étendu que le sien. Il le présenta à ces mêmes lords qui
l'avaient dédaigné, et qui reconnurent qu'ils l'avaient jugé
un peu trop vite ; il le présenta aux puissances de la tribune, de la littérature et des arts, à Fox, au docteur
Johnson, à sir Josué Reynolds, à tous ceux qui pouvaient lui servir d'appui auprès des gens en place et auprès des critiques. Le jeune poëte publia son premier
ouvrage et fut proclamé l'héritier poétique de Pope, de
Goldsmith, etc. Le duc de Rutland pouvait disposer d'un
riche bénéfice, il le conféra au protégé de Burke, qui,
désormais, certain de jouir de cet *otium cum dignitate*,
de ces nobles loisirs qui contentaient l'ambition d'Horace, alla épouser celle qu'il aimait et embrasser son
père. Celui-ci, convaincu des talents de son fils, voulut
copier son poëme de sa propre main pour mieux l'apprendre par cœur.

Depuis ce jour, le poëte a justifié la protection de
Burke par des ouvrages que lord Byron excepta presque seuls de sa censure, dans sa fameuse satire. Il a vu
les éditions de ses ouvrages se multiplier chez le riche

libraire Murray, qui les a payés au poids de l'or. Il a vécu recherché des grands, honoré de ses rivaux, et quand, le 3 février 1832, il est mort presque octogénaire, tous les habitants de sa ville natale ont pris le deuil comme sa famille.

Ce poëte s'appelait Georges Crabbe ; ce nom, dans la littérature anglaise contemporaine, ne le cède qu'à ceux de Walter Scott et de Byron.

TROISIÈME PARTIE

Postface (1858)

Si l'homme qui a résolu sa propre destruction pouvait savoir quel spectacle il laissera après lui, je ne dis pas à ses amis, mais à des curieux, à des allants et venants, à des hommes de police ; s'il savait les conversations qui se tiendront pendant une douzaine d'heures auprès de lui. roide, étendu, souillé, méconnaissable, peut-être il reculerait d'horreur, ou du moins sa dernière prière serait qu'on voilât ses restes à tous les regards, surtout à ceux qui aimeraient en lui une créature élevée et faite pour passer de la vie à la mort sans déchirements de ses traits, sans dispersion de ses plus nobles parties.

(ARMAND CARREL, *Une Mort volontaire.*)

Ce n'est pas lorsque vingt et quelques années sont venues s'ajouter à celles qu'avait vécu l'auteur à l'époque où il écrivait l'esquisse qui précède, ce n'est pas lorsque lui est dévolue la réponsabilité de père avec un fils de l'âge de Chatterton, qu'il voudrait changer une ligne à la moralité rattachée par lui à la fin tragique de l'infortuné poëte : aussi n'est-ce qu'une ou deux notes, suggérées par ses lectures d'hiver, qu'il ajoute ici en forme de post-scriptum.

Chatterton aurait pu dire comme notre Gilbert :

> Au banquet de la vie, infortuné convive,
> J'apparus un jour et je meurs;
> Je meurs, et sur la tombe où lentement j'arrive,
> Nul ne viendra verser des pleurs.

Il avait une mère et une sœur qui seraient venues pleurer sur sa tombe, si elles n'eussent désespéré de la découvrir. On a prétendu qu'un ami de la famille du poëte suicidé envoya son corps à Bristol, et qu'il fut secrètement inhumé dans un des caveaux de sa cathédrale bien-aimée. Un biographe, M. J. Dix, rejette cette anecdote dans ses notes sans la discuter. On a retrouvé et imprimé tout récemment l'enquête qui, selon l'usage, fut évoquée par le coroner devant un jury spécial, et qui, les témoins entendus, aboutit à un verdict de « mort volontaire » *(felo de se)*. En conséquence de ce verdict, le corps, qui, dans ces vieux temps que Chatterton avait partiellement fait revivre par les vers du moine Rowley, eût été transpercé d'un pieu et enterré au fond d'un fossé de grand chemin, fut placé dans un cercueil d'indigent et porté au cimetière du work-house de Shoe-Lane. L'auteur d'une *Description topographique et historique de Londres*, M. Pierre Cunningham, fils du poëte de ce nom, a consigné dans son volume la coïncidence que les mêmes registres de la paroisse de Saint-André d'Holborn, où fut inscrit l'acte de décès, contiennent aussi, à la date antérieure du 18 janvier 1696, l'acte

de baptême du malheureux poëte Richard Savage, celui
dont S. Johnson a écrit la touchante biographie, « lorsque R. Savage, remarque M. P. Cunningham, était né
dans la rue où Chatterton venait de s'empoisonner, et
était mort misérable dans la prison de cette ville de Bristol, où Chatterton devait naître neuf ans plus tard. »
« C'est ainsi que Londres et Bristol échangèrent leurs
poëtes, » s'écrie le professeur David Masson, à qui j'emprunte ce rapprochement curieux.

M. William Howitt [1], qui a cherché tous les lieux où
avait pu passer Chatterton pendant sa vie, nous apprend
que le cimetière qui reçut ses restes mortels n'existe
même plus, le terrain, vendu à la spéculation, étant devenu
le marché de Farringdon. Enterré comme un pauvre du
quartier, le poëte devait être confondu avec ces morts
sans nom dont les ossements furent enlevés et portés on
ne sait où. Quelqu'un dit à M. Howitt que quelques
admirateurs de Chatterton avaient autrefois érigé un
cippe commémoratif sur la place présumée celle où il
avait été inhumé. Ce monument a disparu aussi dans le
bouleversement du quartier par suite de la transformation du cimetière en marché.

Quoique peu à peu le suicide de Chatterton finît par
émouvoir quelques-uns des gens de lettres et des artistes
ses contemporains, Johnson, Goldsmith, sir Josué Reynolds, qui l'avaient ignoré pendant sa vie, —quoiqu'une
controverse pareille à celle des poëmes d'Ossian lui
donnât cette célébrité dont il avait désespéré, il fallut

---

[1] *Homes and haunts of English poets*, t. Ier.

bien des années de cette controverse souvent renouvelée,
bien des articles biographiques, bien des éditions de ses
œuvres avec préface, pour que ses compatriotes se déci-
dassent à lui ériger, dans Bristol même, le monument
que je saluai, achevé à peine en 1847 : grand piédestal
pentagone du style gothique, sur lequel le poëte imberbe
est représenté dans son costume d'écolier, tel qu'il se
présenta chez M. Burghum. Mais, au lieu d'une généalogie, il tient à la main gauche un manuscrit qui se déroule et sur lequel on lit : *Ella, tragédie.* Sur le monument même est gravée l'inscription qu'il avait réclamée
dans son testament ironique :

A LA MÉMOIRE DE THOMAS CHATTERTON.

Lecteur ne le juge pas : si tu es chrétien,
crois qu'il sera jugé par un pouvoir supérieur;
c'est à l'égard de ce pouvoir seul qu'il est responsable.

L'infortuné, lorsqu'il écrivait cette épitaphe, ayant
prié peut-être la veille au soir avec sa mère et sa sœur,
il espérait encore, non-seulement la gloire profane, mais
encore la gloire divine; il est pénible de lire dans une de
ses lettres postérieures, datée de Londres, cette phrase
qui fait craindre qu'il ne se soit suicidé que pour avoir
cessé d'espérer l'une comme l'autre. A la date du 12
août 1770, quinze jours avant le jour lugubre, il écrivait
à M. Catcott : « Que le ciel vous envoie les consolations
du christianisme : je ne les réclame pas, car je ne suis
pas chrétien. »

M. Howitt a réfuté le parallèle qu'on a quelquefois
essayé de faire entre Gilbert et Chatterton; mais, par une
singulière méprise, M. Howitt a confondu Gilbert le

poëte avec un homonyme François-Hilaire Gilbert, dont il nous dit, d'après un dictionnaire biographique trop légèrement consulté : « Ce Gilbert était âgé de quarante-trois ans, et n'avait rien de commun avec Chatterton, poëte, ayant écrit sur l'art vétérinaire et l'économie rurale ; il ne se détruisit que parce que le gouvernement qui l'avait envoyé en Espagne négligea de lui faire passer les fonds sur lesquels il comptait. »

Qu'est-ce que vaut notre gloire posthume ? peuvent se dire là-haut les deux Gilbert français et l'Anglais Chatterton. Je lisais ce matin encore dans l'admirable livre que vient de publier M. Villemain : « M. de Chateaubriand est-il assez sincère lorsque, affectant de s'associer aux dédains de son père pour les opinions en crédit et la gloire des lettres, il ajoute : « Je ne sache » pas dans l'histoire une renommée qui me tente ? » Fallût-il me baisser pour ramasser à mes pieds et à » mon profit la plus grande renommée du monde, je ne » m'en donnerais pas la peine. »

M. Villemain nous rappelle aussi qu'à l'âge de dix-sept ans, dans un accès de mélancolie plus analogue à celle de Werther qu'à celle de Chatterton, l'auteur futur de *René* avait projeté un suicide et avait même bourré de trois balles un vieux fusil de chasse dont le *chien* usé partait ordinairement trop vite et qui, heureusement, ne partit pas cette fois, quoique le jeune rêveur eût frappé violemment contre terre le bout de cette arme. Quarante pages plus loin, nous suivons en Angleterre M. de Chateaubriand émigré, et qui, sans autre ressource que sa plume, errait à travers les rues de Londres, « dans cette

» âpre métropole du gain, dans ces rues étroites et affai-
» rées, où, quelques années auparavant, des talents indi-
» gènes erraient la nuit, faute d'asile, mouraient de faim
» ou s'empoisonnaient, faute de secours. » Amoureux
des contrastes et des oppositions dont sa propre vie fut
remplie, M. de Chateaubriand, ambassadeur du roi de
France en Angleterre, se plaisait, au milieu de ses splen-
deurs tardives, à raconter cette douloureuse épreuve de
sa jeunesse. Ceux qui eurent, comme nous, l'honneur
d'être reçus par lui dans son hôtel de Portland-Place,
ont conservé une vive impression de la confidence de
ces jours d'angoisse, où le futur ambassadeur fut plus
malheureux que Chatterton, car le morceau de pain auquel il se voyait réduit avait l'amertume du pain de
l'exil [1]. C'était bien le moment où le suicide eût paru
excusable, si on pouvait jamais excuser le suicide. Mais
que M. Villemain nous permette d'ajouter à ce qu'il a si
bien raconté lui-même [2], que justement on pourrait dire
que ce fut à Chatterton que M. de Chateaubriand eut
l'obligation de n'être pas réduit à l'imiter, « étant appelé

---

[1] M. Villemain, dans un style qui égale celui de M. de Chateaubriand, dit de cette ambassade : « C'était une expiation de la fortune qu'il lui appartenait de peindre et dont il a senti peut-être avec une effusion de passion naïve le côté favorable. La pompe officielle, les équipages, les livrées sont peu de chose, comparées aux premières joies du talent; et quand le jeune émigré, errant dans les campagnes voisines de Londres, en 1797, avec un ami qui lui prédisait la gloire, se redisait les rêves éloquents de René, il avait dû sentir, au fond du cœur, un plaisir de création et d'espérances que n'égalerait pas un jour l'orgueil de ses succès diplomatiques et encore moins la satisfaction un peu frivole de son titre d'ambassadeur et de l'affluence à ses soirées de réception. » P. 284.

[2] *La Tribune moderne : M. de Chateaubriand*, par M. Villemain, chapitre **v**.

» dans le comté de Suffolk près d'une société d'anti-
» quaires qu'il devait seconder pour le déchiffrement de
» quelques manuscrits anglo-français du douzième siè-
» cle. » Or, qui avait mis à la mode cette littérature rétrospective, où les deux langues sont encore deux sœurs
jumelles ? Ce même Chatterton, qui ne se fût pas tué si
une société comme celle du comté de Suffolk avait eu
recours à sa précoce érudition archéologique.

Ce service rendu à la gloire littéraire de la France,
dans la personne du beau génie qui allait lui ouvrir tout
un nouveau monde de poésie, me ferait regretter d'avoir
été trop sévère envers Chatterton. Mais je ne puis que
répéter, au nom de la dignité des lettres, ce que j'ai dit
ici et ailleurs, en racontant mon pèlerinage à l'église
Sainte-Marie de Bristol[1]. Chatterton inspirerait une
plus franche sympathie si nous pouvions oublier l'offre
vénale de son talent à toutes les causes qui auraient
voulu le payer, — si surtout, entre autres torts, il n'avait
eu celui de manquer à la reconnaissance jusqu'à immoler à sa satire ceux-là même qui, comme M. Beckford,
avaient été ses bienfaiteurs. Or, ce tort-là est grand et
prouve la pire de toutes les démences, celle des mauvais
cœurs. Je ne voudrais pas faire le Philinte littéraire : si
l'homme de lettres a le miel de l'abeille, il en a aussi
l'aiguillon. Heureux qui n'a pas sur la conscience quelques critiques et quelques innocentes épigrammes! mais
les plus innocentes deviennent les plus odieuses, quand
le trait va blesser la main qui fut tendue à votre jeunesse.

---

[1] *L'Irlande et le pays de Galles*, t. Ier, p. 94.

Il n'est que trop, hélas! de ces natures chagrines, défiantes, envieuses, à qui une fausse fierté persuade que le bienfait est une injure, une humiliation. Il n'est que trop de ces *pauvres honteux* de la littérature qui se font un état de leurs infortunes plus ou moins réelles; il n'est que trop de ces orgueils envieux qui acceptent tout bon service comme un dédommagement au-dessous de leur supériorité méconnue, et règlent sournoisement votre compte courant avec eux au moyen de quelque perfidie anonyme.

Ce n'est pas après avoir lu le livre où M. Villemain, sévère quelquefois pour M. de Chateaubriand lui-même, défend si bien tous les principes d'honneur, qu'on se sent disposé à les abandonner, même dans une époque assez indulgente pour les lâchetés littéraires et les lâchetés politiques.

CANOVA

En l'année 1780, un jeune homme, né à Possagno,
dans l'État de Venise, arrivait à Rome avec le projet d'y
étudier les arts du dessin et de la gravure, chez un des
maîtres alors en renom. Client de la riche famille des
Falieri, ce jeune homme obscur n'avait pas quitté ses
premiers protecteurs sans apporter quelques lettres de
recommandation pour les illustrations et les puissances
de la capitale du monde chrétien. « Laquelle de ces
lettres remettrai-je, — la première? » se demandait-il
en parcourant les adresses; « en voici une pour il signor
Volpato, une pour M. Gavin Hamilton, une autre pour
Son Excellence monseigneur Zuliana, l'ambassadeur de
notre république... J'aurai toujours le temps de voir les
peintres étrangers et d'aller faire d'humbles courbettes
chez les grands seigneurs; voyons d'abord le maître
dont j'ambitionne de devenir l'élève. »

Le jeune Vénitien se fit conduire chez Volpato.

Giovanni Volpato, connu longtemps sous le nom déguisé de Jean Renard, était à la tête de cette brillante

école de gravure d'où sont sortis tant d'élèves illustres.
Ce n'était pas un maître moins distingué dans tous les
autres arts du dessin. Ce burin si pur et si net, cette intelligence si parfaite dans les tailles et la pointe sèche,
cette vigueur, cette précision, ce relief que vous admirez
dans les estampes signées Raphaël Morghen, c'est aux
leçons de Volpato, son maître, et à l'imitation de sa
manière que vous les devez.

Lorsque le protégé des Falieri fut introduit dans l'atelier de Giovanni Volpato, celui-ci, qui dessinait d'après
le modèle, voyant entrer un jeune homme, se contenta
de le prier, en quelques mots pleins de bienveillance, de
vouloir bien, à moins qu'il ne fût amené par une affaire
urgente, excuser sa préoccupation d'artiste, et lui permettre de terminer l'ensemble de sa figure. Le jeune
homme, plus discret, voulait se retirer, un peu contrarié d'avoir mal choisi son heure : Non, non, monsieur,
reprit Volpato en lui faisant signe de demeurer; si vous
n'avez pas le temps d'attendre, la courtoisie m'obligera
d'interrompre mon travail.

Le jeune homme fut trop heureux de la permission,
et, debout à quelque distance du maître, il parcourut
d'abord l'atelier d'un regard religieux; mais un seul
objet ne tarda pas à fixer et à absorber toute son attention.

Le modèle qui posait devant Volpato était une jeune
fille qui avait à peine dix-sept ans; il était impossible
d'imaginer une physionomie plus vive et plus piquante,
des formes plus sveltes et plus gracieuses, une figure
mieux en situation. Sa tunique grecque et le masque

qu'elle tenait au-dessus de son visage indiquaient
qu'elle voulait représenter Thalie; mais l'intelligence et
la finesse de son sourire, la douce moquerie qui errait
sur ses lèvres vermeilles, et je ne sais quelle atmosphère
céleste répandue autour de sa personne, auraient pu
faire croire, au temps de Rome païenne, que c'était la
muse comique elle-même descendue de l'Olympe.

Le jeune homme ne pouvait, du moins, se persuader
qu'il fût donné à une simple mortelle de réaliser dans ses
traits et dans ses poses un semblable idéal; immobile,
à quelques pas du chevalet, il était là en extase, croyant
faire un rêve de poëte. La jeune fille, comme si elle eût
deviné ce qui se passait dans son âme, semblait se faire
un jeu de troubler plus encore ses pensées : chacun de
ses coups d'œil lui est adressé directement, chacun de
ses gestes l'appelle, et cette physionomie mobile exprime
une foule de sentiments qui le font tour à tour rougir et
pâlir.

Cependant Volpato s'impatiente et s'interrompt avec
un geste de dépit. Folle Dominica! s'écrie-t-il, ne pou-
vais-tu donc garder un moment de plus cette pose qui
allait si bien à mon idée... Allons, je vois que tu veux
me faire comprendre que tu es lasse ce matin; assez
donc pour aujourd'hui : viens m'embrasser, ma fille.

— Sa fille!... sa fille! se dit le jeune homme; grâce au
ciel, ce n'est pas d'un modèle que je suis amoureux. Et
il sentit couler de ses yeux des larmes de joie en voyant
la folâtre mais naïve Dominica se jeter dans les bras de
son père. — Pardon, monsieur, lui dit ensuite Volpato; je vous ai fait attendre sans façon, avec la franche

liberté de l'atelier; maintenant, je suis à vous, tout à vous.

Le jeune Vénitien tira de son sein la lettre de Falieri et la remit à Volpato ; celui-ci la lut à demi-voix, pendant que le jeune homme continuait à regarder Dominica, qui allait et venait dans l'atelier pour ranger les cartons, les burins, les crayons et les brosses ; mais sans bruit, de peur de troubler la lecture de son père :

« Le porteur, mon cher Volpato, est un jeune protégé que je recommande à vos leçons et à votre amitié; je me trompe fort si vous ne me remerciez pas un jour d'un pareil élève. Comme vous, il est né artiste. Il s'appelle Antonio Canova; son père, Pietro Canova, tailleur de pierres dans notre petit village de Possagno, étant mort lorsqu'il n'avait que trois ans, sa mère se remaria, et laissa le pauvre enfant à la charité de son grand-père Pasimo, qui aurait bien voulu le voir lui succéder comme maçon héréditaire du pays; mais l'enfant était trop délicat pour un métier aussi pénible, et il ne se servait de la truelle paternelle que pour pétrir l'argile dont il faisait des figures de toute espèce, selon le caprice de son imagination. Un jour de gala , mon maître d'hôtel s'aperçut qu'il manquait, pour le plat du milieu au dessert, un ornement en pâtisserie ; il consulta le vieux Pasimo, qui, comme maçon, pouvait donner quelques conseils d'artiste. Celui-ci étant embarrassé, son fils, alors âgé de douze ans, s'empara de la pâte, et, en un instant, il exécuta le modèle d'un lion, qui, servi quelques heures après en brioche, excita tellement l'admiration des convives, que l'auteur fut appelé pour recueillir leurs applaudissements. En amphitryon ami des arts, mon cher Volpato, je vis quelque chose de plus qu'un talent de pâtissier dans cette admirable brioche et je conduisis moi-même le petit Antonio à Venise, où je lui ai fait donner des leçons par nos meilleurs maîtres; mais j'ai compté sur vous pour fixer sa vocation. Soyez pour lui un maître et un père. »

— Jeune homme, dit Volpato après cette lecture, je dois trop à monseigneur Falieri pour avoir rien à lui refuser; dès ce jour, vous êtes au nombre de mes élèves. Quittez l'auberge où vous êtes descendu; j'ai une chambrette où il y a un lit vide pour vous... Dominica, appelez Raphaël.

Pendant qu'Antonio remerciait son nouveau maître et se disait naïvement le plus heureux des mortels, non sans avoir jeté un coup d'œil à Dominica, au moment où elle s'éloignait pour exécuter l'ordre de son père, un jeune homme, à la tête blonde et frisée, à l'œil vif, à la démarche aisée, entra dans l'atelier.

— Raphaël Morghen, lui dit Volpato, voici un camarade que je vous donne; je désire qu'il devienne pour vous un ami et un frère. Allez avec lui à l'auberge chercher sa valise, et soyez de retour pour le souper, s'il vous prend envie de courir ensemble les rues de Rome.

Sous la direction d'un si habile maître, les deux jeunes gens furent bientôt rivaux de talent, et Volpato disait souvent qu'il serait embarrassé de donner la préférence à l'un d'eux. Cette émulation ne troubla pas leur bonne intelligence; mais ils ne tardèrent pas à découvrir qu'il existait entre eux une autre rivalité que celle du talent.

Raphaël et Antonio aimaient tous deux Dominica.

Pour tous deux, elle était la muse de l'atelier. Elle leur inspirait leurs pensées les plus heureuses. C'était elle bien plus que son père qu'ils cherchaient à satisfaire par une assiduité constante, une docilité aveugle; et lorsque Volpato s'applaudissait de son excellente méthode, lorsqu'il citait ses deux élèves comme l'honneur de son atelier et les héritiers de son talent, Dominica aurait pu revendiquer une bonne part des progrès qui rendaient son père si glorieux. Mais Dominica avait elle la même impartialité que Volpato? Ne jugeait-elle les deux artistes qu'au point de vue de l'art? soit politique, soit coquetterie, soit ingénuité, peut-être par ces trois motifs réunis, Dominica s'étudiait à ne jamais faire pencher longtemps la balance d'un côté plutôt que de l'autre. Ce n'était pas une de ces froides précieuses qui aiment à désespérer également tous leurs adorateurs; elle préférait entretenir leur espoir. Les sourires, les innocentes familiarités, les naïves flatteries ou bouderies de sœur étaient mesurés avec un calcul d'autant plus adroit, qu'elle le déguisait mieux sous une ingénuité apparente. Jamais déclarations indirectes, mais claires, — timides, mais sincères, n'avaient été mieux repoussées par ces mots à double sens qui composent la moitié de la diplomatie d'une coquette.

Il fallut bien alors faire la démarche de rigueur auprès du père. Antonio Canova demanda un entretien particulier à Volpato.

— Toi aussi, lui répondit Volpato; allons, je m'y attendais; j'ai bien fait de ne rien promettre à Raphaël Morghen!

Antonio avait été devancé de vingt-quatre heures par Raphaël, et Volpato lui épargna de longs discours.

— Mon cher Antonio, lui dit-il, si tu avais reçu de ma Dominica quelques marques de préférence, je serais moins embarrassé pour te répondre; je n'ai qu'un regret, puisque mes deux élèves me sont également chers: pourquoi le ciel ne m'a-t-il donné qu'une fille ? Cependant, si je ne puis me prononcer entre vous deux comme père, je puis, comme artiste, vous proposer un moyen d'obtenir la main de Dominica : je la promets à celui qui dessinera son portrait le plus ressemblant.

L'épreuve fut acceptée, et Dominica n'y fit aucune objection. Or, il fut convenu que chacun des deux élèves aurait ses séances en tête-à-tête, pour faire en même temps sa cour et son dessin. Au bout de trois semaines, les deux portraits devaient être exposés devant un certain nombre de juges choisis parmi les connaisseurs de Rome, dont le suffrage ferait loi.

Dès le lendemain, Dominica consentit à poser. Antonio lui demanda naturellement si elle n'avait pas le désir de se voir représenter sous un costume plutôt que sous un autre. C'était alors la mode des portraits mythologiques.

— Je lisais, l'autre jour, dit Dominica, une allégorie qui me revient à la mémoire : c'est l'histoire de Metra, fille d'Érysichthon. Vous savez que ce malheureux prince de Thessalie, ayant encouru la colère de Cérès, pour avoir porté la cognée sur un bois consacré à cette déesse, fut affligé d'une faim que rien ne pouvait assouvir. Tous ses domaines furent successivement dévorés par

lui. Devenu l'effroi de sa famille et de son pays par sa
voracité, réduit à une vie errante et proscrit partout,
parce qu'il apportait partout, avec lui, la menace d'une
famine; réduit à toutes sortes de subterfuges pour vivre,
il n'eut bientôt plus d'autres ressources que de vendre
sa fille. Par bonheur, Metra avait reçu des dieux le don
de se métamorphoser sous un nombre déterminé de
formes. Érysichthon la vendit en esclave, et elle revint à
lui en oiseau; il la vendit en oiseau, et elle revint en coursier, qu'il vendit encore, jusqu'à ce qu'enfin, ayant épuisé
la série de ses transformations, elle lui apparut sous sa
première forme...

Canova se plaça devant son chevalet pour commencer
le portrait de Metra; mais il s'aperçut que la malicieuse
fille d'Érysichthon le traitait comme un acheteur et chan-
geait sans cesse, sinon de formes, du moins d'attitudes,
désespérante mobilité, qui désolait à la fois l'amant
et l'artiste. Comment oser se plaindre et obtenir une
complaisance qu'il s'agissait de n'avoir pas l'air d'exiger?
Plusieurs séances se passèrent ainsi, à entrevoir cent
poses différentes, sans en pouvoir fixer une sur le
carton; le jour approchait, Raphaël Morghen avait l'air
triomphant. Au lieu de se plaindre qu'on le trichait,
Antonio fit un effort de génie, et, ne se fiant plus qu'à sa
mémoire, il acheva, en deux fois vingt-quatre heures,
le dessin du concours.

Au matin convenu, les connaisseurs et les artistes
convoqués par Volpato se rangèrent devant un rideau
qui, lorsqu'ils furent tous réunis, se leva pour leur laisser
voir les deux chefs-d'œuvre.

Dans le premier, une jeune fille souriait avec cet air de confiance et de charmant abandon qui dit à un amant : « Il m'est doux de vous croire!... » C'était le dessin de Raphaël Morghen.

Dans l'autre, on reconnut Metra vendue par son père, car, à quelques accessoires inachevés, il était facile de deviner l'allégorie. C'était Metra qui, au dernier période de ses subterfuges, comprenait qu'elle sacrifiait enfin pour jamais sa liberté ; elle baissait sa tête tremblante, mais résignée; une larme mouillait le bord de sa paupière, une larme qui trahissait à la fois le sentiment de sa pudeur de jeune fille et celui de sa tristesse. Cette figure était ravissante; et soit que ce dessin surpassât réellement l'autre en perfection, soit qu'il y ait, dans notre nature, une sympathie instinctive bien plus prononcée pour la mélancolie que pour le bonheur, tous les juges s'écrièrent d'une voix unanime : C'est Antonio Canova qui l'emporte sur Raphaël Morghen.

Volpato tourna les yeux du côté d'Antonio, et ses bras tendus vers lui semblaient l'inviter à se jeter sur le sein d'un père. Antonio s'approcha du maître, mais non avec l'empressement d'un vainqueur; il se contenta de serrer la main de Volpato, et lui montrant Dominica dans un coin de l'atelier, Dominica qui, par son maintien et son attitude, reproduisait fidèlement l'expression de son portrait :

— J'en demande pardon à nos juges, dit-il d'une voix dont l'accent accusait l'effort que lui coûtaient ces paroles, mais je proteste contre la décision qui devrait me rendre le plus heureux du monde; je me retire du concours et j'abandonne la palme à Raphaël... Voyez, maîtres, ajouta-t-il plus bas, voyez comme déjà ces paroles ôtent à mon portrait une partie de sa ressemblance; voyez Domicina relever la tête, voyez ses yeux se ranimer, et son naïf sourire me remercier; c'est Raphaël qu'elle aime... Oui, continua Antonio, comme pour répondre à la surprise manifestée par ses juges. Chacun a la conscience de son talent; je me sens si inférieur à Raphaël, que je renonce au crayon et au burin. S'il y a de la gloire pour moi, je la devrai un jour au ciseau du sculpteur.

— Dominica devint la femme de Raphaël Morghen. Canova quitta la maison et l'atelier de Volpato, en emportant le portrait de celle qui lui avait préféré son rival; mais sans cesser de cultiver l'amitié d'un maître dont il aima toujours à recevoir les avis.

Le succès pouvait seul justifier Canova d'avoir échangé le burin contre l'ébauchoir. Deux ans après, en 1782, l'ambassadeur vénitien Zuliana avait invité à dîner tout ce que Rome avait alors d'hôtes illustres et d'artistes en renom. Après le dessert, on passa dans un salon où Zuliana dit qu'il voulait montrer à ses convives un groupe en marbre nouvellement achevé par un artiste dont il éluda de prononcer le nom. Ce groupe représentait Thésée vainqueur du Minotaure. Il n'y eut qu'une voix pour proclamer cette œuvre un des morceaux les plus parfaits que Rome eût vus depuis longtemps.

— Seigneurs, dit alors Zuliana avec une satisfaction un peu glorieuse, l'artiste est mon compatriote. D'après mon désir, il a travaillé en secret à cette commande. Allons, maître Antonio Canova, venez recevoir les félicitations de ces messieurs.

Au Minotaure succédèrent Adonis couronné par Vénus, Psyché, Persée, Apollon et tout cet Olympe de marbre qui peuplent les palais des rois d'Europe et le musée du Vatican.

Quand on visitait à Rome l'atelier de Canova, il lui arrivait quelquefois de raconter l'histoire de ses premières études et de remonter jusqu'à l'époque où il se croyait appelé par sa vocation à rivaliser avec Raphaël Morghen. Puis il montrait le portrait de Dominica, dessiné par lui. Ce souvenir, qui lui avait coûté jadis tant de soupirs, n'excitait plus, au milieu de sa gloire, qu'un léger sourire; mais il n'oubliait pas de dire toute sa reconnaissance pour son premier maître. On en trouve, d'ailleurs, la preuve sous le porche de l'église des Saints-Apôtres, où un monument en marbre, érigé à Volpato, représente le portrait en médaillon de cet artiste couronné par l'amitié, sous les traits d'une jeune fille affligée. Ce monument est de Canova.

FIN

TABLE

Paris. — Typ. Morris et comp., rue Amelot, 64.